馬券術
政治騎手
名鑑2024

樋野竜司
&政治騎手
WEBスタッフチーム

The Political Jockey

双葉社

初めて「政治騎手」シリーズを読まれる方へ

野球やサッカーなどのスポーツ、あるいは競艇や競輪などと異なり、騎手の勝負は、競馬場に行く前にあらかた勝負がついている……騎手が勝ち星を積み重ねるには、馬を御す能力や、レースの戦略を組み立てる能力以上に強い馬に乗れるかどうかが重要だからです。これが筆者の考え方で、これらの「騎乗以外のありとあらゆる要素」を「政治力」と名付けました。そして次の3つの要素に分けて、騎手の実力を分析することにしました。

「技術力」「戦略力」「政治力」です。

①技術力……騎乗技術、馬を乗りこなす技術。騎手はみな訓練を受け試験に合格したプロ。実は思われているほどの差はない。

②戦略力……レースの流れや相手の出方を読む「展開推理力」や戦法を決めたり状況に対応する「判断力」。「ペース判断」や「コース取り」、さらには騎手自身の「キャラ（性格）」「モチベーション」「気性、勝負根性」や「決断力」も含まれる。戦略力の高低と、騎手のキャラクターは馬券の結果に直結する要素で、「戦略力」こそが、馬券的に注目すべき最重要ファクターです。

③政治力……競馬サークル内での「人間関係を作っていく能力」や「人間関係調整力」。通算勝利数や重賞制覇直結する要素です。本当の意味での「騎手の実力」はこの政治力に大きく左右される。具体的にいえば「調教師との関係」「馬主との関係」「エージェントとの関係」「騎手同士の関係」など、レース結果に直結する人々との人間関係を構築し良好なコミュニケーションを保っていけれるかどうかで、騎乗できる馬の質が変わってくる。言い換えれば「政治力」＝「強い馬に乗れる力」といってもいいでしょう。

3つの要素に優劣をつけると、

「政治力」＞「戦略力」＞「技術力」となります。

たとえ技術力や戦略力に優れていても、未勝利馬しか乗せてもらえなければ、ＧＩには出走できないし、力の発揮しようもない。したがって騎手の実力、成績を最も左右するのは「政治力」なのです。このことを踏まえて本文をお読みください。

「政治力」の分類

「政治力」とひと口にいっても乗り馬集めにはさまざまなスタイルがあり、実際には複数の項目が複雑に絡み合っています（たとえば「エージェント」スタイルと「師弟関係」スタイルが複合しているなど）。以下に挙げたのは基本的な分類とお考えください。

①**「エージェント」スタイル**……「政治力」アップの最も手っ取り早い方法は、力のあるエージェント（専門紙の記者が多い）に騎乗馬のマネジメントを委ねるやり方。エージェント制は２０１２年にＪＲＡが正式に認め、15年９月からは、ＪＲＡホームページ上でも公開されるようになった。

②**「親戚関係」スタイル**……父が調教師の騎手に多いスタイル。騎乗馬が一厩舎に固まりやすいので、毎年のように大レースで活躍するのは難しいが、安定した騎乗数を確保できるメリットがある。

③**「師弟関係」スタイル**……「調教師」と「所属騎手」の関係による所属厩舎優先の乗り馬確保。一定の騎乗数は保証されるが、「親戚関係」スタイル同様、常に大レースでの活躍は難しくなる。

④**「営業命」スタイル**……文字通り「営業」で乗り馬を集めるスタイル。普段から調教をつけたり、「いつでもどこでも乗りにいきますから」といった調教師へのアピールを続ける。あるいは馬主とゴルフをするなど親交を深め、気に入られる努力をするなど、人一倍労力が要求されます。

⑤**「義理人情」スタイル**……河内師、松永幹師などジョッキー上がりの調教師にこのスタイルでの起用を好む人が目立つ。

⑥**さほど特色がなく、身近な人間関係でなんとかやりくりするスタイル**……若手～中堅騎手であまり上昇志向がないジョッキーは、必然的にこうなることが多い模様。

樋野竜司

★2024年版ヘッドライン！

ヒノくんが2024年の活躍に期待しているジョッキーたち！

川田将雅騎手

2022年ジョッキー36歳ピーク説を熱心に訴えていたのは、デビュー時からJRAを背負って立つと期待していた川田騎手が36歳になったから。自身初のリーディングジョッキーに輝くなどの活躍を見せたが、正直言って期待したほどのものではなかった。しかし、23年はリバティアイランドで牝馬三冠達成。ウシュバテソーロでドバイWCを制すなど大活躍。リバティアイランドの新馬戦は36歳のときだったので、やはり名手は36歳ごろにキャリアを代表するような馬と出会う……。自身の進言により導入されたジョッキーカメラも好評で、セルフプロデュースにもうまく活用できたのでは。23年の活躍ぶりは↓36ページ

岩田望来騎手

順調に成長。37勝→76勝→88勝→103勝と、トントン拍子で勝ち星を伸ばし、4年目にして年間100勝を達成。初重賞制覇までにはやや時間がかかるも22年の京都牝馬Sをロータスランドで制し、その課題もクリア。23年5月に藤原英厩舎の所属から離れフリーとなり、その影響かしばらく勝てなかったが、すぐに巻き返し10月9日までに90勝に到達。昨年を超えるペースで勝ち星を伸ばしている。23年はこれまで重賞でも5勝とレベルの高いレースで苦戦していたのは昔話と感じる活躍。24年はさらに飛躍し、トップを脅かすような存在となれるか？↓66ページ

坂井瑠星騎手

22年に大ブレイク。勝ち星を一気に伸ばして、年間100勝にあと一歩の98勝。さらに秋華賞をスタニングローズで、朝日杯FSをドルチェモアで制し、GⅠも制覇。次々に台頭する若手の中心的な存在となっている。23年もフェブラリーSをレモンポップで圧勝。勝ち星もここまで76勝と年間100勝も視野に入った。ただ気になる点は、フェブラリーS以降重賞勝ちがなく、人気時の成績もダウンしているのが心配。積極的な騎乗がウリで逃げが武器の騎手だが、それが周囲に知れ渡ってライバルに対策されている可能性も。24年は新たな武器を見つけることができるか!?→78ページ

西村淳也騎手

関西の伸び盛りの騎手のひとりで積極性がウリ。ただ、逃げ率の推移をみると、21年9・6%→22年11・5%→23年8・6%と今年はダウン。一方で、重賞勝利数は21年1勝→22年1勝→23年4勝とレベルの高いレースでも結果を残しており騎乗の質は上がっている。これまでは積極性が武器で逃げでの勝利が多かったが、23年の重賞4勝はすべて控える競馬で勝っており、騎乗の押し引きも巧みになってきた様子。24年はさらなる進化に期待か?→90ページ

佐々木大輔騎手

2年目で大ブレイク。ブレイクのきっかけは、開催日におけるスマホの不適切使用による若手騎手6人の30日間の騎乗停止。これによって、減量騎手需要の多くが佐々木騎手に集まった。もともと乗れる若手だから、結果で応えることができて、それが大きな追い風になったのは間違いない。スタートセンスが高く、スッといい位置を取れるのがウリで減量特典もあるので前に行って押し切る騎乗が多い。鍵は減量特典がなくなっても活躍できるか？→

102ページ

M・デムーロ騎手

23年8月に川島康孝氏から甲斐弘治氏にエージェントを変更。M・デムーロ騎手は関西所属とはなっているが関東圏での騎乗が多く実質的には関東の騎手となっていた。だが、このエージェント変更で関西に拠点を戻す可能性が大。というのも川島氏は柴田大騎手や丸山騎手を担当し関東中心に活動しているエージェントなのに対し、甲斐氏は関西のTMなので、拠点の変更を見据えたエージェント変更と思われるから。デムーロ騎手らしい精力的な騎乗も増えており復権への足掛かりをつかもうとやる気になっているのでは。24年の復活は？→

122ページ

北村宏司騎手

13、14年と2年連続で年間100勝を達成したことがある関東の実力者だが、近年は落馬負傷やヒザのケガに悩まされて勝ち星を減らし、22年は9勝しか挙げられなかった。ただ、23年はここまで無事に騎乗できており調子も上がってきた感も。新潟2歳Sをアスコリピチェーノで制し5年ぶりの重賞制覇。さらに翌週の新潟記念もノッキングポイントで勝利。順調に調子を上げている印象だ。24年の完全復活はあるのか？→

146ページ

田口貫太騎手

23年デビューした騎手の中でトップの勝ち星。ルックスは純朴な少年といった印象だが、騎乗ぶりは冷静沈着でベテラン感すら漂う。10月9日までに23勝を挙げており、最多勝利新人騎手の資格がもらえる30勝も射程圏。デビューから1番人気に騎乗したときは12戦連続で馬券圏内に持ってきており、弟子のために用意された馬に結果で応え、信頼を勝ち取っている。2年目の飛躍の可能性は?→182ページ

丸田恭介騎手

2022年高松宮記念をナランフレグでGⅠ初制覇。涙のインタビューが大きな感動を呼んだ。ただ、勝負の世界は厳しくGⅠを勝ったからといって騎乗馬が急に増えるわけでない。実際、高松宮記念の翌週の日曜日は騎乗馬がゼロという具合。そういう厳しい状況でも「戦略力」を磨いて一発を狙った騎乗ができるのが持ち味。23年はホウオウビスケットでダービー初騎乗を果たした。結果は6着も、16番人気、単勝287・2倍の人気薄であわやのシーンを作ったことをお忘れにならないように。24年もどこかで大金星を挙げるのでは?→216ページ

秋山稔樹騎手

2年目の21年には42勝を挙げる活躍を見せたが、22年は20勝。23年は10月9日現在で4勝と右肩下がりで危険水域に突入。本人もこのままではマズイと考えているのだろう。23年夏は栗東に拠点を移し小倉を中心に騎乗。さらに、エージェントも町田氏からヒロシ氏に変更。いろいろな策が回復につながっているとは言いにくいが、「戦略力」が高く、筆者が期待している若手なので、24年のV字回復を期待している。→256ページ

競馬を華やかにする女性騎手の弱点を見つけた！

女性騎手

2023年から斤量規定が変更され、ざっくり説明すると多くのケースでそれまでよりも斤量が1キロ増えることになりました。斤量を増やした理由には様々なものがありますが、そのひとつはジョッキーの健康問題に関するもの。軽い斤量に騎乗するため過度なダイエットに苦しむ若手騎手も多いのでついに聖域にメスを入れたのです。と同時に斤量面で男性よりも体が小さく斤量面での制約が少ない女性騎手が続々とデビューしているのも、将来的な騎手の成り手とタレントを確保するためというJRAの意図があるからでしょう。24年にもデビュー予定の女性騎手がいるし、競馬学校にもスタンバイしており、さらなる勢力拡大は規定路線。JRAはガールズ競馬のような女性騎手だけでレースを組めるようになるまで女性騎手を増やしていくプランを練っているのではないでしょうか。

そこで、女性騎手にスポットライトを当ててみると……。女性騎手は斤量面で優遇されていて、減量期間は★（4キロ減）または▲（3キロ減）で騎乗できる。減量がなくなってからも平場なら◇（2キロ減）の減量特典がある。減量特典がない特別戦では全員で5勝（146鞍）しか挙げていない。ただ、それは馬券ファンもよくわかっていて人気になりにくい。5勝中2勝が二桁人気の大穴なので、好走確率が低い分、妙味は増しているので狙えないというわけではありません。とはいえ、確実性を求めるなら平場中心の狙いとなる。

さらに、女性騎手全体の馬券傾向を掘り下げてみたい。斤量で優遇されているので、前に行くとなかなか止まらない。なので前に行ける馬で狙う。これがセオリーでしょう。

●女性騎手脚質別成績

・逃げ先行：勝率13・1％（全体14・8％）
・それ以外：勝率2・3％（全体3・7％）

全体の結果と比較しても差し追い込みなどの中団以降に控える競馬での好走率は低い。

●女性騎手枠番別成績

・1&2枠：勝率3・1%、複勝率15・7%、単回率32%、複回率61%
・7&8枠：勝率7・6%、複勝率21・3%、単回率78%、複回率84%

加えて揉まれる心配の少ない外枠に入った時のほうが圧倒的に好走確率が高い。逆に揉まれる心配のある内枠では苦戦しています。かなり顕著に傾向が出ているので、注意したい。

ちなみに、23年ダートの1枠では10月9日まで1勝しか挙げていません。その1勝は今村騎手が騎乗した7月30日新潟12Rのミレヴィーナス（5番人気）。このレースは女性騎手が4人（永島、今村、小林美、藤田）いて、すべて逃げ先行馬に騎乗していました。多少ペースが速くなっても減量特典があるのでローカルの新潟なら粘り込みが可能。そう思って、小林美騎手が騎乗したプロバーティオ（11番人気10着）と永島騎手のディベルティール（7番人気2着）に注目しました。最も人気上位だったのは今村騎手が騎乗するミレヴィーナスだったのですが、女性騎手にとって鬼門の1枠1番で砂を被るとまったくダメな馬なので、ハナを取れなければ苦戦すると予想しました。しかし、レースは最内枠から今村騎手が好スタートを決めハナに。結果は、今村騎手と永島騎手の行った行ったというものでした。

前で競馬する女性騎手を狙うという予想は悪くなかったのですが、今年一度しか起きていないケースを引き当ててしまう不運。ただ、女性騎手の騎乗するレースの難しさは、こんな感じでスタート次第ということになりやすく、馬券的にはちゃんと好スタートを決められるかどうかのガチャ要素に任せる面が大きくなるという点。ここで勝ったミレヴィーナスも出遅れていたら惨敗していた可能性が高い。というわけで、JRA的にも馬券検討を難しくする新たな要素として組み込み、予想難易度の調整としても使っていると考えています。

女性騎手それぞれの特徴は各ジョッキーのページで確認してください。

★永島まなみ→156ページ
★今村聖奈→172ページ
★古川奈穂→188ページ
★藤田菜七子→212ページ
★河原田奈々→230ページ
★小林美駒→235ページ

関東中堅騎手の生命線・ミルファーム軍団騎手とは!?

ミルF軍団騎手

ミルファームは１９９６年にオープンした生産牧場でオーナーブリーダー。初年度産駒から中京スポーツ４歳Ｓを制すユーワファルコンを輩出。生産馬のＪＲＡでの出走数も勝ち星も年々増加し、２０２０年には生産馬が14勝を挙げ二桁勝利に到達。21年には出走数が３０４鞍と３００鞍を超えました。23年もこれまで10勝を挙げ出走数も２７１鞍と順調。近年の生産馬は、ほぼミルファーム名義で走っています。

生産馬以外にセリで購入した馬も含めたミルファーム名義の成績は23年ここまで19勝で初の20勝超えにリーチがかかっている。出走数もこれまで４８０鞍と近年は毎年５００鞍以上。22年のアイビスＳＤをビリーバーで制し初の重賞制覇、23年もフェアリーＳをキタウイングが勝ち、徐々に重賞戦線での活躍も増えてきました。

22年のリーディングオーナーランクでは32位ですが、出走数だと10位ととにかく出走数が多い。注目を集めたのは、夏の新潟直線芝１０００ｍの未勝利戦での多頭出し。20年７月25日新潟１Ｒでは12頭出しを達成している。ここで気になることが。１レースで勝ち馬は１頭だけなので、普通は勝つチャンスを増やすために使い分けを行います。しかも、その12頭出しを行ったレースは３着が最高で勝ってはいない。

なぜミルファームは常識破りの出走を続けるのでしょうか。生産馬が全馬デビューできるわけではないし、デビューできても勝ち上がって上のクラスに出世できる保証はまったくない。なのでオーナーブリーダーとして経営を安定させるなら、できるだけ多くの馬をデビューさせ、勝てなくても出走手当や着賞金で少しでもコストを回収することも重要となるのでしょう。ただ、そういう中から重賞で活躍する馬も輩出しているし、着実に成績を伸ばしているので、経営戦略としては優れているといえます。

ジョッキーにとってもありがたい存在なのでは。誰しも勝ち負け必至の有力馬に乗りたいが、そういう馬に乗れるのは一握りのトップジョッキーだけ。多くのジョッキーにとっては進上金と同じくらい出走手当も重要な収入源です。多くの騎乗機会を提供しているミルファームの馬に騎乗するジョッキーも増えています。

現在の主戦は杉原騎手。騎乗数は多くないが勝負の時に起用される田辺騎手や江田照騎手のような勝負騎手といえる存在もいます。あと、勝ち星が減ってきた騎手が騎乗馬確保のために急に関係が密になる現象も。北村宏騎手も22年から急にミルファームの馬に騎乗するケースが増えました（それもあって復活?）。

23年は内田博騎手との関係が強化されている印象。ミルファームの馬に多く騎乗するジョッキーたちの特徴は……。

★内田博幸→164ページ
★松岡正海→184ページ
★杉原誠人→230ページ
★黛弘人→234ページ
★嶋田純次→260ページ

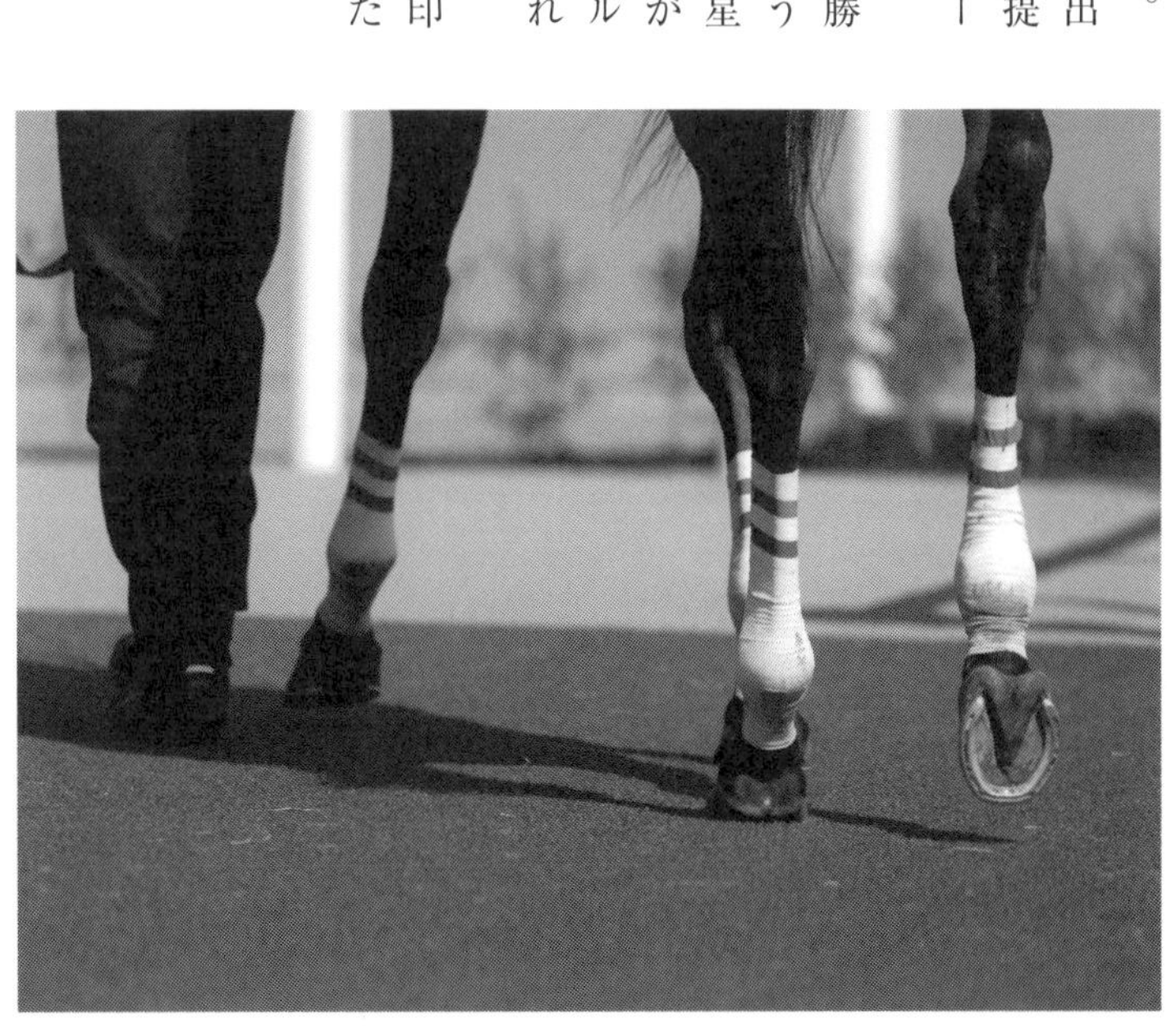

◎目次

装丁◎戸澤徹
本文DTP◎ムーングラフィックス(木村晋弥)
編集&執筆協力◎武内一平、編集X、野中香良
写真◎ヒロタノリト(装丁写真・本文イメージ写真提供)、武田明彦(騎手写真、イメージ写真)

※写真はイメージで本文とは関係ありません
※成績、配当等は必ず主催者発行のものと照合してください。
※名称、所属は一部を除いて2023年10月9日現在のものです。
※本書データは断りのない限り2023年10月9日現在までです。
※馬力絞り出しメーターは2022年10月2日～2023年10月1日現在までが対象。
※馬券は自己責任においてお求めください。

～2024年20代騎手の躍進が止まらない!?～

「A.R.E!?」ALL ROOKIE EVOLUTION!?

- 川田騎手の天下はいつまで続く!?
- 西の若手は積極策で成績をアップ!
- 武豊騎手が注目する3名の若手!!

5人の20代騎手がトップ10入りで勢力図は変わる!?

ようやく「アレ＝A・R・E!?」が実現 若手氷河期が融け始めたぞ

2022年の競馬が幕を閉じたとき、筆者の1年を振り返った感想は、ようやく待ちに待った「アレ」が実現しようとしている、でした。アレってどこかの野球監督のマネかと思われた方、「A・R・E!?」ですよ、「A・R・E!?」。某プロ野球球団のスローガンじゃなく、「ALL ROOKIE EVOLUTION」、すなわち若手騎手たちの躍進！　ただ、最後に「!?」をつけたのは立ちはだかる壁が高いからです。時代は移りつつあるものの、ベテラン勢もしぶといという印象も併せて持つことになったのです。

振り返ってみれば22年はまさに若手が躍動した年で、GI初制覇を果たしたジョッキーたちが5人も現れた。この出来事に象徴されるように**若手騎手の進化はとどまることを知りません**。今、ジョッキー界で起こっている若手の台頭という胎動をより深く理解していただくために、簡単に歴史を振り返ってみます。

2016年のリーディングトップ10の顔ぶれを思い出すと、以下の通りです。

●2016年リーディングトップ10騎手

1位戸崎騎手（36歳）
2位C・ルメール騎手（37歳）
3位川田騎手（31歳）
4位M・デムーロ騎手（37歳）
5位福永騎手（39歳）
6位内田博騎手（46歳）

7位田辺騎手（32歳）
8位武豊騎手（47歳）
9位和田竜騎手（39歳）
10位岩田康騎手（42歳）
※年齢は2016年当時のもの。

20代でリーディング上位に入った騎手は皆無。

ジョッキー界を席巻していたのは、既にベテランの域に入っていた地方出身の騎手と、2015年に海外から移籍したC・ルメール騎手、M・デムーロの騎手という二人の青い目のJRA所属騎手でした。

なぜ、これほど若手不作の時代になっていたのか。当時の若手が特別、下手くそだったというわけではもちろんありません。置かれ状況が四面楚歌でした。

騎手界のレジェンドといえば、武豊騎手です。1989年から2008年までの20年間で合計18回リーディングジョッキーを獲得し、文字通り競馬人気を高めてきた武豊騎手の時代に翳りが見えて以降、なかなか競馬界を背負う次の騎手が生まれない。しかも、バブル崩壊による競馬人気の下降もあって、次代のスターの登場が待ち望まれていました。

そこでJRAはジョッキーのスター不足を補うためにどうしたか。ひとつは地方の名手と呼ばれるトップジョッキーの引き抜き。さらに海外で実績があり、日本でも騎乗経験のある外国人騎手の移籍を容易にするという解決策でした。身も蓋もない言い方をすれば、「よそから出来上がっている人材を連れてくれば穴埋めできる」という安直な考え方です。

若手を育成するより即戦力をスカウトするほうが手っ取り早いというやり方は理解できないでもない。新人ジョッキーを一人前に育てようと思ったら膨大なコストがかかります。かつては徒弟制度とそれに連なる一門意識があり、損得勘定を抜きにしてサークル全体で新人を応援するという環境があった。しかし、そうしたある意味、古き良き人情の時代は去り、近代的で合理的な考え方が世の中の主流になりました。競馬サークルも例外ではなく、膨大な負担を覚悟し自前でジョッキーを育てようなどという気概は消えてしまいました。JRA内にふさわしい人材がいないなら、地方や海外から完成品を輸入すればいいという考え方です。

しかし、**競馬の進化を考えると馬を育てるのと同じくらい、人を育てるのも重要なはず**。余所から連れてくれば目先の人材不足の解決になっても、そればかりでは、長期的な展望は開けない。若手が下から次々とのし上がってきて切磋琢磨した結果、活力あるジョッキー界が出来上がり、それがまた新人を育てるという好循環が生まれる。流動性のないよどんだ組織では、レベル低下にしかつながらないのではないでしょうか。

しかも、当時の状況を振り返ると、40代後半になった武豊騎手らベテラン勢も元気で、新陳代謝が起こりようもありませんでした。

でも、明けない夜はない。何がきっかけか、はっきりとはわかりかねますが、近年、潮目が確実に変化しています。

16年以降のリーディングトップ10における20代の騎手の推移を見てみます。

20代の騎手がやっとトップ10に、ひとり入ったのが18年。20年は2人に増え、21年は3人。さらに22年は4人と、若手台頭のムーブメントは続き、**23年（10月9日時点）は、横山武、岩田望、坂井、鮫島駿、西村淳という5人の20代ジョッキーがリーディングのトップに名を連ねている**のです。

勢力図は「西高東低」が常態化格差はどんどん広がっている？

詳しくは川田騎手のページで説明していますが、昨年は熱心にジョッキー36歳ピーク説を唱えていました。名手が36歳を迎えるときに名馬に出会い、それが時代の節目になると考えているからです。過去のデータで簡単に振り返ってみます。

●ジョッキー36歳ピーク説過去の例

・1984年：岡部幸雄騎手36歳→シンボリルドルフで三冠達成

・2005年：武豊騎手36歳→ディープインパクトで三冠達成。岡部騎手引退。

・2013年：福永祐一騎手36歳→エピファネイアでダービー2着。武豊騎手がキズナで勝利し復権。

・2022年：川田将雅騎手36歳→ダノンベルーガでダービー4着。武豊騎手がドウデュースで最年長勝利。

武豊騎手が後輩騎手の台頭を二度にも渡って阻止。川田騎手が真の意味で政権を掌握することができなかったので、下の世代にチャンスが回ってきたのかもしれません。22年から始まる若手の活躍には「川田政権樹立失敗効果」という側面もあったと筆者は考えています。

ただ、今年リーディングトップ10に入っている騎手の顔ぶれを見てみると、横山武騎手、戸崎騎手以外はすべて関西所属の騎手たちで、関西に偏り過ぎている印象です。

「A・R・E⁉」はプロ野球の関西ダービーよろしく道頓堀近辺でしか盛り上がっていないのでしょうか。ジョッキーの東西格差から検証していきましょう。

今の競馬が西高東低なのは周知の事実です。この夏、大工事の末に美浦トレセンの坂路が改修され10月に新装オープンしたのも東西のレベル差を縮めるための施策でした。しかし、**馬より東西格差の深刻度が高いのはジョッキー**です。関東はトップ10で西に圧倒されているだけでなく、これまでの勝ち星で比較しても、関東1008勝、関西1590勝と関西の騎手が関東の1・5倍以上の勝ち星を稼いでいます。

とはいえ、この勝ち星の差が腕の差だとは思っていません。そもそも東西では現役ジョッキーの数自体が違います。

・関東所属の現役騎手：71人

・関西所属の現役騎手：79人

確かに関西のほうが多いとはいえ、勝ち星ほどの大きな差はないと突っ込まれてしまいそうですが、23年、に福永、竹之下騎手の関西騎手2名が引退しただけではなく、今年デビューした新人騎手も関東4名、関西2名と関東のほうが多い。そこで差が詰まってしまったものと考えると、東西の数にはやはり差があるのではないでしょうか。

東西の現役ジョッキーの数に差があるとさらなる格差につながる可能性がある。今後も東西の人材を均等にするために関東所属でデビューする騎手が多くなるのかもしれません。ただ、現状を放置したらまずい。せっかくJRAのジョッキーとしてデビューしたのに、関東所属になったというだけで厳しい状況にさらされて芽が出ないまま終わってしまう騎手を量産しかねないからです。なので、もう少し深く考察してみます。

123勝中100勝を関東馬で挙げ、関東圏の競馬場で94勝挙げているC・ルメール騎手は関西所属ではあるものの、実質的に関東の騎手と考えるべきではないでしょうか。そうなると関東所属で拠点が関西の吉田隼騎手や西塚騎手は関西にカウントしなければならないなどややこしい話が出てきますが、関東馬での勝ち星が多いM・デムーロ騎手の存在もあるし、シェアを考えればC・ルメール騎手以外は誤差として相殺してもいいのではないでしょうか。

ただC・ルメール騎手を関東所属扱いにしても、まだ関西所属ジョッキーの勝ち星が優っているし、現役ジョッキーひとり当たりの勝ち星で比べても関東15・7勝、関西18・8勝でまだ関西優位は揺るぎません。これは騎乗できる馬の質による部分もあると思うので、今度は馬質にアプローチしてみます。

東のゆるゆるペース頻発の原因は関東騎手が置かれた厳しい環境にあった！

単勝オッズを騎乗馬の質と仮定するなら、関東と関西のジョッキーの騎乗馬の平均オッズは関東82・1倍、関西59・4倍というようにここにも大きな差が。単勝10倍未満の勝ち目のある馬への騎乗数は関西のほうが2024鞍も多く、単勝万馬券の勝ち目の薄い馬の騎乗数は関東が901鞍も多い。なので、**東西ジョッキーの勝ち星の差は騎乗馬の質**による部分も大きいと考えられます。

もちろんいい騎乗馬に恵まれるためには、騎乗ぶりでアピールして信頼を勝ち取らないとダメなので、積み重ねの結果ともいえます。ただ、環境による影響も否定できないので、ここではそれには目をつむります。

というわけで、騎乗馬の質の影響を排除した状態で東西の騎手の成績を比較できればいいという結論に至りました。

そこで筆者の強力な武器、馬力SM（馬力絞り出しメーター）の登場です。馬力SMとは、騎乗馬の単勝オッズ通りに平均的な結果を残した場合の成績を推測し、それを実際の成績と比較して人気以上に走らせているのか、取りこぼしがあるのかを数値化した指標。

「100％を超えれば人気以上の結果を残している」となり、「100％を割ると取りこぼしている」と解釈できます。早速、見てみましょう。

●東西ジョッキーの馬力SMを比較

★関東

・単：97・8％　連：99・4％　複：100・4％

★関西

・単：100・7％　連：99・9％　複：99・4％

関東所属騎手は馬の質による影響を排除して比較しても1着を取りこぼしていて、関西は人気以上に勝たせているという結果となってしまいました。こうなるとさすがに「東の騎手だって腕は西には負けていない」と強弁するのは無理がありそう。騎手の東西格差は思っていた以上に根深いのかも。

それでも、腕に差があると結論づけるのは短絡的だと思います。複の馬力SMは関東のほうが高い。馬力SMの東西の違いから次の仮説が成り立つのではないでしょうか。**「関東の騎手は着拾い意識が強く、関西の騎手は積極的に勝ちに行く」**と。

関東のレースはスローの縦長の馬群になっても誰も動こうとしないとよく言われ、馬券ファンのストレス源のひとつになっています。これも着拾い意識が高いからでは。一発狙って動くと惨敗のリスクもあるし、強気の競馬で押し切れるほど強い馬に乗っていないので、余力を残して直線に向いて着を拾ったほうが正解という意識が強いからだと思われます。評価が固定化してしまった中堅以上のジョッキーは、いい馬が回ってくる可能性は低いし、能力を秘めた馬と出会って結果を出してもすぐに乗り替わりとなってしまう。なので、確実に着賞金を稼いだほうが正解という風潮が強くなる。これは生活防衛のためのやむを得ない選択なので筆者も責められない。

騎手の東西格差を突き詰めていった結果、透けて見えてきたのは関東の大半の騎手たちが置かれた厳しい環境と、生活防衛を最優先せざるを得ない関東中堅以下騎手の悲哀でした。そういう連想から特に今回、スポットライトを当てたいと思ったのが、オーナーブリーダー、「ミルファーム」から騎乗依頼を受けている東の騎手たちです。彼らを「ミルファームジョッキー」とレッテルを貼り、カテゴライズしたのは、関東の中堅以下の騎手にとってミルFは騎乗馬の大きな供給源だからです。ミルFの最大の特徴は多数の所有馬がいながら関東馬しかおらず、関西に預託された馬は今のところ1頭もいないという点。騎手は勝ち負け以前にレースに騎乗できなければ仕事になりません。騎乗依頼があって初めて収入がある。多くの騎乗機会を提供してくれる、ミルFは東の不遇な騎手にとってはとてもありがたい存在なのです。

もちろん、ミルFにとっても、騎乗を引き受けてくれるジョッキーは必要不可欠です。生産した馬1頭1頭がすべて活躍するわけではないし、出走手当や着賞金をできる限り上乗せすることで経営が安定します。勝つ確率が低い馬にも乗ってくれて、しかも、馬の能力を勘案しながらひとつでも上の着順を獲ろうと工夫してくれるジョッキーはミルFの経営にも大きく貢献しています。

騎手とオーナー、双方が「WIN WIN」の関係ではありますが、それでも関東の騎手には、もっと前向きな活躍の場を競馬サークル全体が与える努力をすべきではないかと思っています。

実は中山は逃げが決まらないコース？ なぜ西の逃げ勝率がアップしているのか

関東の恒常的なゆるゆる競馬の恩恵を狡猾に享受し

ているジョッキーがいます。関東のぬるいペースのレースにしびれを切らし、C・ルメール騎手が逃げの手に出るシーンがたびたび見られるのです。

C・ルメール騎手の逃げ率を見てみると、関東圏の競馬場では8・0％もあり、関西圏の競馬場では今年3回しか逃げたことがなく、逃げ率は5・4％しかありません。さすがルメール、抜け目なく、最も勝ちやすい戦法をセレクトします。

そうなると、次に検証した

■全体

	全体	札幌		函館		福島		新潟		東京		中山		中京		京都		阪神		小倉		関東場平均	関西場平均
2023年	19.7%	22.7%	2	23.2%	1	19.1%	6	19.2%	5	15.7%	10	21.3%	4	18.0%	8	17.8%	9	22.2%	3	19.0%	7	6.3	6.8
2022年	18.9%	18.3%	6	22.4%	1	22.1%	2	19.1%	5	16.7%	9	21.1%	4	16.9%	8			17.5%	7	21.2%	3	5.0	6.0
2021年	19.0%	17.3%	8	23.2%	2	29.9%	1	20.5%	3	13.8%	9	19.7%	5	19.8%	4			17.9%	7	19.5%	6	4.5	5.7
2020年	18.5%	21.0%	4	31.4%	1	20.0%	5	17.2%	7	14.4%	10	19.3%	6	21.3%	3	15.3%	9	17.0%	8	21.7%	2	7.0	5.5
2019年	18.2%	13.1%	10	28.0%	1	18.8%	5	15.5%	7	14.1%	9	22.3%	2	16.7%	6	21.9%	3	14.4%	8	20.8%	4	5.8	5.3
2018年	17.4%	16.6%	8	25.0%	1	20.7%	3	17.6%	6	11.5%	10	14.8%	9	16.8%	7	19.8%	4	18.5%	5	21.3%	2	7.0	4.5
2017年	17.6%	18.2%	6	23.2%	1	18.6%	4	19.9%	3	13.0%	10	16.6%	7	18.5%	5	21.5%	2	16.0%	8	15.3%	9	6.0	6.0
2016年	16.7%	19.5%	3	24.8%	1	14.7%	7	18.4%	4	14.1%	9	13.2%	10	14.9%	6	20.9%	2	17.3%	5	14.6%	8	7.5	5.3
2015年	16.6%	19.6%	3	26.5%	1	20.0%	2	18.2%	6	8.8%	10	13.8%	9	17.6%	7	19.2%	4	17.4%	8	18.7%	5	6.8	6.0
2014年	18.1%	21.6%	3	24.7%	1	19.9%	4	18.0%	7	13.6%	10	15.4%	8	15.1%	9	19.6%	5	19.0%	6	23.1%	2	7.3	5.5
2013年	18.2%			28.2%	1	21.8%	2	17.7%	5	12.4%	9	15.8%	7	13.6%	8	21.4%	3	17.1%	6	20.6%	4	5.8	5.3
平均	18.0%	18.9%	5.3	25.8%	1.1	20.2%	3.7	19.4%	5.3	13.4%	9.5	17.5%	6.5	17.3%	6.5	19.9%	4.6	17.6%	6.5	19.7%	4.7	3.6	3.3

■芝

	全体	札幌		函館		福島		新潟		東京		中山		中京		京都		阪神		小倉		関東場平均	関西場平均
2023年	18.7%	26.0%	1	20.7%	3	18.3%	5	17.4%	6	17.4%	6	16.6%	8	18.9%	4	11.0%	10	24.2%	2	16.0%	9	6.3	9.5
2022年	17.1%	19.6%	2	20.9%	1	18.6%	3	17.4%	6	14.7%	9	15.8%	7	15.6%	8			18.4%	4	17.5%	5	6.3	5.7
2021年	17.5%	19.6%	3	19.5%	4	24.7%	1	17.5%	6	13.4%	9	16.4%	7	18.5%	5			20.0%	2	15.2%	8	5.8	5.0
2020年	16.2%	18.3%	4	35.6%	1	13.3%	8	15.2%	7	11.5%	9	16.3%	6	16.7%	5	10.2%	10	18.9%	2	18.8%	3	7.5	5.0
2019年	15.0%	15.8%	4	19.5%	2	11.6%	10	13.9%	6	13.9%	6	19.6%	1	12.7%	8	12.2%	9	16.5%	3	15.7%	5	5.8	6.3
2018年	15.4%	16.3%	5	22.4%	1	12.0%	9	15.0%	7	10.2%	10	12.2%	8	15.4%	6	17.1%	4	18.2%	3	21.2%	2	8.5	3.8
2017年	14.7%	15.7%	3	19.3%	1	14.1%	7	15.1%	4	13.2%	8	12.1%	9	11.6%	10	19.0%	2	14.4%	5	14.2%	6	7.0	5.8
2016年	15.1%	16.5%	4	19.1%	1	15.7%	5	17.6%	3	14.9%	7	8.8%	10	15.2%	6	18.0%	2	14.8%	8	14.5%	9	6.3	6.3
2015年	12.8%	19.1%	2	22.9%	1	18.2%	3	14.5%	5	7.3%	10	9.2%	9	15.3%	4	12.2%	7	12.4%	6	11.8%	8	6.8	6.3
2014年	16.9%	17.5%	6	22.9%	2	24.7%	1	13.0%	9	13.7%	8	15.2%	7	8.6%	10	19.5%	3	19.5%	3	17.9%	5	6.3	5.3
2013年	15.8%			30.0%	1	22.6%	2	12.0%	7	9.6%	8	13.1%	6	5.6%	9	18.4%	4	15.7%	5	20.4%	3	5.8	5.3
平均	15.9%	18.6%	3.4	23.4%	1.6	17.5%	4.9	15.3%	6.0	12.5%	8.2	14.0%	7.1	14.2%	6.8	15.7%	5.7	17.5%	3.9	16.6%	5.7	3.8	3.2

■ダート

	全体	札幌		函館		福島		新潟		東京		中山		中京		京都		阪神		小倉		関東場平均	関西場平均
2023年	20.7%	18.2%	8	26.6%	1	20.3%	7	21.6%	5	14.1%	10	25.0%	2	17.2%	9	24.7%	3	20.8%	6	23.9%	4	6.0	5.5
2022年	20.6%	16.5%	9	24.6%	4	26.5%	2	21.1%	5	18.6%	6	25.2%	3	17.8%	7			16.8%	8	27.0%	1	4.0	5.3
2021年	20.4%	14.3%	8	28.1%	2	36.7%	1	23.4%	4	14.2%	9	22.4%	5	20.7%	6			16.4%	7	26.1%	3	4.8	5.3
2020年	20.7%	24.7%	5	25.8%	3	28.6%	1	19.6%	8	17.3%	9	21.6%	6	25.4%	4	19.7%	7	15.4%	10	26.9%	2	6.0	5.8
2019年	21.5%	9.2%	10	39.7%	1	27.6%	4	17.5%	7	14.3%	8	24.4%	5	20.1%	6	30.9%	2	12.6%	9	29.7%	3	6.0	5.0
2018年	19.4%	16.9%	8	28.4%	2	31.7%	1	21.1%	5	12.9%	10	16.8%	9	18.1%	7	22.1%	3	18.8%	6	21.5%	4	6.3	5.0
2017年	20.4%	21.5%	6	28.6%	1	24.3%	4	26.3%	2	12.9%	10	20.0%	7	24.4%	3	23.7%	5	17.3%	8	17.2%	9	5.8	6.3
2016年	18.3%	23.4%	2	32.4%	1	13.5%	9	19.3%	5	13.4%	10	16.6%	6	14.7%	8	23.4%	2	19.4%	4	14.9%	7	7.5	5.3
2015年	20.5%	20.3%	7	31.3%	1	22.2%	5	23.5%	4	10.4%	10	17.3%	9	19.9%	8	25.2%	3	21.6%	6	30.7%	2	7.0	4.8
2014年	19.3%	26.6%	3	26.9%	2	14.3%	9	24.7%	4	13.6%	10	15.5%	8	21.4%	5	19.7%	6	18.6%	7	32.2%	1	7.8	4.8
2013年	20.6%			26.6%	1	20.8%	6	26.4%	2	15.2%	9	18.0%	8	21.5%	4	24.0%	3	18.3%	7	21.1%	5	6.3	4.8
平均	20.2%	19.2%	6.6	28.7%	1.7	23.5%	4.5	22.3%	4.6	14.3%	9.2	20.2%	6.2	19.9%	6.1	23.7%	3.8	17.7%	7.1	24.7%	3.7	6.1	5.2

※2023年のデータは10月9日現在のもの

くなるのが、東西の逃げ馬の成績です。関東のほうが逃げの勝率が高いと予想できそうですが……。

●逃げ馬成績の比較

・関東4場：勝率18・8％、複勝率43・9％
・関西4場：勝率19・7％、複勝率44・6％

意外なことに関西のほうが逃げ切りが決まっているという結果になりました。ただ、逃げ切りが決まるかどうかはジョッキーの作るペースだけが要因ではない。馬場もあれば、コース形態もある。こうした要素も加味しなければ、意味がありません。

すべてを網羅するのは難しいので、コース毎の逃げ馬の勝率を比較してみました。

当たり前ですが、直線の短いコースは逃げ切りが容易で、直線の長いコースは逃げ切りが難しい。馬場を改修するとクッション性が高まって逃げ切りが決まりにくくなったりもする。さらに、それらを総合したジョッキーの意識で、前有利の認識が高まるとハイペースになりやすく、かえって逃げ切りが難しくなるケースもある。そういったことがわかるのではないかと10年分のデータを集計したのです。

結果は意外な面も。東京が逃げ切りが難しいコースであることは容易にイメージできますが、**実は中山も予想外に逃げ切りが難しい**。関東圏には日本一の直線の長さを誇る新潟もあるので、逃げ切りが容易なコースが少ないことが関東のジョッキーの意識に植え付けられているのかもしれません。それが着拾い傾向の高さにつながっている可能性も。

関西圏に目をやると、阪神芝での逃げ馬の活躍に目がいってしまいます。とはいえ、これは京都競馬場の改修工事によりロングラン開催を行わなければならず、酷使に耐えられる馬場を作る必要があったからではないでしょうか。開催が進んでも一向にインが悪くならず、内を通る逃げ先行馬がいつまでも活躍する。そんな馬場で騎乗を磨いてきた騎手は先行意識が強くなるに違いない。

一方で、小回りで平坦の小倉の芝は逃げ切り難易度の高い競馬場になっているのはどう説明すればいいのでしょうか。これは先行意識の高まりが逃げ切りを難しくさせているからではないでしょうか。

さらに、新装したばかりの京都はクッション性が高いので今は逃げ切りが難しいのですが、過去を振り返ると特別逃げ切りが難しい場というわけでもなさそう。つまり、逃げ先行策が有効な競馬場が多いほど先行意識の高いジョッキーが台頭しやすく、関西にそういう土壌があったといえそうです。加えて阪神の馬場が一役買ったと考えるのが妥当のようです。

もう川田騎手の専売特許ではありません 西の若手はみんな前々の競馬を志向

ここからは若手の躍進が著しい関西のジョッキーたちに注目していきたい。筆者が徹底先行主義と形容している川田騎手の逃げ先行率の高さは説明不要でしょう。実質的には関東のルメール騎手を除く**関西のリーディングトップ10ジョッキーの逃げ先行率を見てみても、全員が4割を超えている。**先行意識がそこまで高くなかった騎手の近年の逃げ先行率の高まりまで実感できると思います。

●主要騎手の逃げ先行率

・川田騎手
21年：52・9%→22年：55・1%→23年：50・0%

・岩田望騎手
21年：36・1%→22年：37・0%→23年：41・3%

・松山騎手
21年：50・7％↓22年：48・4％↓23年：50・9％
・坂井騎手
21年：42・3％↓22年：51・7％↓23年：50・4％
・武豊騎手
21年：38・2％↓22年：42・3％↓23年：42・4％
・鮫島駿騎手
21年：42・5％↓22年：40・8％↓23年：42・5％
・西村淳騎手
21年：44・3％↓22年：49・4％↓23年：43・5％

　このデータはターゲットの脚質判定を利用して算出しているのですが、逃げ先行率4割というのはどの程度なのか疑問が湧くのではないでしょうか。23年の全レースを対象にすると平均は32・1％で、4割を超える騎手は100鞍以上騎乗した騎手に限ると19人だけ。もちろんトップジョッキーは有力馬に騎乗する機会が多く、前に行くケースが増えるのは当然でしょうが、それを加味してもどのジョッキーもかなりの高さに見えます。数年前は川田騎手ひとりが突出していたのですが、もう川田超えの騎手（松山騎手、坂井騎手）もいる。逆にいえば、これだけ**先行意識の高い騎手が揃っていれば無理して前に行くのは得策ではないのかもしれません**。最近の川田騎手の騎乗ぶりを見ると勝負どころで息を殺して直線に余力を残す騎乗が増えている。これも後輩が徹底先行主義を見本にして前に行く競馬で台頭してきたので、この傾向に対応する騎乗にバージョンアップさせた結果と見るべきではないでしょうか。

若手はスポーツ競馬の申し子 迎え撃つベテランには追い風か

　とあるイベントにゲスト出演した武豊騎手が、うまい若手騎手を聞かれ「最近だと**横山武史君、岩田望来君、坂井瑠星君**」と3人の名を挙げました。昨今の若手ジョッキーに関して「みんなうまいですからね。入ってきた最初からうまい。いろんな情報が入りやすいというのもありますし、トレーニングもそうだと思います」と証言。今はレース映像などもスマホですぐにチェックできるし、自分のフォームもスマホで撮影してすぐに見られる。競馬のジョッキーに限らず、どの競技でも、技術習得のコストが下がりトレーニング理論も飛躍的に進歩している。最近の若手騎手が技術面で優れているのは間違いないでしょう。最近の若手は武豊騎手の証言通りで、デビューした時点から技術力が優れている。それをもう少し詳しく説明すると、逃げ先行率が高い、これは、ゲートを出す技術に優れていないと成り立たない。ゲートのうまい騎手が増えている証です。さらに最近の若手の特徴として、道中は理に叶った美しいフォームで騎乗し馬の負担を極限まで減らす、折り合いも重要で無駄なスタミナロスも防ぎ、直線は馬をしっかり追って余力を絞り出す……と馬の能力を最大限に引き出す騎乗が出来ています。

一見すると、ケチのつけようもありませんが、反面、騎乗が淡泊でもろい。**想定していたポジションを獲れず流れに乗れないまま終わるシーンもたびたび見られます**。馬の能力を最大限に引き出す騎乗というのは正攻法にどうしても近くなる。だから、理想とするレース運びができなかった時のもろさも同居している。

武豊騎手の先の発言は、今言ったような若手の弱点を承知した上での若手称賛だった、と筆者は推測しています。武豊騎手の性格からすると、いくら若手が伸びているからといって自分を引退に追いやるような脅威に感じているとしたら、名前は挙げないと思うのです。リップサービスもあるだろうし、いくら技術が優れていても戦略力に関してはまだまだ負けないという自負があるから名前を挙げたのでしょう。

いい例が菱田騎手の落馬負傷で急遽騎乗することになったレディスプレリュードのアーテルアストレアです。鮮やかな直線一気を決めた勝利ジョッキーインタビューでは「あまり他の馬のことは気にせず、直線に賭けようと思っていました」と振り返っていたのですが、1コーナー手前であえて馬を外に持ち出しテリオスベルの進路を作ったのは誰あろう武豊騎手。他の馬のことは気にせずといいながら、本当は綿密に戦略を練っていてテリオスベルのマクリをアシストして差し馬有利の展開に持っていこうと狙っていた。武豊騎手が1コーナーでテリオスベルを外からブロックし外に出させなかったらマクリは不可能だったからです。

直線は粘るテリオスベルに岩田望騎手のライオットガールが襲い掛かり、交わして先頭に立った。しかし、武豊騎手はその抜け出したライオットガールを目標にしていたかのように、ゴール前で差し切ったのです。

結果から逆算できるなら岩田望騎手はテリオスベルをもっとかわいがって抜け出すタイミングを遅らせるべきだったと思いますが、誰しもあの状況なら勝ちを意識してしまう。そこまで読み切っていたかのような武豊騎手の狡猾な騎乗ぶりを見ると、まだまだ若い騎手には負けないと思っていると考えられるのです。

イケメンの若手ジョッキーが次々に頭角を現し、若い競馬ファンも増え、競馬のイメージもドロドロしたギャンブル好きおじさんたちの鉄火場というイメージを払拭し、極上のスポーツエンターテイメントへとイメージを刷新しているようにみえます。レースもキラキラしたイケメンが馬を操るスポーツ的なものになっていて、駆け引きや削り合いといった泥臭い要素が減っている気がしてなりません。

しかし、そういう風潮は武豊騎手からみれば「戦略力」を生かす余地が大きくなるので、歓迎でしょう。先行意識の強い若手が増えればなおのことと思います。しかも、先行意識が強いといっても激しい先行争いを演じるのはスマートではないので、一旦隊列が決まれば無理はしない。今年これまで重賞7勝と大レースを勝ちまくっているのは今の環境が武豊騎手にも心地いいからではないでしょうか。

積極性だけでは持ちません あのホープは流れ星になってしまう?

ちょっと気になる若手騎手にも触れてみたいと思います。彼の名は、坂井瑠星騎手。**2022年の逃げ先行率が5割を超えたのは川田騎手と坂井騎手**だけ。今年も5割を超え、松山騎手に次いで2位という積極性がウリの騎手です。22年は98勝を挙げ一気にブレイク。秋華賞をスタニングローズで、朝日杯FSをドルチェモアで制し、GⅠタイトルも難なくゲット。23年はさらなる飛躍が期待されました。

ここまで80勝と初の年間100勝も可能なペースで勝ち星も伸ばしている。ただ、中央での重賞勝利はフェブラリーSのレモンポップで挙げた1勝だけ。レモンポップとのコンビでチャンピオンズCも制覇する可能性はありますが、重賞勝ちが1勝だけというのは少々寂しい。さらに、1番人気に騎乗したときの成績も下がっている。逃げを中心とした積極性でブレイクしたのですが、逃げるだけの騎手はライバルからすると対策が容易で脅威になりにくいのではないでしょうか。レモンポップくらい強い馬なら「競りかけて来い!」という感じで相手を見下して逃げてもいいと思うが、なかなかそこまで能力が抜けた馬というものはいない。周りの騎手が坂井騎手のスタイルを熟知して対策されていないか心配です。

技術も体力も優れていて、セオリー通りの美しいフォームと前々の競馬で台頭してきた反面、構想が崩れれば、リカバリーできず、もろくも崩れる淡泊な騎乗しかできない若手騎手。ある若手のホープは、負けると、必ず馬や馬場のせいにします。誰が乗っても勝てるような抜けて強い馬なら思い通りの競馬ができても当たり前。失敗から学び、戦略力をもっと磨かないと、今の恵まれた環境も危うくなりますよ。

片や、若手が活躍すればするほど、「戦略力」に長けたベテラン勢が、水を得た魚のように蘇っています。すべての対人スポーツのセオリーは「相手の嫌がることをやる」というもの。百戦錬磨のベテラン騎手は、ときには手応えが悪い演技して相手を騙したり、出し抜いたり……と若手の淡泊な乗り方の弱点をつき、勝利をもぎ取ろうとします。先行意識の高い若手の増加は、戦略力に長けているベテラン騎手からすれば、隊列やペースを読みやすく、持てる戦略力を存分に発揮できるので、恰好の餌食です。若手が台頭してきたとはいえ、まだまだベテランの壁は高い。24年は23年以上に、ベテランによる若手阻止が見られるかも。若手には、立ちはだかるベテランを蹴散らし、さらなる前進を実現してほしいのですが。

さらに川田政権の行方も気になります。22年政権奪取に失敗した川田騎手が23年は絶好調。予定より1年遅れただけで、いよいよ政権を掌握する時期に差し掛かった感があります。川田騎手が長期政権への足固めをすることができるか、それとも若手、ベテランが入り乱れる戦国時代に突入するのか、24年のジョッキー界からはますます目が離せません。

この本を執筆している際に、山田敬士騎手がケガのため引退したという報道が入ってきました。２０１８年にデビューした同騎手は、距離誤認事件などを起こし半年の休養などを挟みましたが、減量期間はそれなりに活躍。２０１７年には17勝を挙げています。減量がなくなった23年3月以降は未勝利が続き、本人も焦っていたことでしょう。そこにケガが重なった。他にもプライベートな問題を抱えていたという噂もありますが、デビューして10年も経たないような若手騎手たちが引退するケースも少なくない状況です。

24年は若手の有望株が川田騎手やルメール騎手たちに挑んでいくという構図が出来る反面、減量期間を終えた騎手やアピールに失敗し、政治力の大幅な低下が避けられなかった騎手がより厳しい状況を迎える。

コロナ禍も落ち着き短期免許の外国人騎手が来日しやすい環境が整った。11月ともなると欧州のオフシーズンに入り銘柄級が続々と来日。昨年の来日で思うような活躍ができなかったH・ドイル騎手ですが、今年はローカル開催に回って、来日初週に3勝を挙げています。12月2週目香港で川田騎手が不在ということが確定的となると、ボンドガールの代打に指名されるのは、ドイル騎手の夫で2回目の短期免許でしかないT・マーカンド騎手だったりする。確かに各国のトップクラスしか来日しないので、中堅若手より技術力は高いのかもしれない。しかし、慣れないダートや独特のペースの日本の競馬では力を発揮できないこともしばしば。それでも短期免許の外国人騎手へ馬が集まる状況です。円安で決しておいしいとはいえない状況でも、来日が止むことはありません。

このような中で新人、見習い、若手騎手たちは戦っていかないといけないことを改めて理解してほしいと思います。

展開予想に役立てる！
騎手の性格や戦法を図示化!!

展開予想に役立つよう、著者が独断と偏見でジョッキーの性格や戦法傾向を判断し、「積極的 or 消極的」か「内突く or 外出す」かに分類したものです。

●戦法マトリックスの説明

★縦軸

①**「超積極的」「積極的」**……競馬は絶対的に先行有利なので、好スタートを決めて積極的に前に付けようとするタイプ。多少馬のリズムを犠牲にしてもポジションを主張する。こういうタイプが追い込み馬に騎乗すると最後方まで下げるなど、極端な騎乗が多い。

②**「超消極的」「消極的」**……馬のリズムを重視してポジションはあまり主張しないタイプ。逃げ馬に騎乗しても他に主張する馬がいたら競り合いは避ける傾向がある。

③**「どちらでもない」**……ハッキリした傾向がなく、基本的には馬の脚質やレースの流れに合わせて押し引きをするタイプ。

★横軸

④**「超イン突き」「内突く」**……当然ながら競馬は最短距離を走ったほうが有利なので内を回ることは有効だが、前が壁になるし、馬群の中で揉まれて馬が戦意喪失したりするなどのリスクもある。それでもリスクよりもメリットが大きいと考えて、積極的にインを突こうとするのが、このタイプ。

⑤**「超外出す」「外出す」**……直線外に持ち出して馬を決め手をフルに生かそうとするタイプ。距離ロスは生じるが揉まれる心配がなくリズムよく競馬できるので、揉まれ弱い馬とは手が合う。

⑥**「どちらでもない」**……枠順やレースの流れや成

り行きで、内を突くか外に出すか決めるタイプ。

上位の20人までは16パターンに分類、それ以外のジョッキーも9パターンのマトリックス図に分類しています。積極的な騎手が多いレースはハイペースになりやすい。内伸び馬場でインを突いて差してきそうな騎手の予測など、展開予想に役立つものとなっていますので参考にしてください。

●馬券のポイントの説明

馬券検討の際の簡単なポイントも掲載しています。データから導きだされた傾向を元に本書では7パターンに分類しています。

★強心臓……人気馬で強く、プレッシャーのかかる場面でも信頼できる

★プレッシャー弱……プレッシャーに弱い。人気時は割引が必要。

★アタマ狙い……勝ち切る。勝負強く1着が多い。

★2、3着付け……2、3着が多く、馬券圏内は確保するが競り合いには強くない。

★大穴警報……人気薄でも要注意！　穴での一発を常に狙っているタイプ。

★中穴狙い……10～20倍の中穴で要注意。気楽な場面で力を発揮するタイプ。

★本命……基本人気馬でしか馬券に絡まない。特に特徴のないタイプ。

●馬力絞り出しメーターの最新データも完全掲載

最新の馬力絞り出しメーター（馬力ＳＭ）の数字も完全掲載。馬力ＳＭとは、騎乗馬の単勝オッズ通りに平均的な結果を残した場合の成績を推測し、それを実際の成績と比較して人気以上に走らせているのか、取りこぼしがあるのかを数値化したもの。１００％を超えれば人気以上の結果を残していることになり、１００％を割ると取りこぼしているということになる。

リーディング上位20名を徹底分析!!

川田騎手&ルメール騎手の牙城が厚かった2023年! 2強体制を崩す騎手は出現するのか!?

川田騎手、ルメール騎手が覇権を争った2023年、本当の勝者は!?
若武者・坂井瑠星騎手はレモンポップでブレイク!!
美浦の新星・佐々木大輔騎手の2024年は!?

富田 暁 （とみたあかつき） 栗東 140

な

中井 裕二 （なかいゆうじ） 栗東 255
長岡 禎仁 （ながおかよしひと） 栗東 232
永島 まなみ （ながしままなみ） 栗東 156
永野 猛蔵 （ながのたけぞう） 美浦 186
西塚 洸二 （にしづかこうじ） 美浦 224
西村 淳也 （にしむらあつや） 栗東 90
野中 悠太郎 （のなかゆうたろう） 美浦 249

は

原 優介 （はらゆうすけ） 美浦 176
浜中 俊 （はまなかすぐる） 栗東 132
菱田 裕二 （ひしだゆうじ） 栗東 130
藤岡 康太 （ふじおかこうた） 栗東 100
藤岡 佑介 （ふじおかゆうすけ） 栗東 136
藤懸 貴志 （ふじかけたかし） 栗東 204
武士沢 友治 （ぶしざわともはる） 美浦 262
藤田 菜七子 （ふじたななこ） 美浦 212
古川 奈穂 （ふるかわなほ） 栗東 188
古川 吉洋 （ふるかわよしひろ） 栗東 228

ま

松岡 正海 （まつおかまさみ） 美浦 184
松田 大作 （まつだだいさく） 栗東 248
松本 大輝 （まつもとひろき） 栗東 244
松山 弘平 （まつやまこうへい） 栗東 74
松若 風馬 （まつわかふうま） 栗東 152
黛 弘人 （まゆずみひろと） 美浦 234
丸田 恭介 （まるたきょうすけ） 美浦 216
丸山 元気 （まるやまげんき） 美浦 202
三浦 皇成 （みうらこうせい） 美浦 138
水口 優也 （みずぐちゆうや） 美浦 245
水沼 元輝 （みずぬまげんき） 美浦 239
幸 英明 （みゆきひであき） 栗東 98
武藤 雅 （むとうみやび） 美浦 247
Jモレイラ （Joao Moreira） 短期 269

や

横山 和生 （よこやまかずお） 美浦 118
横山 武史 （よこやまたけし） 美浦 61
横山 典弘 （よこやまのりひろ） 美浦 154
横山 琉人 （よこやまりゅうと） 美浦 192
吉田 隼人 （よしだはやと） 美浦 142
吉田 豊 （よしだゆたか） 美浦 200

ら

Cルメール （Christophe Lemaire） 栗東 55
Dレーン （Damian Lane） 短期 267

わ

鷲頭 虎太 （わしずこた） 栗東 229
和田 竜二 （わだりゅうじ） 栗東 144

名鑑の注意

ランキングは23年の年間騎手リーディングをベースに作成されました。（23年10月末まで）短期免許の外国人騎手や著者である樋野独断で掲載しなかった騎手も何名かいます（障害メインの騎手など）。主要外国人騎手（短期免許）についてはランキングの中には掲載せず名鑑巻末にまとめて掲載。なにとぞご了承ください。騎手名から調べる際には本ページの索引を利用してください。また、騎手名下に掲載されている順位は平地成績のみ（勝利数順）を対象としておりますので、各種資料と順位が異なっている場合がございます。

2024【政治騎手】名鑑　索引

01 川田将雅騎手

馬券のポイント・強心臓

2022年の状況を再度振り返る リバティアイランドと出会う!

2023年は従来からの仮説でもある**「ジョッキー36歳ピーク説」**を例年以上に強調して唱えていました。

岡部幸雄元騎手は36歳のときにシンボリルドルフで三冠達成。武豊騎手がディープインパクトで三冠達成したのも36歳のとき。福永祐一調教師がコントレイルに出会ったのは40歳を過ぎてからですが、36歳のときはエピファネイアに跨って皐月賞2着、ダービー2着、菊花賞1着と準三冠を達成している。というわけで、名手といわれる騎手は36歳のときにキャリアを代表するような馬に出会う。まだ体の衰えを心配する年齢でもなく「技術力」も「戦略力」も充実していて、経験と信頼を十分に蓄えることができる。その結果、「政治力」が頂点に到達するのがちょうど36歳くらいなのではないでしょうか。オカルト的な話にはなりますが、どの要素も満点近くになった時期にこそ名馬に巡り合う確率が跳ね上がる……これは過去の名手たちが証明してくれています。

■戦法マトリックス図

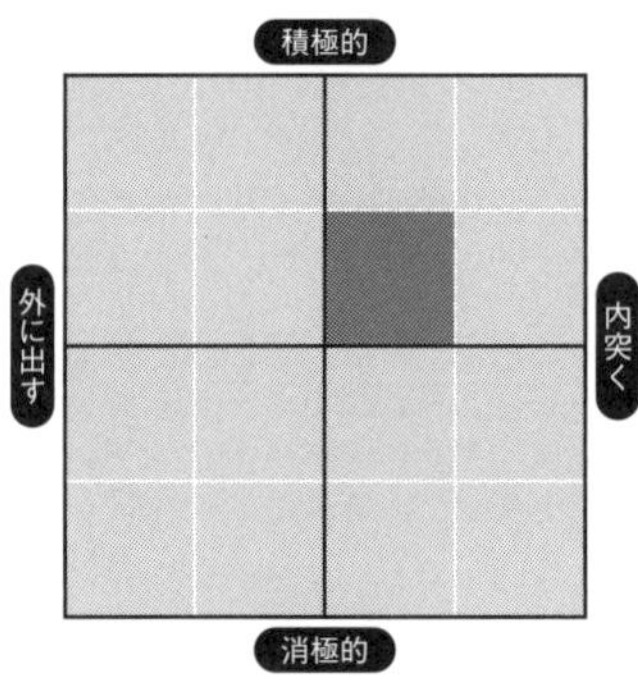

■評価

戦法M	積極的	内突く

■キャラ別データ

USM単	USM連	USM複
103.9%	103.1%	100.9%

なぜ、36歳ピーク説にこだわり始めたのか。デビュー時からゆくゆくはＪＲＡを背負って立つジョッキーになると信じていた、ある騎手が36歳を迎えたからです。そのジョッキーこそ、川田将雅騎手（１９８５年10月15日生まれ）です。

ところが36歳年だった22年の川田騎手はダービーで1番人気のダノンベルーガに騎乗したものの無冠。筆者の説を裏切ったかのように見えました。しかし、筆者は自説を曲げなくてもいいと思っています。23年秋華賞当日に38歳の誕生日を迎えた川田騎手はリバティアイランドで牝馬三冠を達成。リバティアイランドの新馬戦を上がり31秒４で圧勝した時点では、まだ36歳９か月のときだったので、川田騎手も36歳のときにキャリアを象徴する名馬と出会っていたといってもいいのではないでしょうか。

こう強弁したものの、22年の川田騎手にはいささかがっかりしたのも事実です。22年は自身初となるリーディングジョッキーの座に輝いただけではなく、36歳になってすぐの21年11月にはアメリカに遠征しブリーダーズＣフィリー＆メアターフをラヴズオンリーユーで制すなどの活躍を見せました。しかし、それは期待したほどのものではなかった。もちろん、**日本馬によるブリーダーズＣ制覇は日本競馬史に残る金字塔**なのは間違いありません。ただ、筆者はそれ以上の期待をしていたのです。

22年ダービーのダノンベルーガ騎乗には大きな期待を寄せていました。1番人気の馬で堂々と競馬の頂点でもあるダービーを制覇し、川田時代の到来を告げると……。しかし、結果は武豊騎手が騎乗したドウデュースに差され４着。新しい時代の扉が開かず、落胆したことを、今でも鮮明に覚えています。

振り返ると、武豊騎手がディープインパクトで三冠を達成した２００５年に岡部幸雄騎手は引退。こんな感じで時代は移り変わっていくのが常でした。しかし、36歳の福永騎手がエピファネイアで挑戦したダービーは、ゴール前で武豊騎手のキズナに交わされて２着。「僕は帰ってきました」という名言が勝利ジョッキーインタビューで飛び出しました。

武豊騎手は２０１０年毎日杯での落馬で大ケガを負い、その後は深刻なスランプに陥っていて、２０１２年には自身のワースト記録となる56勝しか挙げられなかった。勝負事に「たられば」は禁物ですが、もし13年のダービーを福永騎手が制していたら、武豊の時代はそこで終わりを告げていたかもしれません。それを自らの手綱で阻止し、「僕は帰ってきました」という名言とともに復権を果たしたのでした。

最年長ダービー制覇として注目を集めた53歳の武豊騎手によるドウデュースでの勝利も、川田時代の到来を阻止する意味もあったのではないでしょうか。武豊騎手があれだけ長く一線級で輝き続けられるのは、要所要所で後輩騎手の台頭を阻止してきたからに違いない……と筆者は考えています。

22年のＧＩレースを振り返ると、高松宮記念をナランフレグで制した丸田恭介騎手をはじめ、横山和生騎手、荻野極騎手、坂井瑠星騎手、石川裕紀人騎手など5名ものＧ１初勝利騎手が誕生。若手騎手の台頭が目立った1年でした。

こういう流れになったのは、**川田騎手が真の意味での政権奪取に失敗**し、その野望が次の世代の騎手に委ねられたから。筆者には、そう見えて仕方がなかった。だから22年の川田騎手の活躍は手放しで喜べなかったのです。

ノーザンFから干されたのか？噂の真偽をデータから探る！

迎えた2023年。リーディングジョッキー川田騎手の我が世の春が来ると予想する人も多かったようですが、逆風の中でのスタートだった……？

というのは、真偽不明の噂ながら**「ノーザンFから三行半を突き付けられた」**という話が聞こえてきたからです。サンデーレーシングのリバティアイランドの主戦騎手なのに、さすがにそんな事態になるはずはない……とにかくいろいろな噂をたくさん耳にするので、話半分で聞くことにしているのですが、一口クラブのキャロットFのパーティーでの一幕を見て、信ぴょう性のある噂なんじゃないかと感じたのです。

武豊騎手が会員に向けて挨拶したときのこと。自嘲なのか、いい馬を回してもらってないのにステージに立たされて挨拶までさせられていることに対するクレームなのか、とにかく会場の笑いを誘いました。武騎手の挨拶の一部を抜粋すると、

「今日ここにいる騎手たちは2020年以降、重賞レースでキャロットFの馬で勝った経験があるんですが、実は僕だけ勝ってなくて……。今日は勝ってない騎手を代表してここに参りました」

「先日京都競馬場で『未勝利戦』をヴィヴィッシモで勝たせていただきました！」

「今日はなんかいじられている気が……来年は堂々と出られるよう頑張ります」という感じ。

その横で、川田騎手は腹を抱えて膝から崩れ落ちそうになるくらい爆笑していたのです。ハッキリいってこのリアクションは同じような境遇にないとできないと思うのです。キャロットFの馬で活躍していたら苦笑いするだろうし、川田騎手がリアクションを間

違ったとも考えにくい。筆者には武豊騎手の気持ちが当時の川田騎手には痛いほど伝わったからとしか見えませんでした。

もちろん、心象だけで決めつけてはいけないので、それが本当なのか、検証していきます。

●サンデーR、キャロットF、シルクRの騎乗数の推移

・20年：135鞍（39勝）・21年：104鞍（29勝）
・22年：50鞍（13勝）・23年：41鞍（8勝）

確かに22年以降、騎乗数は減っているものの、干されたというのはちょっと大げさな気がします。しかし、表面的な部分だけ見ても真実はわからないと思うので、関西馬と関東馬に分けて深堀りしてみます。

★関西馬

・20年：110鞍（32勝）・21年：61鞍（19勝）
・22年：41鞍（11勝）・23年：18鞍（3勝）

★関東馬

・20年：25鞍（7勝）
・21年：43鞍（10勝）
・22年：9鞍（2勝）
・23年：23鞍（5勝）

23年に関しては関西馬の落ち込みが激しい。さらに、関西馬の中から川田騎手が主戦を務める中内田厩舎からの依頼を除くと次のような結果になります。

★中内田厩舎を除いた関西馬

・20年：96鞍（28勝）
・21年：44鞍（16勝）
・22年：26鞍（6勝）
・23年：4鞍（0勝）

今年ノーザンF系クラブ馬（中内田厩舎を除く）で川田騎手が跨ったのは、大阪杯のヴェルトライゼンデと団野騎手から急遽の乗り替わりとなったフェンダーなど4鞍だけ。

いろいろ調査した結果、どうやら関西馬を仕上げている外厩のノーザンFしがらきとの関係が悪化しているとのこと。ただ、干されたのか川田騎手が依頼を断っているのか真相まではわかりません。とはいえ、10月7日（ピュアグルーヴ）と10月9日（レアリゼアンレーヴ）に関西のノーザンF系クラブ馬に騎乗しているところを見ると雪解けは近いのかも。

「乗り馬厳選主義」から方向転換？舞い込んできたドバイWC制覇

川田騎手の二大看板といえば、**「乗り馬厳選主義」**と**「徹底先行主義」**です。

川田騎手は「一流騎手たるものケガや騎乗停止で休むことはあってはならない」と公言しており、そういうアクシデントに巻き込まれる可能性の高い乗り難しい馬を敬遠する傾向がありました。リーディング上位騎手の中でダントツに騎乗数が少ないのはそうやって騎乗馬を厳選しているからです。

しかし、関西のノーザンF系クラブ馬に乗れなくなったことによって、その騎乗馬厳選政策を多少緩和しなければならなくなったのではないでしょうか。

この方向転換が意外な効果をもたらしてくれました。ドバイワールドCでのウシュバテソーロの依頼です。というのはこれまでウシュバテソーロとコンビを組んでいた横山和騎手が同日に行われる日経賞に出走するタイトルホルダーを選んで鞍上が白紙となり、川田騎手に白羽の矢が立ったからです。これまでの騎乗馬を厳選していた川田騎手を考えると海外でテン乗りの関東馬に乗ることは考えにくい。方向転換したからこその騎乗依頼受諾だったのでしょう。

結果は、ご存じの通り。ウシュバテソーロと川田騎手のコンビは見事に直線一気を決め、世界最高峰のレースを制した。人間万事塞翁が馬ではないですが、人生何が起こるかわからない。そもそも横山和騎手がドバイ遠征を選択していたらなかった話。とにかく、37歳の川田騎手の活躍はキャリアを象徴するシーズンになったことは間違いないでしょう。筆者が唱える36歳ピーク説も1年程度の誤差が生じるだけで間違ってはいなかったと確信しています。

徹底先行主義に変化？実は上がり最速出す割合もトップ

川田騎手といえば、とにかく好位からの競馬を徹底しており、筆者は「徹底先行主義」と呼んでいます。川田騎手の逃げ先行率を見ていただければ一目瞭然です。

●逃げ先行率

・21年：52・9％
・22年：55・1％
・23年：50・0％

23年も半数のレースで先行しています。ここ2年に比べてやや数字が下がっているのは、後輩たちが川田騎手の騎乗スタイルを見本にして、積極的に前に行こうとするジョッキーが増えたからではないでしょうか。

さらに、付け加えるとこれだけ先行しているものの逃げを選択することはそこまで多くない。逃げ率の推移も見てみましょう。

●逃げ率

・21年：4・6％
・22年：7・4％
・23年：4・8％

21年には**「逃げは最後の手段」**とインタビューで答えるなど逃げることに関してネガティブな印象を

持っていたようなので、逃げ率が低かったのですが、23年もそれに匹敵する低さになっている。前目のポジションを獲るがハナに立つことは少ないのが川田騎手のスタイル。ただ、23年に関しては積極的に逃げる後輩が増えたことで、押し出されてハナに立つようなシーンが減り、自然体の騎乗で川田スタイルが出来るようになったことが逃げ率低下の一番の理由と考えています。

今年これまで勝率が30％を超えており、これをキープ出来れば**史上初の3割ジョッキーの誕生**となるだけでなく、2002年に武豊騎手が記録した年間勝率29・1％の記録更新も夢ではない。牝馬三冠にドバイワールドC制覇、さらに年間勝率3割も視野に入れるなど23年の川田騎手の勢いはとどまることを知りません。そして、貫いてきた徹底先行主義も完成の域に入ってきたのではないでしょうか。

完成した徹底先行主義についてさらに掘り下げてみます。川田騎手は常に好位で競馬しているので直線で鋭い脚を使う印象は少ない。ただ、上がり最速を繰り出す割合もアップしているのです。好位に付けて最速の上がりも使えたら、これだけ勝率が高いのも納得です。具体的にデータで見てみましょう。

●上がり最速割合

・21年：20・1％
・22年：19・7％
・23年：23・2％

23年は上がり最速を繰り出す割合もアップしているのがわかります。これがどれくらい凄い数字なのか他のジョッキーと比較すると、なんと！　100鞍以上騎乗しているジョッキーの中でトップの記録。2位がレーン騎手の18・9％、3位が横山典騎手の18・3％でルメール騎手は17・0％で5位という結果でした。3位の横山典騎手は常にポツンしているわけではないですが、最後方でじっくり脚を溜めることが多い。その横山典騎手よりも上がり最速を記録する割合が高いのです。さらに、馬をうまく折り合わせて切れ味を引き出すのがうまいルメール騎手をも圧倒している。もちろんそれだけいい馬の乗っているということなのですが、ルメール騎手も負けていないと思うし、半数のレースで先行してこれを記録しているというのは脱帽するしかありません。

もちろん、「徹底先行主義」といっても、状況次第では控える競馬を選択する柔軟さも持ち合わせています。象徴的なのは、ドバイワールドCでのウシュバテソーロの騎乗。レースはサウジCを逃げ切ったパンサラッサが大外枠から何が何でも逃げる構えでハナを主張しましたが、前走のレースぶりが鮮烈だっただけに、簡単にハナを譲ってもらえず序盤から激しい流れのレースになりました。

道中も海外馬によるパンサラッサのマークは厳しく息の入らない展開となり、最後方で脚を溜めていたウシュバテソーロが3コーナー過ぎから徐々に進出し、直線で溜めていた脚を弾けさせました。

この位置取りを見てもわかるように、日本では先行策を選択する割合が高い川田騎手も、海外ではまったく違う騎乗をする印象があるのです。

日本の競馬では大半の条件が先行有利で、前に行くことが勝利への近道ですが、世界のトップホースが集うダートの最高峰のレースになるとハイペースの消耗戦が大半。強い馬はそういう競馬になっても押し切れるから強いといえるのですが、勝つ確率を高めようと思ったら、先行争いには付き合わないほうがいい場合が多い。川田騎手もそういう考えなのか、意識して待機策を選択している印象なのです。22年のドバイワールドCで3着に好走したチュウワウィザードも最後方からの競馬でしたし、レッドルゼルでのレースぶりもそう。そうした狙いが実を結んだのが、23年のドバイワールドC制覇だったといえるでしょう。

長距離苦手説を検証 細かいギアチェンジが不得意か

川田騎手は**「長距離が苦手なんじゃないか」**と囁かれています。ビッグウィークで2010年の菊花賞を勝っているものの、21年菊花賞レッドジェネシス（1番人気13着）、23年天皇賞（春）ボルドグフーシュ（3番人気6着）、23年菊花賞サトノグランツ（3番人気10着）など、最近の長距離GⅠでは実際、苦戦が多い。

ただ、3000mを超える長距離戦はそもそもレース数が少なく、母数が少ないのでちょっとした上振れや下振れで極端なデータや印象になりやすい。筆者は下振れしているだけで、そのうち実力に収束するだろうとついつい長距離GⅠの川田騎手に期待してしまい、毎回反省しています。なので指摘する資格がないのは重々承知していますが、結果を客観的に評価すると、やっぱり苦手なのかも。

川田騎手の騎乗スタイルを思い出すと、スタートして好位を取ったらあとは直線に向くまでジッとしていることが多い。長距離GⅠになると状況に合わせて細かいギアチェンジを要求されるので、繊細なアクセル操作が得意ではないようです。**長距離戦の克服は川田騎手に残された数少ない課題のひとつ**なのかもしれません。

ジョッキーカメラ導入を提案 自己プロデュースにも成功？

今年大きな話題を集めて導入されたジョッキーカメ

ラ。GⅠが行われた日の夜にYouTubeのJRA公式チャンネルにアップされ、大きな反響となっている。これの導入を薦めたのが川田騎手だったというのです。

まずは、ジョッキーカメラとはどういうもので、筆者がジョッキーカメラの可能性をどう考えていたのか『競馬の天才!』の連載で書いた記事から少し長いですが引用してみます。

> SNSで話題沸騰中のジョッキーカメラ。3月27日のJRAの定例会見で発表された内容をまとめると。注目度の高い一部GⅠレースで、注目度の高い馬に騎乗する騎手のヘルメットに小型カメラを装着し、臨場感あふれる映像を提供するというもの。1レースあたり1、2頭の騎手にカメラが装着され、映像の公開はレース当日の夜、YouTubeのJRA公式チャンネルなどで提供される。
>
> 桜花賞では、圧倒的な人気に応えて大外一気を決めたリバティアイランドに騎乗した川田騎手の馬上からの景色を見ることができました。
>
> ゴール入線後に「勝ったよ~ありがとう」と馬を労ったり、「ハイ、お嬢さん終わりです」と馬となだめたり、外野からではわからない馬とのコミュニケーションの様子が新鮮でした。
>
> そして、「2着来た? お前に勝たれるかと思ったわ」と2着のコナコーストに騎乗した鮫島駿騎手の健闘を称えるシーンも興味深いものでした。ゴール板を過ぎるまでは勝負に徹していても、決着がつけばお互いをリスペクトしているのがよくわかるからです。
>
> さらに、「今日全然進まんかったわ」とレースの振り返るシーンもありました。レース後に出すコメントでは感じ取ることのできないフレッシュでヴィヴィッ

ドで正直な感想は次走以降の馬券検討にも非常に参考になるものではないでしょうか。

桜花賞の前日に行われた阪神牝馬Sでは、直線で外から川田騎手の進路を塞ごうとした岩田騎手を外に弾き飛ばしてしまい（川田騎手は）3万円の過怠金を科されてしまいました。

パトロールを見ると、岩田騎手のイズジョーノキセキは川田騎手が騎乗したルージュスティリアに終始外からプレッシャーを与えているように見えるし、3コーナー過ぎには岩田騎手が川田騎手の前に入ってきたので、ポジションを下げざるを得なくもなりました。そういう前置きがあったうえで、直線インから差そうとしたところで、さらに外からフタをされそうになったので、思わず弾いてしまったのではないでしょうか。当日のSNS上では川田騎手を非難する声が大きかったのですが、これもジョッキーカメラがあれば印象がガラッと変化したかもしれません。というわけで、ジョッキーカメラの導入によって競馬の見方がさらに広がり、新しい角度からの視点が追加される可能性を感じました。

JRAの新たな試みは、大きな話題を集め、大成功といっていいのですが、いろいろ好条件が重なったと思っています。

第1回目のリバティアイランドは後方から豪快に直線一気を決めたので映像的に見栄えのするものになったからです。逃げ馬にカメラをつけて逃げ切ったらスタートからゴールまでコースの紹介映像を見せられるだけになるし、逆にバテて馬群に飲み込まれるシーンも見てみたいとは思いますが、コンテンツとして面白くて爽快感のあるものになるかといわれると疑問。なので、リバティアイランドはこれ以上ない適役だったからです。

これだけ話題を集めたので、この後のＧⅠでもこの企画を続けていただけると思うのですが、それで筆者が感じたことを2点あげたいと思います。

ひとつはファンの視点です。これまでにはなかった視点が増えたことで、レースの見方が変化するのか気になっています。やはり、逃げてバテて馬群に飲み込まれるのは忍びないので、スローでも脚を溜めて直線勝負に賭けたほうがいいというジョッキー心理が共有できるようになるかもしれない。これまでどおり前に行って脚を余さず競馬してほしいというファンの声が薄まるかもしれないと感じました。

もうひとつは、これはある意味でＪＲＡによる予想行為ではないのかという点です。先ほども述べたとおり、コンテンツとして面白いものにしようと思った場合、差す競馬で好走確率の高い馬にカメラを装着するのがいい。ＪＲＡが考える、それにふさわしい馬はどれか、パドックでジョッキーのヘルメットを見てカメラの有無を確認することで知ることができるのではないかと感じたからです。この原稿を書いている時点では桜花賞と皐月賞の結果しかわかりませんが、カメラを装着した3頭（リバティアイランド、ソールオリエンス、ファントムシーフ）はすべて馬券圏内を確保しています。


ジョッキーカメラを提案した狙いは不明ですが、ジョッキーカメラの導入は川田騎手にとっても大成功だったのではないでしょうか。自身の働きかけもあって導入された初年にリバティアイランドで牝馬三冠を達成。オークス勝利後には「これが東京だ！お嬢さん」という発言も飛び出した。このひと言が、川田騎手のイメージアップに貢献したことでしょう。

異例の呼びかけの裏に隠されたオークス絶対本命馬の不安？

ハーパーで23年のクイーンCを制した川田騎手。レース後に関係者に対し「オークスでも乗せてほしい」と志願したそうです。もちろん「オークスで乗りたくなるようないい馬に乗せていただきありがとうございます」という意味でのリップサービスなのかもしれないですが、お手馬にリバティアイランドがいるのにそうした発言をしたというのは、この時点で川田騎手はリバティアイランドの長距離適性に不安を感じていた可能性があります。真意は川田騎手にしかわかりませんが、オークスの直前にも川田騎手の不安が垣間見えるエピソードがありました。

注目すべきはオークスの共同記者会見での異例の呼びかけです。その内容は、「ゲートが切れるまで声援を我慢していただき、ゲートが開いてから全力で盛り上がってもらえればと願っています」というもの。これは一体、何を意味しているのでしょうか。

22年のオークスを思い出してみましょう。ゲート入り前の輪乗りの状態のときにサウンドビバーチェがラブパイローに顔面を蹴られ、放馬。馬を捕まえて、馬体検査をするのに時間を要し発走が15分近くも遅延してしまいました。

1番人気の支持されたサークルオブライフはスタート直後に左右から挟まれる形となり大きく出遅れ。12着と期待を裏切る形となりました。スタート後の不利も大きかったのですが、輪乗りの段階からイレ込みが激しく、長時間待たされたことでレース前に消耗しきっていた可能性も考えられます。

それも踏まえて、もう一度オークスを振り返ってみると、3連単で11万を超える高配当が飛び出す波乱のレースになったとはいえ、上位入線にした騎手の顔ぶれをみると、ルメール騎手、レーン騎手、横山武騎手とGⅠで上位の常連ばかり。ここから教訓を導き出すとするならば、普段とは違う状況や緊張する大舞台でも馬を消耗させたり舞い上がらせたりすることなく、持っている能力をちゃんと発揮できる騎手が信頼されるジョッキーということなのかもしれません。

22年のドバイシーマクラシックをシャフリヤールで制した藤原英調教師の勝利後のコメントを見てみると、「馬も騎手もパーフェクトなレースをしてくれました。そうでないと世界では勝てません。馬と騎手に感謝しています。何よりスタートをしっかりと決める事が一番と思っていましたが、理想的でした」というもの。特に、パドックからスタートするまでを完璧にエスコートしたC・デムーロ騎手を絶賛していたのが印象的でした。もちろんレース中の立ち回りもジョッキーにとって重要な仕事だとは思いますが、それと同じくらい馬に跨ってからゲートを切るまでどういう状態で馬を持っていくかも重要なのかもしれません。特に関係者にとっては後者を重視する傾向が強いのはいうまでもない。

そこまで掘り下げてみると、オークスで圧倒的な1番人気の川田騎手が異例の呼びかけをした気持ちを理解できるのではないでしょうか。レース前の心ないファンの声援でレースが台無しになるリスクを考えれば、それを事前に防ぎたい。とにかく無事にレースを迎えて無事にレースを終えたかったのでしょう。

と同時に、川田騎手が騎乗するリバティアイランドが繊細な馬であることも一因になっているかも。レース前の興奮状態が出遅れなどのアクシデントにつながり結果に影響を及ぼす可能性があると認識しているために、そのような呼びかけをしたのかもしれないからです。

競馬はすべての馬が力を出し切ることが理想ですが、日本の競馬は馬券の売り上げで成り立つエンターテイメントでもあります。レース前にファンを盛り上げているのは、他ならぬJRA。だからこそ、川田騎手の呼びかけはファンだけでなく、JRAに対しても行われるべきかもしれません。例えば、ファンファーレを廃止し、映画上映前のマナームービーのようなものを流すというアイデアもあります。もちろん、これらの対策を実際に行うかどうかは、しっかりとした議論を経る必要がありますが、ファンに釘をさす前にJRAに対して提案すべきだったのではないかと思うのです。

川田騎手のこの発言は議論を呼びましたが、なかでも過激だったのは南関の元ジョッキーがX（旧Twitter）でつぶやいた「きもち悪い。どこまで他を自分に合わせる生き方をしているのだろうか。そして私は下手ですって言っている様なもの」というものでした。

オークスのレース前には、ターフビジョンに「ファンファーレが鳴り終わった後は、お静かにお待ちください」というお願いが表示されるという異例の対応までありました。

とにかく、結果的には6馬身差の圧勝で下馬評通りの強さを示したリバティアイランドだったのですが、川田騎手にとっては言われていたほどの楽な勝負ではなかったのかもしれません。

「韓国競馬はレベルが低い」海の向こう物議を醸した発言

23年は各所で大活躍の川田騎手。それだけに発言に注目が集まりやすいのですが、韓国遠征でもプチ炎上しました。

　物議を醸し出したのは、コリアスプリントをリメイクで、コリアカップをクラウンプライドで制したあとの、勝利ジョッキーインタビュー。受け取り方によっては「韓国競馬はレベルが低い」と言っているような受け答えをしてしまったからです。

　海外でのインタビューは通訳を介してのやりとりなので、真意が通じにくいことも多々あるでしょう。もっといえば（通訳の立場で考えると）川田騎手の発言を凝縮したうえで意を汲んで短い言葉にまとめなければならないので、丁寧に包んだオブラートを通訳にはぎ取られてしまったといったほうが正解に近いかもしれません。

　川田騎手も失敗したなという感じで「そういうストレートな表現ではなく、ハイ」とフォローを入れて苦笑いしていたのですが、ここに競馬にまつわるコミュニケーションの難しさが凝縮されていたような気がしました。

　ジョッキーは誰しも川田騎手のような苦い体験があるので、ベテランになればなるほど真意を話さなくなる傾向があると思っています。横山典騎手の「馬は頑張っているよ」はその典型ではないでしょうか。ただ、それはそれで味気ないので、川田騎手にはこれに懲りずに正確で正直な情報発信にこれからも務めてほしいと思いました。

　こういう些細な発言が話題になるもの活躍が顕著だからで、一種の人気税と考えるべきかも。

馬券は「1着付け」が基本鉄則
今後、注目すべきはイン突き

　馬券のポイントはシンプルです。勝率が31％もあるので**「アタマ狙い」が基本**。1着数が122回に対し2着数が66回と約半数なので、1着付けで狙うのが鉄則と言えるでしょう。

戦法評価は「積極的」&「内突く」。徹底先行主義と呼び半数近くのレースで前付けする騎手なので、「積極的」に関しては説明不要でしょう。「内突く」に関してては昨年まではポジティブな印象が少なかった。

ダノンベルーガでの一連のレースを思い出すと、ダービーでは外からフタをされ、天皇賞（秋）では苦し紛れに伸びない内に突っ込んで脚を余し、ジャパンCでは直線で挟まれる不利と不本意な形でのイン突きが多かったからです。

ただ、23年は7枠13番も1コーナー手前で下げて内に潜りこんで向こう正面でポッカリ空いた内を突いて徐々に進出し圧勝した札幌記念のプログノーシス、直線インから馬群を縫って突き抜けた神戸新聞杯のサトノグランツのようにイン突きに磨きがかかっています。

22年朝日杯FSは2番人気のダノンタッチダウンで2着という結果でした。6枠12番からスタートして内々に進路を取り、ラチ沿いのポジションを取ると4コーナーも最内。直線に向いてうまく馬群を捌いて伸びてきたのですが、先に抜け出したドルチェモアにクビ差及びませんでした。とはいえ、当日の阪神の馬場はインを通った馬に圧倒的に有利な状況で、それを生かした好騎乗だったと思います。

良馬場の発表でしたが、前日に雨が降った影響で内のほうが先に乾く法則でイン伸び馬場になったと思われますが、それだけではなく風の影響もあったのでは。当日の2R（ダート1200m）では前半34秒8、後半39秒4という4秒以上のギャップのある前傾ラップになりました。ただ、これは向こう正面が追い風で直線が向かい風だった影響が大きく表れたものでしょう。

直線向かい風だと当然ながら鋭い決め手を繰り出せ

ないだけでなく、遠心力がかかる3、4コーナーでは外に押される方向に風が吹くので勝負どころでの押し上げも難しくなる。なので、外から差すのが難しくなるのです。そこまで読んだイン突きだったのかは、不明ですが、巧みにインを利して勝利をもぎとるレースが目立っているのは確か。

プログノーシスの札幌記念制覇もインを選択しての勝利でした。当時の札幌芝は非常に難解でした。前の週にCコースに替わってインの荒れた部分がカバーされ、土曜の芝のレースは7鞍中6レースで逃げ切りが決まる圧倒的にイン有利の馬場でした。

ただ、日曜のレース前には予想外の雨が降り、馬場がやや重になっていた。その影響か急に外が伸びるようになり前日とはまったく違う馬場になってしまったからです。8レースで3連単1773万馬券が飛び出したのも、難解な馬場が招いた可能性が高い。

そういう難しい馬場で行われた札幌記念を制したのも、2番人気のプログノーシスに騎乗した川田騎手でした。川田騎手は1コーナーでインに潜り込むと、向こう正面では馬場のいいところと悪いところの境目を選んでインから徐々に進出。3、4コーナーも内を回るコーナーワークの利を生かして一気に先団に取り付くと、そのまま押し切る好騎乗でした。

最近は積極的に前で競馬する若手騎手が増えたので、川田騎手は好位のインでジッと脚を溜めるケースが目立っており、好位のインから抜け出してくる形がスタイルになりそう。

02 C・ルメール騎手

クリストフ

馬券のポイント・強心臓

22年のプチ不振から完全復調 秋のGIでは「神騎乗」を連発！

2022年は終わってみれば109勝でリーディング5位。スターズオンアースとイクイノックスでGIを3勝したものの、重賞5勝はルメール騎手の基準で考えるとやや寂しい成績でした。2023年はスランプから脱したのでしょう。川田騎手と最後までどちらに軍配が上がるかわからないほど熾烈なリーディング争いを繰り広げています。下降気味だった馬力絞り出しメーター（以下、馬SM）も100％を超えるレベルまで回復。完全復活です。

特に秋のGI戦線では菊花賞、天皇賞（秋）と連勝。

「神騎乗」を連発し、競馬ファンの度肝を抜きました。

大外枠から逃げて、一旦下がったものの、直線再び伸びてドゥレッツァを圧勝させた菊花賞の騎乗から振り返ってみます。何よりも印象的だったのは不利といわれる大外枠から積極的に前に行って、1週目の坂の下りでハナを奪ったことです。レース後、検証してみて、セイウンスカイを思い出しました。ドゥレッツァ

■戦法マトリックス図

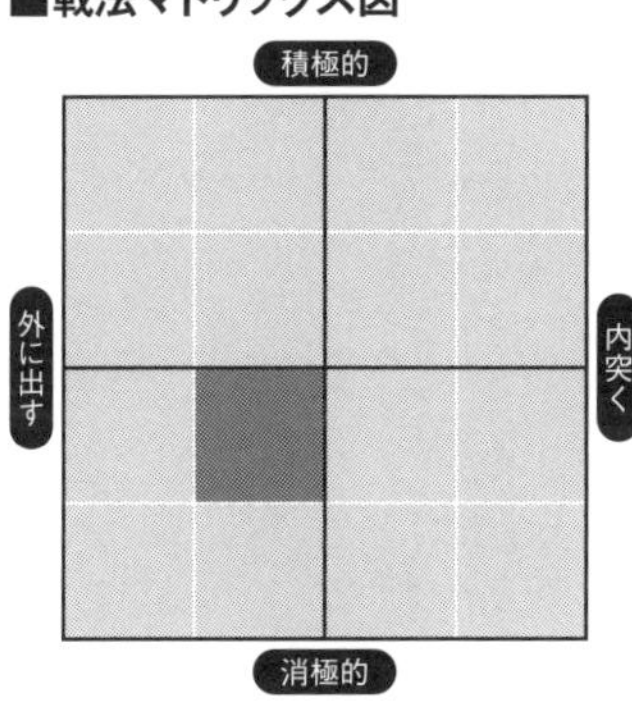

■評価

戦法M	消極的	外出す

■キャラ別データ

USM単	USM連	USM複
100.7%	101.2%	101.4%

とセイウンスカイの菊花賞での勝ちタイムはほぼ同じで、1000mごとのラップ構成も似ていたからです。

●ドゥレッツァ菊花賞ラップ構成

・時計　3分3秒1

・ラップ　60秒4→64秒1→58秒6

●セイウンスカイ菊花賞ラップ構成

・時計　3分3秒2

・ラップ　59秒6→64秒3→59秒3

横山典騎手のセイウンスカイは大逃げに持ち込んで、後続にハイペースと思わせ、他の騎手たちを惑わせた。しかし、本当はペースはそれほど速くなく、実は直線まで余力はたっぷり。後続を突き放して栄冠に輝きました。ドゥレッツァも同様でした。

ルメール騎手も強引にハナを奪い後続にハイペースに持ち込んだように見せかけて後続のマークを甘くすることに成功。向こう正面では死んだふりまでして、余力を十分に残した。脱帽するしかない神騎乗でした。

あと、気になったのはジョッキーカメラの映像です。YouTubeのJRA公式チャンネルにアップされているタスティエーラとサトノグランツの馬上からの映像を見ると、後方の馬が前の攻防を見極めるのは難しいと思われる状況でした。しかも、向こう正面では田辺騎手のパクスオトマニカがドゥレッツァと馬体が合わないように外に大きく持ち出してハナを奪っており、そっちに目が行って、ますますルメール騎手の存在が見えにくくなったのではないかと感じました。そこまで狙っていたかはわかりませんが、見事な騎乗だったことは間違いないでしょう。

我が道を馬とともに走り世界レコードを記録した（天皇賞秋）

1分55秒2という世界レコードをイクイノックスで

叩き出した天皇賞（秋）もルメール騎手の凄さを改めて実感させられたレースでした。

ルメール騎手は2018年のジャパンCではアーモンドアイとコンビを組み2分20秒6というとんでもないタイムを出しています。ジョッキーの体内時計というかペース勘は、時間をベースに判断しているのか、速度をベースに判断しているのか、それとも馬のピッチで判断しているのかわかりませんが、正確な体内時計を持っていたらこんなとんでもないレコードは出せないのではないでしょうか。**ルメール騎手の体内時計はある意味ぶっ壊れているのかも**しれません。

ルメール騎手は天皇賞（秋）の直前に行われた本栖湖特別ではダノンギャラクシーに騎乗し、これまた7馬身差の圧勝劇を演じています。このレースの勝ちタイムも2分22秒8という速いタイム。馬場が良かったのは間違いないのですが、1000m通過タイムは59秒9と特別速かったわけではない。おそらくルメール騎手は馬上での感覚を重視し、周囲の馬が作るペースや展開、あるいはライバルの動きに合わせて動くのではなく、騎乗した馬の最高のパフォーマンスを引き出すことに集中していたのでしょう。

周囲の馬なんか関係ない ひたすら追い求める限界パフォーマンス

ルメール騎手の武器といえば、馬の能力を見定める力です。騎乗馬の能力を正しく把握できる数少ないジョッキーのひとり。騎乗した馬の能力を見極め、多少距離ロスをしてもいいから、外を回って安全に進出していこうといった計算ができる。**馬を信頼して最も高いパフォーマンスが発揮できる騎乗をチョイスすることができる**のです。

菊花賞のドゥレッツァは重賞初挑戦だったというだ

けではなく、13頭以下のレースしか経験していないという不安材料がありました。ドゥレッツァのような経験の浅い馬のポテンシャルを測るのは難しいのですが、ルメール騎手は独自の尺度を持っているよう。優れたサラブレッドは強いライバルに刺激されて隠し持っているギアの存在が表面化するものですが、隠れているギアも感じ取る能力があるとでもいうか。だから、菊花賞のような大胆な騎乗ができるのでしょう。

天皇賞（秋）のイクイノックスの騎乗も、ペースを考えればもっと追い出しを我慢してよさそうなものですが、馬の能力への信頼があるから強気に仕掛けて後続を突き放すことができたのでは。

最近のルメール騎手の騎乗スタイルは周りの馬の動きに合わせた作戦よりも自分の馬の最高のパフォーマンスを引き出す乗り方が主流。リズム重視で外を回って末脚を引き出す騎乗がメインです。

もちろん、時には前に付けることも。関東圏の競馬場で逃げ率が高いのは1章で説明したとおり。ペースが遅いのに、周りの馬に合わせ、リズムを崩してまで折り合いを教え込むようなマネはしないのがルメール流です。誰も行く気を見せないレースと見たら、馬と相談しながら自からハナを奪うケースも多々ある。あくまでも、その馬が最高のパフォーマンスを発揮できるペースで走らそうとする。ある意味、ルメール騎手と騎乗馬は、他の出走馬は眼中になく、1頭でベストのパフォーマンスを追求しながら走っていると言えるかもしれません。

昔は人気馬をマークして負かすのが得意で、中穴で妙味のある騎手でした。でも今は、人気確実の馬にしか騎乗しないので、中穴の馬に騎乗するケース自体がない。最近は逆にマークされる立場になって騎乗スタイルも徐々に変わってきたのではないでしょうか。

大レースや東京では逆らうな 蹴とばすなら馬場が渋ったときに

ルメール馬券のポイントは要約すれば、**「強心臓→人気で強い、大舞台で人気になるほど大胆な騎乗ができる」**です。

常に上位人気に推されるので、妙味のある馬券ポイントは、あまりありません。それでも、3番人気、4番人気のときは頭で狙っておいしそう。

●人気別成績

・3番人気【10・10・4・28】（単勝回収率101%）
・4番人気【7・4・4・23】（単勝回収率117%）

また、大レースでは人気でも外せないのがルメール騎手です。

●重賞上位人気時

・1番人気【5・2・6・5】（単勝回収率68%、複勝回収率101%）
・2番人気【4・2・3・4】（単勝回収率119%、複勝回収率104%）

関西所属でありながら勝ち星を稼ぐのは関東（東94勝、西12勝）。これはもう誰でも知っていますが、もっと絞れば、東京専用といってもいいほど東京競馬場に偏っています（東京60勝、中山27勝）。乗鞍数を見ても、圧倒的に東京競馬場が多い。

●騎乗数に占める東京競馬場の割合

・20年：38・3%
・21年：36・9%
・22年：49・9%
・23年：41・9%

※秋の東京が開幕週の10月9日時点でこの高さ。

●東京競馬場での成績

・20年：勝率28・4%、85勝（299鞍）

・21年：勝率28・7％、85勝（296鞍）
・22年：勝率22・6％、64勝（283鞍）
・23年：勝率29・0％、60勝（207鞍）

●東京競馬場以外での成績

・20年：勝率24・7％、119勝（482鞍）
・21年：勝率22・5％、114勝（506鞍）
・22年：勝率15・8％、45勝（284鞍）
・23年：勝率22・0％、60勝（287鞍）

東京競馬場以外では騎乗数をセーブしているところを見ると、どうやら東京に集中させる戦略を取っている模様。年齢的には体力が下り坂になるのは避けられない。東京開催以外で無理をしないことが好調を維持する秘訣だったりするのではないでしょうか。

ルメール馬券を狙ううえで気になる傾向も。

●芝馬場状態別成績

・良稍重：勝率28・2％、単勝回収率84％
・重不良：勝率3・6％、単勝回収率10％

●ダート馬場状態別成績

・良稍重：勝率27・4％、単勝回収率92％
・重不良：勝率8・9％、単勝回収率16％

もともと欧州のタフな馬場で競馬していたので渋った馬場は得意そうですが、そうでもない模様。切れ味に秀でたノーザンFの馬に騎乗スタイルをマッチさせたので**切れ味を削がれるような馬場では能力を生かせない**のかも。

ダートも湿って脚抜きが良くなると不確定要素が増えるのでは。馬場が悪くなったときは、人気でも信用しないのが穴馬券を獲る秘訣です。

03 横山武史騎手

馬券のポイント・強心臓

涙の別れから一転、皐月賞を制すもダービーも菊花賞も涙をのんで……

2023年も10月9日に年間100勝を達成。**順調に成長中ですが試練も多かった**印象です。

2月には、横山武騎手を全国区にしたエフフォーリアが電撃引退しました。京都記念では心房細動を発症してしまい競走中止の憂き目に。ゴール板を目の前にしながら入線できず、下馬しています。エフフォーリアの種牡馬としての価値を考えると、陣営が引退を決断したのも理解できますが、横山武騎手の受けたショックはさぞや大きかったのでは。北海道に旅立つエフフォーリアを見送った横山武騎手の涙には筆者も心を打たれました。しかし、すぐにエフフォーリアに代わる看板馬が。ソールオリエンスとの出会いが皐月賞制覇につながります。

皐月賞における筆者の予想ですが、ソールオリエンスを無印にしました。評価を下げた根拠は前走の京成杯でのレース内容にあります。4角で大きく外に膨らみコーナーワークに不安があるうえ、ラスト2ハロン

■戦法マトリックス図

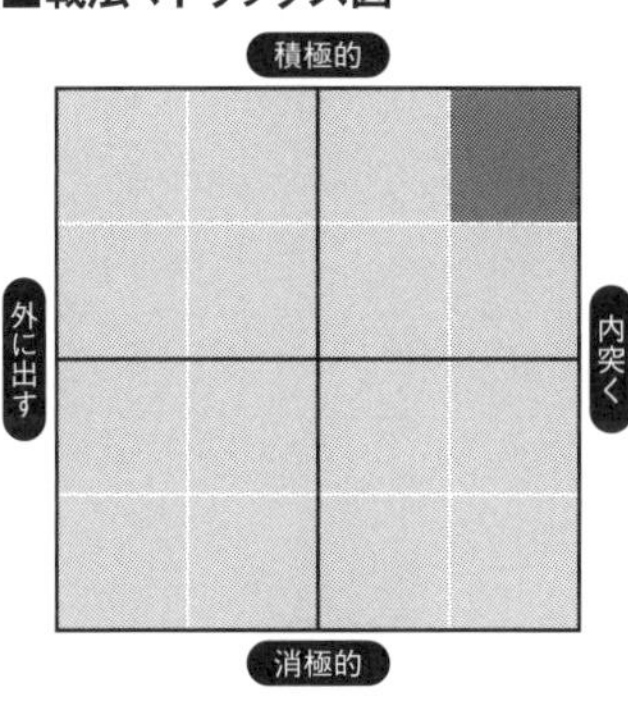

■評価

戦法M	超積極的	超イン突き

■キャラ別データ

USM単	USM連	USM複
92.9%	93.9%	98.3%

11秒7、11秒5と加速ラップで突き抜けはしたものの、相手に恵まれた感が強かったからです。

不安的中！　皐月賞でも4コーナーで外に飛んでいくような面を見せた。ところが、それによって一気に馬場のいい大外まで持ち出せたので、不安はメリットに変換されてしまいました。さらに、レースの上がり3ハロンタイムも2位の馬を0秒9も凌ぐ圧倒的なもの。ここも相手が楽だったようです。

左回りのダービーならコーナーワークの不安は軽減しそうで、大一番の走りがさらに楽しみなった。筆者以上に、ダービーが待ち遠しかったのは当の横山武騎手でしょう。2021年のダービーでは1番人気に推された皐月賞馬エフフォーリアで挑むもハナ差の2着。その敗戦が騎手人生に残る悔しさとなり、横山武騎手は今も当時の映像を見ていないと公言するほど。2年前の雪辱を晴らす機会が再び訪れ、思いが強くなるのは当然でしょう。しかし、デジャヴを見ているかのような結果に……。1番人気のソールオリエンスはD・レーン騎手が騎乗した4番人気のタスティエーラを捉えきれず、再び涙をのみます。

戦前、今年のダービーは父の横山典騎手が初めて栄冠を射止めた2009年と似たケースになるのではないかと予測していました。09年の皐月賞はハイペースの前崩れになって1番人気のロジユニヴァースは先行してバテしまい14着と惨敗。そこから巻き返してのダービー制覇で、今年の皐月賞もハイペースの前崩れだったため、ダービーでは真逆の展開になる可能性があると思っていたのです。

その予想は当たらずも遠からず。1000m通過60秒4はダービーのペースとしては遅い。その後も一向にラップは上がらずスローペースの流れ。皐月賞で4角4番手と厳しいペースを前で粘って2着だったタスティエーラに流れが向き、ソールオリエンスを逆転できたのでした。皐月賞とは違う展開で違う適性が問われたレースだったといっていいと思います。横山武騎手は皐月賞よりも前目の位置で競馬をしていて、タスティエーラをクビ差まで追い詰めたので、展開利や適性ではなく実力で栄冠をもぎ取るまであと一歩だったといえます。

父の典弘騎手は15回目の挑戦でダービージョッキーの称号を手にしており、それまで2着が3回もありました。息子の武史騎手は脂が乗り切る36歳まではまだ10年以上ある。この若さでダービー2着2回でも十分に凄い。今後、いろいろ吸収して、ひと回りもふた回りも大きくなっていくでしょうし、この先もたくさんチャンスがあるはず。ただ、ダービー制覇が課題のひとつとなったのは、間違いないところでしょう。

菊花賞も同馬に騎乗し1番人気で3着。馬がそんな競馬しかできないから言ってしまえばそれまでですが、後方から外々を回る競馬で何もできなかった感は否めない。勝負所ではタスティエーラをインに閉じ込めることに成功したとコメントしていた。でもコーナーワークの内外の差が先着を許す結果になったようにしか見えません。

皐月賞、ダービー、菊花賞でジョッキーカメラを装着も、皐月賞以外はお蔵入り。付けたジョッキーの拒否権があるのか？　それともマズイ発言でもあったのか？　カメラ装着は一流と認められた証でもあります。それゆえ、大レースの人気馬で結果を出せないと逆風にさらされる。カメラ装着はある意味試練です。結果が伴わないと、コメント拒否したくなる気持ちもわかりますが、どうにか乗り越えてほしい。

最内か大外か、極端な競馬を好むノーザンFとの関係は黄色信号か？

もともと積極的なジョッキーではありましたが、23年はさらに拍車がかかった模様。逃げ先行率が48・3％までアップ。さらに前進気勢が増した印象なので、「超積極的」に分類しました。「超イン突き」も戦法の特徴。年間100勝を達成した10月9日東京7Rのタイセイキューティでも1枠1番から最内を突いて突き抜けており、**イン突きが得意で好き**。

とはいえ、イン突き一辺倒というわけではなく、新しい戦法を追求しているのか、最後方でじっくり脚を溜めて直線大外に持ち出す騎乗を習得しようとしている節もあります。馬の癖もあって大外一気を選択した皐月賞のソールオリエンス以外でも後ろで脚を溜めるという騎乗が見られる。極端な位置取りは最内か大外か極端な騎乗を好むという点と根は同じです。

乗り馬集めは順調そう。ソールオリエンス（社台RH）の主戦に指名されたのは吉田照哉氏にも気に入られているからでしょうか？　アスクビクターモアも吉田照哉氏が半分権利を持っている、いわゆる半持ちという話で、こちらも横山武騎手へ乗り替わりになっています。

社台F系以外ではマイネル軍団の勝負騎手という面も色濃くなってきました。10月9日は柴田大騎手から乗り替わった馬で2勝（フィリップ、コガネノソラ）しています。

ただ**注意したいのはノーザンFとの関係**です。

●サンデーR、キャロットF、シルクR成績

・21年：18勝（129鞍）、勝率14・0％
・22年：15勝（115鞍）、勝率13・0％
・23年：12勝（75鞍）、勝率16・0％

23年は重賞勝ちがゼロも、ベリファーニアで桜花賞3着、ウンブライルでNHKマイルC2着などがあります。ただ、エフフォーリアで大活躍した21年と比べるとやや陰りも。ナミュールは富士Sでモレイラ騎手に乗り替わって圧勝。こうした乗り替わりで重賞を獲られるのは気になります。

エフフォーリアもナミュールもキャロットFの馬。馬主であるクラブ法人の秋田博章氏はもともと、ノーザンFで場長を務めていた重鎮。場長を交替した後はノーザンFで顧問となっていましたが、その後、キャロットFの代表者になります。

ノーザンF系のクラブは騎手起用にとてもシビア。エフフォーリアも恐らく何度かは乗り替わりが検討されたことでしょう。漏れ伝わる話を整理した筆者のあくまでも推測になりますが、武史騎手へ手綱を任せることを主張したのは秋田氏だったと言います。

それが人気の予想されるナミュールではなく同じキャロットFのキラーアビリティになった。コロナ禍で短期免許の外国人騎手が制限されていましたが、解除され秋には銘柄級もやってくる。そのような中で横山武騎手がキャロットFを中心としたノーザン系との関係性をどれだけ深くできるのか。第二、第三のエフフォーリアの手綱が回ってくるのかにも注目です。

馬券のポイントは「強心臓→大舞台での度胸の良さ」。23年単勝1・4倍以下の圧倒的人気馬では【7・1・1・0】と馬券圏内100%。

ただ、馬力SMでは3部門全てで100%を下回っており、騎乗馬全体では力を発揮できていない面も高い。2024年も関東ではリーディング上位に名を連ねてくる騎手なのは確かでしょうし、エフフォーリアやソールオリエンス級の馬が回ってくるのかどうかも含めて注目が必要です。

フリーになり古巣とは断絶も勝ち星、騎乗数には影響なし

トントン拍子で勝ち星を伸ばし４年目の２０２２年には年間１００勝を達成。23年も10月９日の時点で90勝、集計外の10月末時点では、既に97勝をマーク。**２年連続の年間１００勝は確実**になっています。

勝ち星数にはまったくかげりはありませんが、23年はいろいろと変化も。まず戦法の変化が挙げられます。1章でも触れた通り、今年は逃げ先行率が４割を超え、前に行く競馬が増えてきました。

もっとも特筆すべきは藤原英厩舎の所属を離れ23年5月にフリーになったことでしょう。これを境に藤原英厩舎との縁がプッツリ切れています。

●藤原英厩舎での成績

・20年：15勝（１０２鞍）・21年：５勝（69鞍）
・22年：19勝（85鞍）・23年：３勝（29鞍）

騎手として一人前に育てたからはあえて突き放すと師が考えたと解釈できなくもありませんが、フリーになって以降、依頼がないところを見ると円満退社では

■戦法マトリックス図

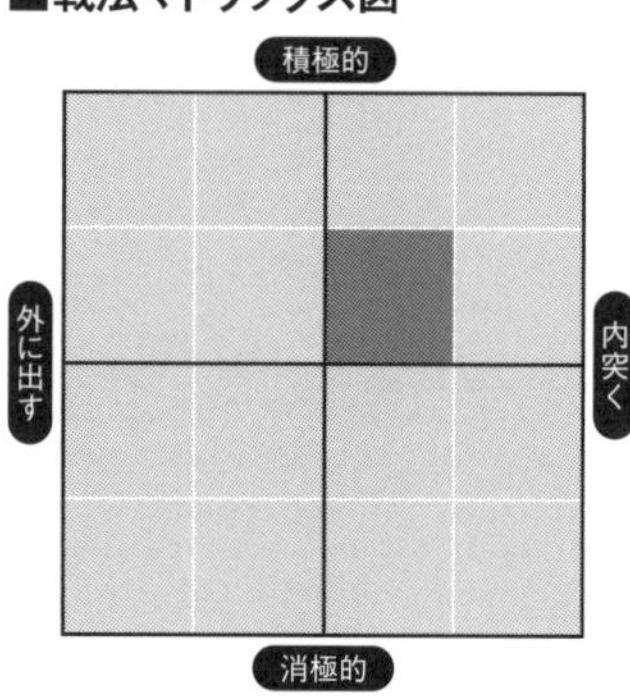

■評価

戦法M	積極的	内突き

■キャラ別データ

USM単	USM連	USM複
104.1%	102.9%	104.2%

なかった可能性も。調教に度々遅刻し、譴慎させられた団野騎手とは同期で、一緒によく飲み歩いていたとも伝えられています。岩田望騎手も同様に素行不良を咎められて、放出された可能性も否定できません。

しかし、マイナス影響はほとんどなかった。直後の5月は勝ち星を落としたものの、さすが売れっ子ジョッキー。すぐに勝ち星のペースを回復。厩舎の縛りがなくなって騎乗馬選択の自由が増えた分、藤原英厩舎の援護がなくなったことは帳消しに。プラマイゼロといったところでしょうか。

前作で課題として挙げたのは重賞制覇でした。有力馬で何度も挑戦しながら、なかなか重賞タイトルに手が届かず、苦労していた。しかし、この課題も22年中に、あっさりクリア。ロータスランドで京都牝馬Sを制し、23年はこれまで重賞5勝と、レベルの高い争いでも遜色ない戦いが出来ています。

流れによって正解は変わる GⅠ奪取には戦略力の研磨が必要

100点満点の年だったと評価したいところですが、期待の若手のホープ。さらに一段階上の課題を出したい。レベルの高いレースで結果を出すとなると現役屈指の技術力だけではなく、戦略力も必要になってきます。100勝騎手の仲間入りを果たしているなら、**そろそろGⅠのタイトルも欲しい**ところ。

そういう意味で気になったレースが。秋華賞のマスクトディーヴァ（3番人気2着）での騎乗ぶりです。文句なしの内容で牝馬三冠に輝いたリバティアイランドを負かせたとは断言しませんが、ゴール前の伸び脚はリバティアイランドよりも鋭かった。4コーナーでもっとスムーズに馬群を捌けていれば、さらに脅かしていたはず、場合によってはジャイアントキリングが実現していたかもしれません。

詳しくレースを振り返ります。3枠6番のリバティアイランドの隣りの4枠7番に入ったのはマスクディーヴァ。ライバルはリバティアイランド1頭と考えるなら、徹底マークできる最高の枠順です。道中はリバティアイランドをマークする形でレースを進めました。

明暗を分けたのは3コーナーでの位置取りでした。

コーナーで外を回ると距離ロスが生じるので内を回るのが一般的に正解です。岩田望騎手も3コーナー手前で馬をラチ沿いに寄せて、距離ロスを防ごうとした。戦法マトリックスでも指摘したように、遺伝子がそうさせるのか、どちらかというとイン突きタイプ。23年京都金杯のイルーシヴパンサーも直線インから馬群を縫って突き抜けている。イン突き意識も強く、これも迷わず内を選択した理由のひとつだったのかも。

一方、ライバル、リバティアイランドの川田騎手は逆。3コーナー手前で馬を外に持ち出した。

1000m通過61秒9の超スローといっていい流れ。なのでスタミナの消耗は少なく馬の余力を計算に入れるとゴール前で脚をなくしてバテるとは考えにくい。それよりも馬群を捌けず、脚を使い切れないほうが悔やまれる。川田騎手の頭の中を勝手に覗くと、レースの流れを考慮に入れれば外を回ることによる距離ロスなど些末なもの、詰まって脚を余すリスクと天秤にかければ些細な距離ロスは気にしなくていい程度、なので、セオリーに反する自由に動ける外目のポジションを確保しようと判断したのでしょう。

実際、自由に動けるポジションを確保した川田騎手のリバティアイランドは4コーナーで外からマクって一気に先頭に躍り出て、余すことなく脚を使った。一方、岩田望騎手は馬を外に持ち出してリバティアイランドを追撃したものの、進路がなかなか見つけられない。スローで流れたことでバテて下がってくる馬もいないので、前に馬の壁ができてしまい外に持ち出すのに手間取ってしまった。

レースの流れや相手関係や馬の能力によって正解は常に変わる。一連の流れの中で正解を選択し続けられる力を筆者は「戦略力」と呼んでいる気がします。

岩田望騎手は距離ロスを防ぐという一見すると正解を選択したようで、実はそれが敗因となってしまった。ただ、そこから繰り出した脚はリバティアイランドを上回るものだったので、たられればを言いたくなるのです。とにかく**戦略力の強化が課題**です。

技術力を生かせるダート外枠 中穴ゾーンが馬券のスウィートスポット

馬券的に狙えるのは中穴ゾーン。重賞5勝中3勝が5番人気の馬によるもので、これくらいの人気がスウィートスポットです。

●4〜6番人気騎乗時成績

・【21・17・26・148%】(単勝回収率107%)

またダートの外枠時も狙い目です。

●ダート8枠時成績

・【14・5・7・32】(単勝回収率176%)

馬の騎乗経験のない筆者が技術力について語っても笑われそうですが、技術力だけなら既に現役屈指の存在です。卓越した技術力を最も生かせるのはダートの8枠では。揉まれる心配がなくスタート、折り合い、ロスを減らすフォームなど技術力が光る印象です。

馬券のポイント・中穴狙い

05 戸崎圭太騎手

痛恨の騎乗馬選択ミスから次々と不運に見舞われた春競馬

２０２３年は谷あり山ありという感じでしょうか。戸崎騎手は特に注目しているジョッキーのひとりです。戸崎ファンだからじゃなく、筆者が開業時から応援している田中博厩舎の主戦だからで、一緒に厩舎を盛り上げてほしいと願っているから。タナパク先生とは騎手の頃から交流があり、調教師に転身後も必ず成功する、日本の競馬界を背負って立つ厩舎になると信じてきました。筆者の期待に違わず、早くから頭角を現わし、23年2月レモンポップでフェブラリーSを制覇、念願のＧＩタイトルを手にしました。筆者も自分のことのように嬉しかった。

しかし、初ＧＩ制覇となったレモンポップの鞍上には主戦のはずの戸崎騎手の姿はありませんでした。手綱を取ったのは、急遽起用された初乗りの坂井瑠星騎手。戸崎騎手がフェブラリーSの騎乗馬として選んだのは、牧浦厩舎のドライスタウトだったのです。

戸崎騎手は21年の全日本２歳優駿を制したこの馬に

■戦法マトリックス図

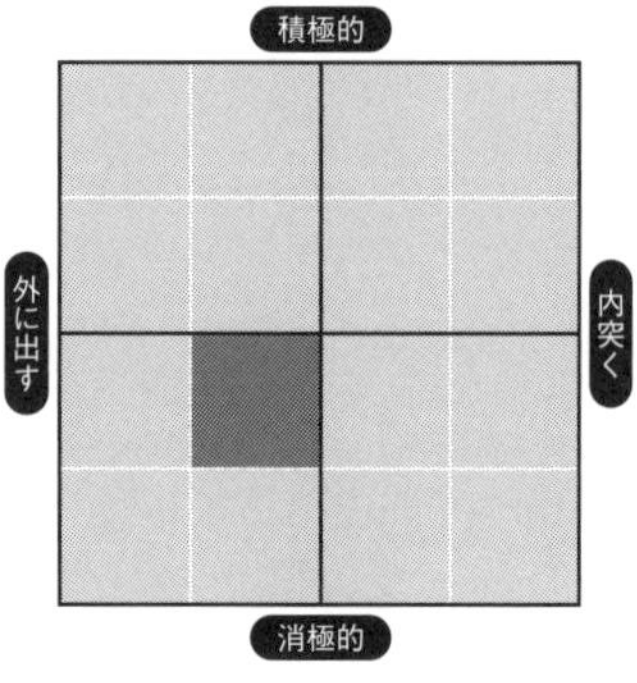

■評価

戦法M	消極的	外出す

■キャラ別データ

USM単	USM連	USM複
106.4%	97.7%	94.8%

惚れ込んでいました。22年秋にマイルCSのダノンザキッドの依頼を蹴ったのは、同日東京で行われる霜月Sに出走予定のドライスタウトに乗りたかったからと言われています。重賞勝ちのチャンスを逃してもかまわないほど惚れ込んでいた。結果、ドライスタウトは戸崎騎手の手綱で圧勝。そのときの戸崎騎手のレース後コメントは「全然できていない」。完調にほど遠い状態でも、オープンぐらいは楽々勝てる馬だと言いたかったのかもしれません。

ドライスタウトは素質の高さを周囲も認めるところだったので惚れ込むのもわからないでもない。でも、恋は惚れたら負け、当時の戸崎騎手は「恋は盲目」状態だったのかも。**この選択ミスが明暗を分けてしまった**。最終的に、レモンポップが2番人気ドライスタウトを抜いて1番人気に。着順はさらに開いて、レモンポップから約5馬身離された4着に終わりました。

選択ミスの余波はその後も続きます。レモンポップの主戦から降ろされただけでなく、不運を呼び込む結果に。翌週は阪神に遠征して阪急杯でピクシーナイトに騎乗予定でしたが馬の体調が整わず回避、代わりに格上挑戦のショウナンアレス（8番人気5着）に乗ることはできたのですが、この遠征のために乗れなかった馬がいました。同日の中山記念で2着に好走したラーグルフ（菅原明騎手の手綱で8番人気2着）です。ラーグルフは戸崎騎手の手綱で中山金杯を勝った馬。虎の子の1頭を手放すことになったのは痛かった。

翌週も阪神へ遠征します。チューリップ賞でドゥーラに騎乗したのですが、直線で馬群を縫って差そうとしたところで、外に持ち出してきたキタウイングにぶつけられる大きな不利。そこで戦意を喪失してしまい15着と1番人気を裏切る結果に終わってしまいます。続く弥生賞では騎乗予定だったミッキーカプチーノが回避し、その代わりに回ってきたマイネルラウレアも挫石で回避（結局、フォトンブルーに騎乗し10番人気5着）。

23年の春シーズンはかように踏んだり蹴ったりのどん底状態が続いていましたが、運不運はあざなえる縄の如しです。

救世主はソングライン。ヴィクトリアマイル、安田記念と立て続けにＧＩレースを戸崎騎手にプレゼントしました。

冬から春にかけて続いた不運を招く引き金となったのは、乗り馬選択の難しさでした。2頭有力馬がいてどちらに乗るか。同じレースに出なくても、場を分かれてお手馬が出走するといった場合、非常に悩ましい選択になる。一度のミスが命取りになりかねない。

秋の3日間開催最終日の23年10月9日、東京のメイン、グリーンチャンネルＣをオメガギネスで制した戸崎騎手でしたが、同日、盛岡ではレモンポップが南部杯を大差勝ち。コンビを解消した後、ダートＧＩを2勝。改めて失ったものの大きさを痛感したに違いありません。

足りないのは騎乗馬への信頼 もう少し強引でもいいのですが……

戸崎騎手には運不運だけでは片づけられない、反省してほしい点もあります。

ラジオＮＩＫＫＥＩ賞では1番人気に支持された田中博厩舎のレーベンスティールに跨り3着に。次走のセントライト記念ではモレイラ騎手にスイッチし、皐月賞馬のソールオリエンスを下し快勝。新馬戦でクビ差先着を許したソールオリエンスに雪辱を果たしました。戸崎騎手で結果が良くなったからいうわけではなく、ラジオＮＩＫＫＥＩ賞の騎乗には本当にストレスを感じました。

勝負どころで動くに動けず苦し紛れに内を突いて、ゴール前では圧倒的な脚を見せましたが届かず3着。ゴール前で松岡騎手が騎乗するバルサムノートを外に弾いて進路を確保しており、それくらい焦っていたと思われます。勝負どころでスムーズに進出していたら違った結果になっていたはず。**一番残念だったのはレーベンスティールの能力を信じた騎乗ができなかったこと**です。だからルメール騎手や川田騎手のように思い切って外に出し、直線一気が決められないのです。

とはいえ戸崎騎手の騎乗スタイルは極端な騎乗は好まない。レースの流れに合わせ、馬のリズムを崩さずレースをするタイプ。外目をリズムよく競馬するのが得意で、安田記念のソングラインのような乗り方が戸崎流です。なので、多少強引な騎乗をすれば良さそうなシチュエーションでも控え目。

ソングラインのアメリカ遠征の前哨戦となった毎日王冠も1番人気で2着。川田騎手のデュガに外から終始フタをされる形になり、直線も詰まって脚を余した。詰まっても強引に馬群を割ろうとしないのが戸崎騎手なのです。

ラジオNIKKEI賞のレーベンスティールではよほど切羽詰まっていたのでしょう。強引な騎乗をしない戸崎騎手が、騎乗停止になるぐらいのラフプレーに出たのですから。

ちなみに戦法マトリックス図で「消極的」と判定したのは、積極的な騎手が増えて前々のスタイルがトレンドになっているのに、**トップ10ジョッキーで唯一逃げ先行率が3割台**だからです。

06 松山弘平騎手

馬券のポイント・2、3着付け

逃げ先行、4角「番手」で押し切る先手必勝戦法に黄色信号が

2023年は10月9日時点で87勝。年間100勝には到達できそうですが、近年の活躍から考えるとやや失速した感は否めません。

●松山騎手過去4年成績

・20年：127勝、勝率13・8％
・21年：130勝、勝率14・6％
・22年：118勝、勝率15・1％
・23年：87勝、勝率12・5％

一流騎手への仲間入りを果たし、騎乗馬の質もアップ。それに伴って勝率も上がっていましたが、今年はややダウン。その原因を探ってみます。

戦法マトリックス図で示したように現役ジョッキートップの逃げ先行率で超積極的。基本は前々の競馬です。逃げ先行率は20年：44・3％、21年：50・7％、22年：48・4％、23年：50・9％といった具合。

元来、川田騎手に匹敵する高さだったので、今年に入って急に積極性が増したというわけではありません

■戦法マトリックス図

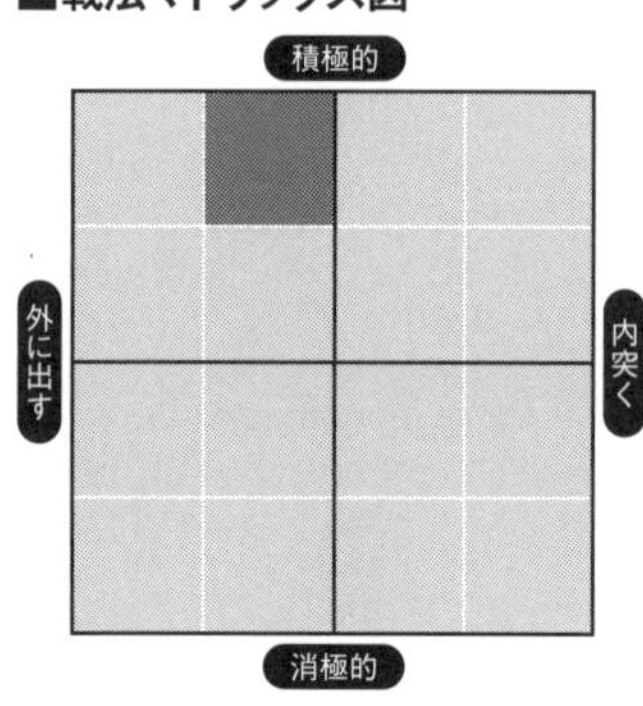

■評価

戦法M	超積極的	外出す

■キャラ別データ

USM単	USM連	USM複
95.0%	102.0%	103.5%

が、年々逃げ先行という戦法では勝ちにくくなっているのは確か。積極的な若手が増えているからで、ポジション的に同じ水準を保つにはこれまで以上に積極的になる必要があります。周囲も引かないので、チキンレースのような状態になって、超ハイペースに巻き込まれやすい。結果、勝ち星も勝率もダウンしている可能性が考えられます。

さらに、松山騎手は4角3番手以内で回ってくる割合が41・3%もあり、これは全ジョッキーでトップの数字。4コーナーで3番手以内にいるレースが4割もあるのは凄いのですが……。23年のイマイチ感からすると前々の競馬で勝つという戦法がうまく機能していないのでは。

ちなみに、マトリックス図で外差しとしたのは、前々の競馬を勝ちパターンにしている裏返し。基本、逃げ先行なので内外の判定は難しいですが、サウジアラビアRCのゴンバデカーブースや中山記念のヒシイグアスのように外差しもよく見られますし、ダービーのようにペース次第でマクるシーンも見受けられる。外に出す印象が強い。逃げ先行を常に考えていても、戦前の想定通りのポジション取りができるとは限りません。思いのほか、後方の位置取りになった場合、**やむを得ないリカバリー策として、外出しを選択**する割合が多いのでしょう。

皐月賞2着&ダービー3着 健闘止まりでは評価されない

もともと高かった馬力SMの数字も徐々に下がり始め現時点では単の値が100%を割っています。このクラスのジョッキーにしては1着数よりも2着数が多く、多少の取りこぼしがあると、データが語っています。実際、大レースでもあと一歩の成績が続いています。クラシック戦線でも上位をにぎわしながら、悔しさも残ったのではないでしょうか。

皐月賞を自身の手綱で2着に持ってきたタスティエーラはダービーでレーン騎手に乗り替わって勝利。松山騎手は青葉賞2着のハーツコンチェルトを3着に持ってきましたが、自分が乗っていた馬の後ろ姿を見るのは、悔しさのほうが勝ったのでは。

タスティエーラから降ろされた理由ははっきりわかりませんが、皐月賞の騎乗が合格点をもらえなかった可能性も。皐月賞は重馬場で1000m通過が58秒5というハイペースになり、完全に前崩れの展開。松山騎手は4コーナー持ったままの手応えで先団に取り付き、直線に向いて馬場のいい外目に持ち出して、一旦は完全に抜け出しました。しかし、それでも仕掛けが早かったのか、ゴール前でソールオリエンスの強襲にあい2着に敗れます。前に行った馬の中では一番の粘りを発揮していたものの、もう少し仕掛けを遅らせていればという後悔もありそうです。

ただ、ダービーのハーツコンチェルトは積極的な松山騎手の良さが生きたレースでした。スタートで出遅れ。しかも皐月賞とは一転、1000m通過60秒4というゆったりした入りでその後は13秒台のラップが続く歴史に残るスローペースになったからです。前に行けないハーツコンチェルトは本来ならこの時点で万事休すでもおかしくありません。しかし、松山騎手は流れがスローの流れを利用して向こう正面でじわじわポジションを上げていきます。スタミナの消耗の少ないスローなのでその程度は許容範囲。4コーナーを回る時には勝ったタスティエーラの直後に付けていました。直線もじわじわ伸びていたものの、クビ+ハナ差の3着まで追い上げるのが精一杯でした。

勝てずとも大健闘。松山騎手じゃなければこういう騎乗は出来なかった可能性が高い。とはいえ松山騎手にすれば普段やっていることなのでそれが大舞台でも応用できただけだったのかもしれません。

問題というかポイントは、これらの騎乗を関係者がどう見ているのか。このクラスの騎手になるとGIの1着と2着では天国と地獄くらいの差がある。いくら好騎乗でも2、3着では関係者に評価してもらえないので、ぜひともタイトルが欲しいところです。

増えないノーザンFの騎乗依頼 未勝利戦で苦戦しているのはなぜ？

ノーザンFとの関係は勝ち星だけを見れば、順調そうですが、騎乗数を見るとそうとも言えません。

●サンデーR、キャロットF、シルクR成績

・20年：9勝（52鞍）
・21年：15勝（115鞍）
・22年：11勝（61鞍）
・23年：12勝（48勝）

23年は勝率25・0％もあり、単勝回収率も114％と高い。ノーザンF系一口クラブの能力の高い馬で先行すれば勝つ確率は上がるが、それをよしとされているならもっと依頼が増えていいはず。

20年の活躍が呼び水になって21年は依頼が集まった、その上昇率には全然及んでいないのだから、関係強化とは言い難いのです。

未勝利戦はサバイバル、無茶な逃げを打つ騎手も多く、最もハイペースになりやすい条件で【24・28・22・148】、単勝回収率は63％と苦戦。大レース以外も勝ち切れなく馬券的には2、3着付が正解でしょう。

07 馬券のポイント・アタマ狙い 坂井瑠星騎手

逃げ一辺倒の戦法が武器も周囲の対策が進み人気でも苦戦

2022年に大ブレイク。勝ち星を一気に伸ばして年間100勝にあと一歩の98勝。さらに秋華賞をスタニングローズで、朝日杯FSをドルチェモアで制し、GⅠも制覇。次々に台頭する若手の中心的存在となっています。23年もフェブラリーSをレモンポップで圧勝。勝ち星もこれまで76勝と年間100勝も視野に入ってきました。

ただ、気になる点は、フェブラリーS以降、中央競馬での重賞勝ちがなく、人気時の成績もダウンしているという事実です。

坂井騎手は**積極的な騎乗がウリで逃げが武器、逃げ先行率が5割を超えます**。現役屈指の積極的なジョッキーといえるでしょう。ここ数年の勝ち星増加の原動力となったのも「積極性」でした。積極的な戦法の増加に比例して勝ち星が伸びしています。

逃げ先行率の推移を振り返ると、20年：36・3％、21年：42・3％、22年：51・7％、23年：50・4％と

■戦法マトリックス図

■評価

戦法M	超積極的	内突く

■キャラ別データ

USM単	USM連	USM複
107.9%	100.9%	98.6%

この2年は5割超え。

一方で1番人気時の勝率は下がり気味です。

●1番人気馬騎乗時成績

・20年：3勝（27鞍）勝率11・1％
・21年：15勝（36鞍）勝率41・7％
・22年：39勝（94鞍）勝率41・5％
・23年：35勝（98鞍）勝率35・7％

人気馬に多数騎乗できるようになったのはよかったのですが、人気馬に跨ったときの信頼度がやや下がっているのは気になるところです。ジョッキーのネームバリューで過剰人気気味というだけなら、心配ないのですが……。

人気があればあるほど、他の騎手からのマークもきつくなる。坂井騎手の武器は逃げといまや周囲に知れ渡っているので、ライバルの騎手たちは、余計に対策を練りやすい。今年、22年ほどの勢いが見られなくなったのは、周囲の「坂井封じ」にもありそう。24年の課題は新たな武器を見つけ出せるかどうか、だと思われます。

そういう意味では、マトリックスで指摘した「イン突き」の研磨がひとつのヒットになるかも。

海外志向の強い矢作厩舎所属の坂井騎手は、海外遠征経験も豊富。かつては**オーストラリアに武者修業して徹底してロスのない競馬を教え込まれたこともあって、外を回る騎乗はあまり好まない印象**です。スプリンターズSのマッドクール（6番人気）もインに潜り込んで2着に善戦しました。

リュウセイが逃げればルメが笑う お約束の逃げを利用する名手

ルメール騎手と坂井騎手が同じレースに騎乗し、かつ坂井騎手が逃げたケースが23年は10月9日までで15

例あります。成績はルメール騎手が7勝、坂井騎手1勝とルメール騎手が圧倒。

この対戦成績について詳しく振り返っていきましょう。関東圏で行きたい馬がいないレースだとみると、ルメール騎手は自分からハナを奪うケースが多々あります。しかし本来、逃げが得意でもない馬を逃がすのは、やむを得ない次善策なので、できれば逃げずに済むに越したことはありません。坂井騎手のような積極的に逃げる騎手がいてくれれば自分が逃げる必要はなくなる。そういうシチュエーションがルメール騎手への追い風になっていると考えられるのです。

とはいえ、逃げは最強の戦法でもあるので、仮にルメール騎手にマークされたとしてももっと勝てそうなもの。坂井騎手の**今年の逃げ勝率は26・0%**もある。ルメール騎手がいるレースで逃げるとかなり逃げ切り率が下がるのはなぜでしょうか。

一方で、ルメール騎手は約半数近くのレースで勝っている。ペースメイクしてくれる坂井騎手という存在がいるのでレースしやすいから。これは当たらずとも遠からずなのでは。

事例をひとつひとつ見ていくと、宝塚記念のイクイノックス（坂井騎手はユニコーンライオン）など、ルメール騎手が勝って当然というケースも少なくない。馬の人気を考えてもルメール騎手の騎乗馬の質のほうが圧倒的に上なのですが、対戦成績にこれだけ差がつくのは、単純に馬質だけの差でもなさそう。他の騎手にペースメーカーとしてうまく利用されるのは、積極性をウリにしている騎手の宿命ともいえるかもしれません。

ルメール騎手だけでなく、逃げ確実の坂井騎手を利用しようと考える騎手はどんどん増えてくるはず。勝ちパターンが逃げだけではますます厳しくなる。**24**

年はある意味正念場の年です。

矢作厩舎頼みが響き重賞では不振
有望な2歳馬続々で楽しみな24年

所属する矢作厩舎は、今年も世界最高賞金1000万ドルのサウジカップをパンサラッサで制するなど世界を股にかけて活躍しています。ただ、今年は**国内の中央競馬で重賞未勝利**、例年50～60勝近くある勝ち星も減らしそう。

有力馬の供給元が自厩の坂井騎手も中央の重賞では苦戦中で、思いがけず回ってきた田中博厩舎のレモンポップのフェブラリーSで挙げた1勝だけ。矢作厩舎の主戦として厩舎の有力馬を任される存在になったとはいえ、自厩舎が苦戦中。コントレイルのジャパンCを最後にJRAのGIを勝っていない。

いくら名伯楽の矢作厩舎とはいえ活躍馬をコンスタントに輩出することは容易ではなく、依存度の高い坂井騎手の重賞成績も、いまひとつの状況が続いている。言い換えれば24年以降、中央の重賞で巻き返しなるかどうかは、矢作厩舎の現2歳世代にかかっていると言えるかもしれません。そこで矢作厩舎の現2歳世代をチェックすると……有望な馬がズラリ。

セレクトセールにおいて4・5億円と破格の値段で落札されたホウオウプロサンゲを筆頭に、藤田晋オーナーのフォーエバーヤングにシンエンペラー（新馬戦は横山武騎手が騎乗したが坂井騎手が乗る可能性も十分）など、さらに新馬で抜群の決め手を披露したミスタージーティーなど楽しみな馬が多数揃っています。新たな戦法も取り入れながら、これらの馬たちを活躍させられれば、さらなる飛躍も可能でしょう。馬券のポイントはアタマ狙いで。ピンパータイプで1着が多く馬力SMも単が高いのが特徴だからです。

新馬に蹴られて足を負傷さらに痛い出来事が待っていた

2023年天皇賞（秋）で筆者が本命を打ったのはドウデュースでした。あの世界一の絶対本命馬、イクイノックスをさしおいて、なぜ、本命に指名したのか。話はドウデュースが栄冠をつかみ取った22年のダービーに遡ります。

あのダービーでのドウデュースに対する筆者の評価は△の押さえ評価止まり。本当は無印でもいいとさえ思っていたほど低評価でした。グラマラスな馬体のドウデュースは切れ味には秀でていても距離は持たないタイプと見ていたからです。仕上げれば仕上げるほど馬体がパンプアップして、距離を持たすのが難しくなる。究極の仕上げを求められるダービーともなると、仕上げれば仕上げるほど距離の壁にぶつかるというパラドックスに陥る恐れがあるとみていたのです。

しかし、筆者の浅はかな考えをあざ笑うがごとく、武豊騎手の手綱捌きが冴えわたり、2分21秒9というダービーレコードで勝利。後に世界最強と謳われる

■戦法マトリックス図

積極的
外に出す
内突く
消極的

■評価

戦法M	消極的	超外出す

■キャラ別データ

USM単	USM連	USM複
95.6%	97.3%	96.0%

イクイノックスと渡り合って、堂々退けた。とはいえ、筆者はいまでも、本質的にはダービーの2400mはドウデュースには長かったと思っています。それを補って余りある走りに導いたのは、武豊騎手だと……。

現時点でイクイノックスと2400m戦で再び激突すれば、イクイノックスには完敗する可能性が高い。成長度が違うこともありますが、それ以上に距離適性の差が出てしまうことでしょう。しかし、2000m戦なら、互角以上の勝負に持ち込める可能性が十分ある。イクイノックスの一本被りの人気を考えれば、馬券的にも面白いので、初めてドウデュースに本命を打ったのでした。

もちろん、大前提は鞍上、武豊騎手です。

昔々の話ですが、アンカツさんが自分がディープインパクトに騎乗していたら1200mの馬になっていたかもしれないと語っておられました。馬が走ることに前向き過ぎるので、**馬の気に任せた競馬をしていたらどんどん距離が持たなくなる。**そういうふうに馬を仕上げない武豊騎手は凄いとおっしゃっていたのです。ドウデュースも武豊騎手が乗っているからこそ、体型的なものを超えて距離をこなせているだけかもしれない。武豊騎手の腕込みの距離適性だと考えていました。

ところが……当日の新馬戦でのレース後の検量室で武豊騎手が馬に蹴られるというアクシデント。戸崎騎手への乗り替わりが発表されたときは、目の前が真っ暗になりました。戸崎騎手がどうのこうのという前に、武豊騎手でなければ、脚をなし崩しに使ってしまい、距離が持たない恐れがあると思ったからです。

悪い予感は的中。後ろからじっくり運んで勝ったダービーや京都記念とはうって代わって、前々での競馬。アンカツさんの言う馬の行く気に任させた競馬をしてしまったのか、直線はまったく伸びませんでした。

武豊騎手という唯一無二の相棒を欠いたドウデュースも不運でしたが、武豊騎手本人も馬に蹴られた脚の痛み以上に痛い出来事がその後も続いた。ケガの影響で騎乗できなくなった馬たちが大活躍したからです。

大井で行われたＪＢＣでシリーズは、レディスクラシックで騎乗予定のアイコンテーラーが圧勝。スプリントのリメイクが2着。クラシックのノットゥルノが2着と3頭とも好走。

極めつけはオーストラリアに遠征して騎乗する予定だったゴールデンイーグルのオオバンブルマイでしょう。1着賞金525万豪ドル（約5億円）という高額賞金がスルリと手からこぼれ落ちてしまいました。ツキのなさが後々まで響かなければいいのですが……。

ライバルの脚を削るハイペースの逃げ差して良し、逃げて良しの高い戦略力

武豊騎手の真骨頂はダービーのドウデュースに象徴される**「馬の脚を溜めて極限の切れ味を引き出す騎乗」**です。サンデーサイレンス産駒が登場して日本競馬を大きく発展させたのと同時に、サンデー系の馬の切れ味を引き出す騎乗を完成させたのが武豊騎手だといっても過言ではないでしょう。

一方で23年の逃げ率は13・0％もあり、積極的に逃げ戦法を使っている騎手でもあります。武豊騎手の積極戦法の特徴は、ハイペースの逃げが多いこと。これは昔からよく言われています。ハイペースの逃げといっても何も減量騎手のように無茶逃げをしているわけではもちろんない。ペースを上げながら逃げることで追いかける馬のほうが苦しくなる。相手の脚を削っ

て、自分の馬を持たせてゴールを目指すという作戦です。自分の馬の力や相手関係をよく把握し「戦略力」に長けた武豊騎手だからこそできる芸当。

付き合うと脚を削られるし、ならばと付き合わず差し脚を生かそうとしても、物理的に間に合わないような絶妙な展開に持ち込む。そうしたさじ加減ができるのが武豊騎手の強味なのです。

積極的な若手が増えたことで、差しも不利にはならないし、同時に後続の脚を削る武豊の逃げも威力を増大させている模様。武豊は永遠に不滅です。

武豊騎手らしい戦略力が光る逃げをひとつ挙げれば、大阪杯のジャックドール。1000m通過58秒9というハイペースに持ち込み、そこからも11秒台のラップを刻み、後続の馬に脚を溜めさせない。それでもルメール騎手が騎乗した1番人気のスターズオンアースは1頭だけ違う脚色で伸びてきたが、それでもギリギリ届かず。

着差はハナ差も、レース映像を見直すと武豊騎手は勝利を確信している感じで余裕たっぷり。クビの上げ下げだけを意識して、ゴール板でクビが目一杯伸びるように合わせているのが見て取れる。ルメール騎手の腕を駆使してもなお届かない、絶妙な逃げでした。

積極性が増してきたとはいえ、マトリックスで「消極的」としたのは、**武豊騎手が本領を発揮するのは、差し競馬**だからです。

数々の記録を塗り替えてきたレジェンドだけに、大舞台や人気時などプレッシャーがかかる場面に強い。1番人気33勝、2番人気13勝、3番人気6勝で、なかでも今年1・4倍以下の馬では【6・2・0・0】とパーフェクト。連対率57％の1番人気騎乗時は馬券的にも信頼度は高いのですが、騎手のネームバリューで中途半端に人気になっている時は疑ったほうがいい。

09

馬券のポイント・大穴警報

鮫島克駿騎手

クラシックで好走しても乗り替わり 飛躍したからこそぶつかった試練

「期待の若手騎手」のキャッチコピーに変わりはありませんが、**2023年は「飛躍」という言葉より「試練」のほうがふさわしかった**のではないでしょうか？

ノーザンF系一口クラブの成績から今年の鮫島駿騎手をひも解いてみると……。

●サンデーR、キャロットF、シルクR騎乗時成績

・20年：1勝（17鞍）39位
・21年：8勝（97鞍）8位
・22年：7勝（116鞍）2位
・23年：10勝（78鞍）3位

データの最後に、騎乗数の騎手順位も併記したのですが、22年はルメール騎手に次いで2位。23年も3位と2年連続上位に入っています。期待されているのは確実。馬が回っている今のうちに結果で応え、ルメール騎手に並ぶ看板騎手にまで上り詰めたい。

そういう意味で惜しかったのは桜花賞。圧倒的1番人気のリバティアイランドは休み明けなのかオークス

■戦法マトリックス図

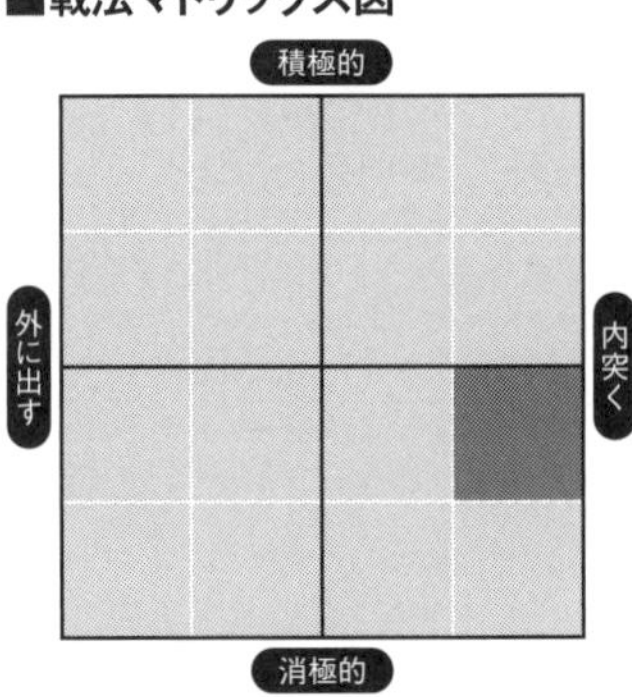

■評価

戦法M	消極的	超イン突き

■キャラ別データ

USM単	USM連	USM複
98.1%	98.5%	103.2%

を意識して、馬を前向きにし過ぎない仕上げにした影響なのか、ダッシュひと息で後方からの競馬に。

これを見た瞬間、絶対本命とはいえリバティアイランド危うしと感じた。酷使に耐えられるように固くつくられた阪神の馬場はイン有利。いくらリバティとはいえ後方から差し切るのは容易ではないからです。

一方、鮫島駿騎手騎乗のコナコーストは好スタートから2番手に付けると残り300m付近で逃げたモズメイメイを交わして先頭。外から差して来たペリファーニアに一旦は並ばれたが差し返した。本来ならこれで「勝ち確」ですが、大外から異次元の脚で伸びて来た馬が……。リバティアイランドに交わされて2着に終わったのでした。とはいえ、着差は4分の3馬身差。オークスでの雪辱が期待された。ところがオークスでコナコーストに騎乗したのはレーン騎手。鮫島駿騎手はこれ以上ない好騎乗でリバティアイランドに迫ったのに乗り替わりになり、なんでも外国人騎手に回す風潮が物議を醸しました。

結局、オークスでは出遅れもあって7着。**乗り替わりが正解だったかは疑問の残る結果**でした。

ムチさえ落さなかったら際どかった宝塚記念の好騎乗も評価はされず……

もうひとつ悔しさが募ったと思われる大一番が。自らの手綱で神戸新聞杯を勝ち、菊花賞も3着に好走させたジャスティンパレス。有馬記念（7番人気7着）ではマーカンド騎手に乗り替わり、その後、ルメール騎手の手綱で阪神大賞典と天皇賞(春)を勝ちました。鮫島駿騎手にやっと戻ってきたのは宝塚記念。ルメール騎手は世界最強のイクイノックスに乗るため、お鉢が回ってきたのです。

経緯からいっても、鮫島駿騎手は、イクイノックスを倒してアピールしたいと強く思ったはず。いろいろ策を練ったと想像されるのですが、イクイノックスはやっぱり強かった。1着イクイノックスから離されること1馬身ちょっとの3着に終わってしまいました。一見すると完敗ですが、鮫島駿騎手もルメール騎手を苦しめることができたのでは。

レースを振り返ると、ルメール騎手は、自身が乗って天皇賞（春）を制しているジャスティンパレスの強さがよくわかっていたのでしょう。一番のライバルはジャスティン1頭と考えていたようで、道中はこの馬をマークする形でレースを進めました。

鮫島駿騎手にとってルメール騎手のマークは想定内だったようで、レース後、3番人気のジェラルディーナが仕掛けてレースが動いたあとも、動き出しをひと呼吸待ったとコメントしています。そうすることで、後ろにいるイクイノックスの仕掛けを遅らせることができるし、ルメール騎手が焦って先に動けば自分の馬のチャンスも広がる。どちらにしてもジャスティンパレスに有利に働くと考えたからでしょう。

さらに、4コーナーではしびれを切らして大外に持ち出したイクイノックスに合わせて動き、大きく外に膨らませることで距離を余計に走らせるという作戦に出て、成功しています。自分もロスの大きいコーナーワークになってしまったものの、イクイノックスほどでもなかった。負かすべきライバルはイクイノックス1頭を決め打っていたからこそできた作戦でしょう。

ただ直線を向いてからの伸びはイクイノックスが圧倒的でジャスティンパレスは3着まで追い上げるのが精一杯でした。実はこの追い上げ、もっと際どくなった可能性も。レースリプレイをよく見てみると、鮫島駿騎手は直線に向いた時点でムチを落としていたからです。ムチが使えなくなってしまったぶん、馬の反応が鈍くなったはずです。

ムチを落とさなければもっと際どい勝負になっていたのか、それともイクイノックスを意識しすぎて馬の力を出し切れなかったのか、競馬の正解はレースが終わってもわからない。ただ、騎手に対する評価は結果がすべて。どんなに好騎乗でも、結果が悪ければ、冷徹な評価しかもらえません。天皇賞（秋）では横山武騎手に乗り替わってしまいました。

その天皇賞（秋）では、横山武騎手のジャスティンパレスは、イクイノックスの2着に好走したものの、下ろされてしまった鮫島駿騎手に言わせれば着を拾っただけ、負かそうとしていないだけじゃないか、という感じだったのではないでしょうか。

もう1頭の因縁馬、コナコーストも秋華賞で鮫島駿騎手の元に戻ってきました。意表を突く逃げの手に出たものの8着（4番人気）。結果論ではありますがスローに落としすぎて後続の脅威にならなかった印象。

早くGIのタイトルが欲しいのは理解できます。結果を出しても乗り替わりになる現状からいろいろ思い悩んでいるものわかります。でももう少し、冷静になりましょう。考えに考えてトリッキーになり過ぎて、馬の力を出し切るという本質が見えなくなっていないか心配です。

戦法の特徴は毎年指摘しているように**イン突き至上主義**。超が付くほど、イン突きを好みます。関西の若手騎手のトレンドに合わせたように年々逃げ先行率が上昇し、今年は42・5％もありますが、他の騎手らと比較して突出する数字ではないし、騎乗ぶりの印象からは「消極的」に分類しています。

馬券的には注目度激高のジョッキー。23年の単勝50倍以上の人気薄での馬券圏内が12回もあり、**大穴での一発が魅力**です。

10
馬券のポイント・本命サイド
西村淳也騎手

格上げされたノーザンFの扱い 中央で活躍すればGIも射程圏内

デビュー6年目の2023年秋に通算300勝を達成しました。JRAの将来を背負って立つと期待できる有望な騎手に対しては、欲張りな筆者は**そろそろGIのタイトルも欲しい**と思っています。それが実現する日は恐らく近い。あとはタイミングだけでは。政治力はアップしている（はず）。

●サンデーR、キャロットF、シルクR騎乗時成績

・20年：10勝（94鞍）
・21年：9勝（76鞍）
・22年：9勝（99鞍）
・23年：3勝（72鞍）

GI制覇のカギを握るノーザンF系一口クラブからの依頼は高い水準で安定しており、西村淳騎手への期待度が想像できます。

ただ、23年に関しては思ったほど勝ち星が伸びていません。実はこれ、ちゃんとした理由が存在します。簡単に種明かしをすると、これまではローカルで挙げ

■戦法マトリックス図

積極的
外に出す
内突く
消極的

■評価

戦法M	超積極的	内突く

■キャラ別データ

USM単	USM連	USM複
98.1%	103.4%	101.9%

た勝ち星がほとんどだったのですが、今年からローカル回りを控えたために勝ち星が減りました。ノーザンF系クラブのローカル担当を卒業し、ステップアップした形になっているからです。

中央場所にはもっと「政治力」の高い騎手が多く、最有力馬が回ってくるとは限らない。いくら能力に優れたノーザンF系一口クラブの馬といえども、それ以上力のある馬が他の有力騎手にゆだねられていることも多く、簡単には勝つことができないのしょう。一時期の吉田隼騎手もその傾向がありました。ローカル中心の生活から中央場所への参戦をメインにし、ソダシに出会ったのです。その後はまた吉田隼騎手はローカル回りに移るのですが……。

中央場所でも勝ち星を重ね、今以上にノーザンFの信頼を勝ち取り、より有力な騎乗馬が回ってくるという好循環に持ち込む。これが西村淳騎手の大きな課題のひとつだし、依頼がある今のうちに早く対応しなければならない部分ではないでしょうか。

政治力は確実にアップしている 新馬の成績上昇中で将来が楽しみ

関西リーディングトップの杉山晴厩舎との関係強化も西村淳騎手にとっては追い風です。デアリングタクトの主戦だった松山騎手を抜いていまや主戦級の扱いになっています。

●杉山晴厩舎騎乗時成績

・20年【2・1・2・2】(単勝回収率848%)
・21年【3・1・2・12】(単勝回収率126%)
・22年【8・2・2・13】(単勝回収率152%)
・23年【10・7・1・23】(単勝回収率184%)

新進気鋭厩舎のエースの扱いを受けており、エルトンバローズ以外にも天皇賞(秋)5着のガイアフォースなど厩舎の有力馬を任されています。

杉山晴厩舎とのコンビは勝率、連対率、回収率、すべての面で高く、馬券的にも見逃せません。今後、注目度が上昇しそうなので、今のようなおいしさはなくなる可能性もありますが、現時点では迷わず買いでしょう。

周囲の西村淳騎手に対する期待の高さは新馬戦の成績にも現れています。

●2歳新馬戦成績

・20年【1・2・4・19】(単勝回収率26%)
・21年【1・4・2・29】(単勝回収率17%)
・22年【3・6・2・33】単勝回収率36%
・23年【6・5・4・31】(単勝回収率113%)

有力な2歳新馬を任される、これは「政治力」アップの証拠です。新馬で実績を残し、有力なお手馬ができれば、先々も楽しみ。来年、再来年の活躍につながる。先々の西村騎手を占ううえでも、新馬戦での成績上昇は見逃せません。

スタートセンスの良さで台頭もトップを目指し押し引きを勉強中

トップジョッキーへの脱皮も着々進んでします。西村淳騎手といえば、積極性で台頭してきた若手の代表格、スタートセンスが高く、好スタート決める確率の高いジョッキーです。好位で競馬できる強みは新馬戦でも生かされています。

しかし、ここ数年の戦法をチェックすると、少し変化がみて取れます。

●逃げ率の推移

・20年:10・3%　・21年:9・6%
・22年:11・5%　・23年:8・6%

●逃げ先行率の推移

・20年：43・1％　・21年：44・3％
・22年：49・4％　・23年：43・5％

逃げ先行率は下がっていながら、勝ち星は昨年並み。それだけではなく重賞などのレベルの高いレースでの活躍も増えている。昨年までが行くだけ行くスタイルでマイペースで行けたときが重賞制覇のチャンスだったわけで、引き出しが増えたことでレベルの高いレースでも戦えるようになった証左です。

スタートセンスの高さで馬をその気にさせて前に行くだけではなく、いまや相手の出方を見て馬の気分をコントロールして無理せず好位に控える騎乗もできる。23年は自在の競馬をするための押し引きを磨いている期間なのかもしれません。

今年の西村淳騎手の騎乗ぶりを象徴する1頭はラジオＮＩＫＫＥＩ賞と毎日王冠で強敵を撃破したエルトンバローズ。どちらのレースでも好スタートから前目のポジションに付けると、道中は好位のインでジッと我慢（現時点でのベストな形）。前付けするといっても他の逃げ先行馬を刺激することなく、どちらかというとスローの流れに落ち着かせつつ、好ポジションを取るのが西村淳騎手のハマった乗り方。直線はインを突いて抜け出してきます。

馬券的には残念ながら迫力不足に。騎乗馬の質が上がり、その存在への注目度も上がった。本命に推される機会も多くなったのですが、人気以上の活躍しているのかと言われると疑問です。

一方で、人気薄での活躍は減少傾向にある。トップ騎手にステップアップする過渡期によくある現象なので、本人的には悪くはないのですが、我々馬券ファンにとっては、今はちょっと手を出しづらい騎手になっています。中央場所への参戦が続く限りはおいしい騎手とはいえない状況が続くでしょう。

菅原明良騎手

あの有力厩舎の期待に応えられずデビュー以来続いた進化が足踏み状態

デビュー以来、順調に成長してきた印象でしたが、ここにきてやや足踏み状態に陥っています。

●年別勝利数

・20年：30勝（586鞍）
・21年：75勝（860鞍）
・22年：72勝（825鞍）
・23年：57勝（625鞍）※10月9日現在

最終的には昨年並みの勝ち星になりそうですが（その後11月5日終了時点で5勝を追加）、周囲の期待を考えるともっと勝ってリーディング上位をにぎわして然るべきだと考えます。期待の若手だからこそ、あえて足踏みが続いていると言わせてもらいます。

周囲の期待といえば、注目したいのは関東のトップステーブルの国枝厩舎との関係。ここ数年、乗鞍が増えており、主戦扱いといってもいいほどで、菅原騎手への期待感が伝わってきます。ただ、成績は伸びているとは言い難く、期待を裏切っています。

■戦法マトリックス図

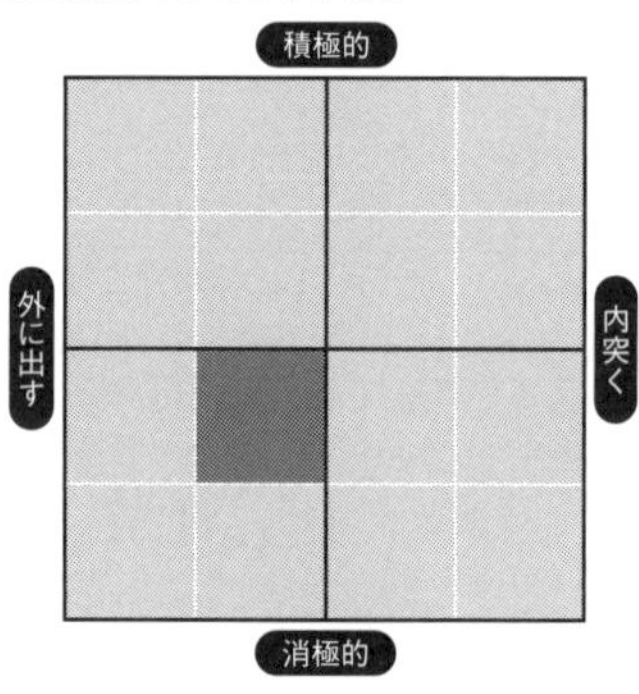

■評価

戦法M	消極的	外出す

■キャラ別データ

USM単	USM連	USM複
97.9%	99.5%	100.1%

●国枝厩舎騎乗時成績

・20年：2勝（9鞍）単勝回収率74％
・21年：5勝（32鞍）単勝回収率154％
・22年：1勝（21鞍）単勝回収率20％
・23年：1勝（17勝）単勝回収率8％

特に新馬戦での成績はいただけない。国枝厩舎そのものが新馬戦から仕上げてこないといわれていますが、それでも国枝厩舎の新馬たちを任されるというのは光栄なことでは。しかし、そこで勝てていない。

注目を集めたルージュスエルテも単勝1・4倍の圧倒的な支持を集めながら7着と期待を裏切ってしまった。その後、ルメール騎手に乗り替わって未勝利を圧勝。国枝厩舎のあるあるパターンとはいえ、菅原騎手としては悔しい敗戦だったのではないでしょうか。

期待に応えることで関係を強化することができていないので、成績が伸びないのでしょう。今後、関係にヒビが入らなければいいのですが……。

勝ち星、騎乗数ともにトップは所属する高木登厩舎ですが、**騎乗馬の馬質を支えているのは、国枝厩舎をはじめ、大竹、小島茂、森秀など東西の有力厩舎。**これらの厩舎の期待に応えられるか否かが、今後の進化の行方を決めるカギになりそう。

「不思議君」の騎乗は予測不能 逃げに期待をすると裏切られる！

心配といえば趣味だという筋トレ。騎手としての筋肉強化が第一の目的ではなく、ただ見せるための筋肉をつけているらしく、ムキムキの体になっている。減量など大丈夫なのか気になります。腕っぷしが強くなるなどのプラスの面もあるとは思われますが、マイナスもあるはず。アスリートの必要な筋肉、身体の作り方については様々な考え方があるとは思いますが、疑問に残るエピソードでした。

菅原騎手には、こうした不思議な面があり、昔から天然なのではと思っているジョッキーです。調整ルームの入室に度々遅刻し、何度も制裁を食らっているのは過去作でも指摘した通りです。

「不思議君」は騎乗ぶりも予測が難しい。23年7月6日会津特別のサザンエルフ（2番人気）は前走武豊騎手が騎乗して逃げ切り圧勝。ここは逃げ先行馬が多い組み合わせで展開は厳しくなりそうだったのですが、砂を被るとダメな馬が2枠4番という内目の枠に入ったので多少無理をしてでも先行したいところ。

しかし、スタートで出遅れて後方からの競馬。馬券を握っている人のほとんどが万事休すと思ったはずですが、ハイペースになったこともあり直線差して3着までリカバーしたのです。こんな感じでどう乗るか、予想不能のレースも少なくありません。

なかでも注意が必要なのは菅原騎手の逃げへの期待。逃げが期待される馬での出遅れ、何もできず惨敗……これがよくあるパターンだからです。

逃げ先行率は30・5％しかなく、本質的には差しが得意な騎手です。筋トレ効果もあるのか馬を動かす腕っぷしの強さがあり、タフな馬場で馬を動かせるのが強味。外に持ち出したほうが持ち味も光る騎手なので、出遅れを心配しなければならない逃げ先行馬はパスし、**差し追い込み馬で狙うのがセオリー**です。

東京芝では頭から狙え 中山芝は2、3着付で

また、東京芝と中山芝では、勝率に極端な差がある点は覚えておきたいところ。東京芝【14・5・5・68】（単勝回収率195％、複勝回収率70％）に対し、中山芝【5・14・13・78】（単勝回収率40％、複勝回

収率107％）と勝ち数が倍以上も違います。

直線の長い東京芝だとアタマ付けで妙味あり。一方、中山は立ち回りも問われるコース形態なので、最も苦手にしています。取りこぼしが多いので、人気でも2、3着付けに妙味がある。

東京芝での好走例を挙げれば、23年6月17日相模湖特別のデュガ（8番人気）。近走の敗因はすべて出遅れ。菅原明騎手と初コンビとなったここも当然ながら出遅れました。しかし、直線の長い東京で突き抜けた。次走の福島のバーデンバーデンCも出遅れ。直線の短いコースの1200mという条件でしたが、ここも渋った馬場が良かったのか直線内から馬を弾けさせて圧勝しました。

中山での妙味ありの好例は23年3月4日オーシャンSのディヴィナシオンでの2着（15番人気）。前がやり合って差し馬向きの展開に乗じたものとはいえ人気薄で差して好走、穴をあけた。東京と違って、中山だと2着までというところがミソです。

プレッシャーに弱く、芝ダートを問わず人気時の信頼度が低いのも馬券ポイントのひとつです。

重賞でも過度な期待は禁物です。23年、4走したGI未勝利は仕方がないとしても、3番人気以内の人気馬に7回騎乗しながら、京都牝馬Sのラクリスティーヌの1勝以外は、馬券の対象になっていない。気楽に乗れるオーシャンSのディヴィナシオンのような人気薄は要注意ですが、**重賞で人気に祭り上げられているときは、ばっさり切り捨ててしまうという選択もありでしょう**。

関東では乗れる若手のひとりとして評価も高い騎手ですが、このままだと便利に起用されるだけの騎手になってしまいかねない。2024年はここぞという時での成績アップに期待します。

馬券のポイント・中穴狙い

12 幸 英明騎手

成績に浮き沈みがない鉄人騎手
誠実な人柄が騎乗馬を引き寄せる

２０２２年まで20年連続で50勝以上を挙げている一方、年間１００勝は達成した年がありません。ある意味、安定していて浮き沈みがない。幅広い乗り馬供給源を確保して、乗れるだけ乗る鉄人、幸騎手ならではの特徴です。

23年も10月9日までで48勝を挙げ21年連続50勝達成は射程圏。ただし、10月は未勝利でこの原稿を書いている時点で１２０連敗以上している点は気になりますが、さすがにあと2勝ですし大丈夫でしょう（汗）。

大きなケガもなく騎乗できている鉄人ぶりは評価したいところです。

通算騎乗数も現在2位。トップの武豊騎手との差も１０００鞍を切り年々差を詰めている。あと数年で「鉄人ジョッキー」の称号を確固たるものにできるのでは。

ここ数年は調教師試験を受けるのでは、という話も漏れ伝わってきていますが、年間50勝以上をこれだけの期間に渡って続けられている限りは、簡単には転身す

■戦法マトリックス図

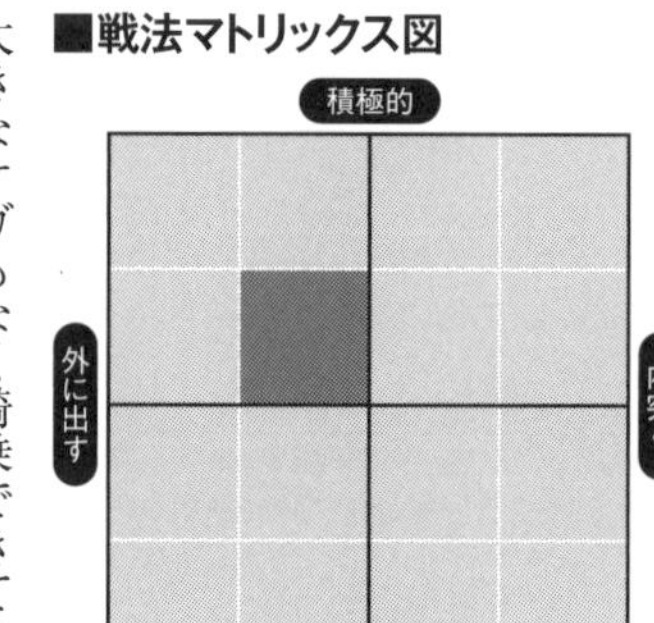

■評価

戦法M	積極的	外出す

■キャラ別データ

USM単	USM連	USM複
92.3%	82.6%	90.6%

るということにもならないのかもしれません。

最近は、ボートレース配信のＹｏｕＴｕｂｅライブのゲストとして招かれることも多い印象です。その配信中、騎手会の重要な会議を欠席して、こちらを優先したという証言を耳にしました。真相は騎手会の活動をおざなりにしているわけではなく、ゲスト出演が先約だったからだと説明していましたが……。

コミュニケーション能力が高く、人当たりもよく、約束も守る。何よりも誠実に相手に接する姿勢が多くの依頼を集めるのかもしれません。データ対象期間外の話とはなりますが、23年10月28日は東京競馬場で騎乗。メインレースのアルテミスSでニシノコマチムスメに騎乗するための東上でした。この際、オーナーの西山茂行氏は幸騎手のために、他に5頭の騎乗馬を用意します。オーナーサイドが幸騎手へ乗りに行ってもらうために馬を用意したのでしょう。その辺りの馬集めの能力が異常に高い。コミュニケーション能力の高さが表れていると思いました。残念ながらこの日は目ぼしい結果を残せなかったのですが、あまり積極的に遠征しない関東圏の競馬場でもしっかりと乗り鞍を確保するのが幸騎手の真骨頂です。

50歳以上の騎手がまだまだ元気なこともあり、あまり年齢のことは話題になることは少ない印象ですが、幸騎手は1月には48歳を迎える大ベテラン。

年間800鞍を超える騎乗数をいつまで維持できるのかも気になります。これだけ騎手をやっていると、騎乗馬の供給源も変化していきます。若い頃に乗せてもらっていた調教師たちは引退し、自分の年齢よりも若い調教師が続々と誕生。その中で乗り馬を確保し、年間50勝を達成し続けるというのは、幸騎手ならではないでしょうか。

13 藤岡康太騎手

馬券のポイント・中穴狙い

キャリアハイの勢いで飛躍 でも存在感が薄いのはなぁぜなぁぜ?

2023年10月9日時点で51勝。残り2か月以上残して、昨年の勝ち星に並んでいます。2016年に挙げた62勝の更新も可能なペースで勝ち星を重ねている。キャリアハイに近い、もしくは超す成績を残しそうな1年です。

22年以降は馬力SMの数字が上昇し3部門全てで100%を超えており調子の上昇がデータでハッキリしていた。23年の活躍はその高い馬力SMの延長線上にありました。そのため注目できる騎手として前作で取り上げたのです。

問題は24年もこの好調が続くかどうか。最新の馬力SMの数字をチェックしてみると、馬力SM単の値が87・6%しかなく、**好調期が過ぎた可能性が高い**。

しかし、それで落ちないのが「持っている男」(これまで数々の幸運な騎乗に恵まれてきた)藤岡康騎手だと思っています。馬力SMの数字が落ちたとはいえ、前の水準に戻っただけだからです。23年ほどでなくて

■戦法マトリックス図

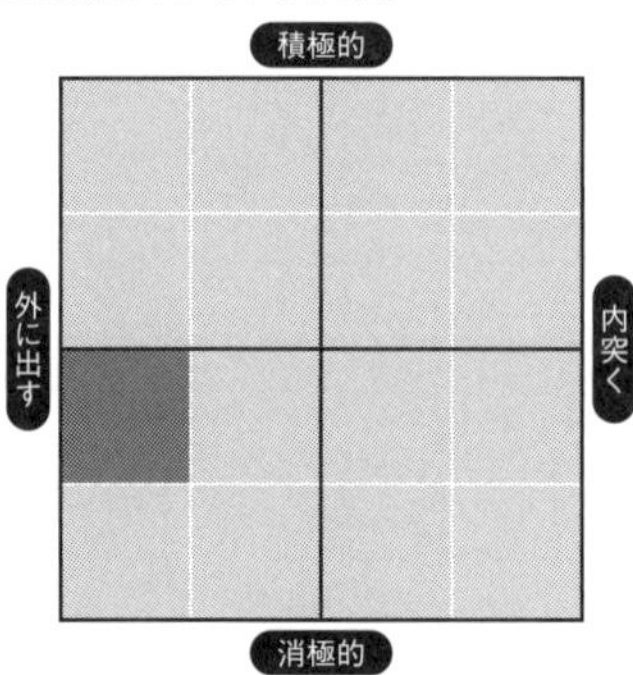

■評価

戦法M	消極的	超外出す

■キャラ別データ

USM単	USM連	USM複
87.6%	104.0%	97.4%

も来年も活躍するはず。**しかし、振り返ってみれば、今年勝ち星を伸ばしたとはいえ印象は薄い**と思うのは筆者だけでしょうか。理由ははっきりしています。重賞など目立つ場面での活躍がないからでしょう。韓国に遠征すれば英国馬の騎乗依頼が来たり、ダービー馬ワグネリアンの秋初戦を任されたりと、「持っている男」も今年は神通力を発揮できなかったのか、と思っていたらマイルCSでムーア騎手からの代打騎乗で勝利。さすが「持っている男」です。

相性ぴったりのお手馬が大外一気でGI制覇も夢じゃない

乗り馬集めに目をやると、武幸四郎厩舎の主戦的存在です。【7・3・2・18】（単勝回収率233％、複勝回収率125％）。

キーファーズのダミエとオウバイトウリを武豊騎手からの乗り替わりで勝たせ、さらにメイショウゲンセンとのコンビで3勝、オパールSも逃げ切っています。馬レベルから注目すべきはサンライズフレイム。藤岡康騎手とコンビを組むようになって4連勝。大阪スポーツ杯は大外枠に入り、後方からの競馬になったものの、大外一気を決めて快勝しました。オープン昇級戦となったオータムリーフSはまたしても大外枠。出遅れて後方からの競馬も再び大外一気を決めました。

藤岡康騎手の逃げ率は低くないが、**ジョッキーと比較して積極性は感じられません。関西の他の**「消極的」に感じるのは外を回る騎乗が多いから。基本的に外々を回って馬を気分よく走らせることでパフォーマンスを引き出すスタイルです。サンライズフレイムは3歳で古馬オープンも勝った。となると、順調に成長すればダートのGI級に育つ計算です。このコンビ、どこまで伸びるか注目です。

14

馬券のポイント・本命サイド

佐々木大輔騎手

スマホ事件をきっかけに急浮上 開催リーディング最年少記録を達成

デビュー2年目にして大ブレイクを果たしました。ファンにもその名はお馴染みになったのではないでしょうか。ただ、ブレイクのきっかけを振り返ると、多分にハプニングの恩恵を受けていることが分かります。

とりあえず、月ごとの勝利数の推移を振り返ってみましょう。

1月2勝、2月2勝、3月4勝、4月4勝、5月7勝、6月8勝、7月10勝、8月6勝、9月5勝、10月2勝（10月9日現在）。勝ち星がハネ上がったのは5月からでした。この時期に何があったのか。スマホの不正使用が発覚し、女性騎手を中心とする6人もの減量騎手が1か月間の騎乗停止になった事件を覚えている方は多いはずです。供給が減れば需要は高まる。減量騎手の供給が大きく減ったことで、重要が増加。関係者が乗れる減量騎手がいないか品定めに必死になった。そこで浮上してきたのが佐々木騎手でした。腕は

■戦法マトリックス図

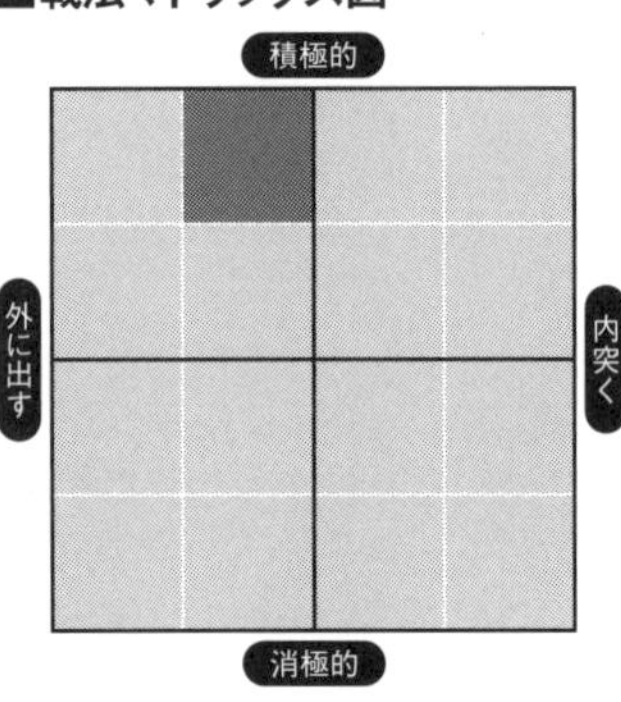

■評価

戦法M	超積極的	外出す

■キャラ別データ

USM単	USM連	USM複
111.8%	99.1%	103.4%

達者だったので事件がなくても、どこかのタイミングで頭角を現していたと思いますが、ブレイクが早まったのは確かでしょう。

成績を見れば一目瞭然です。6人が騎乗停止中の5月13日からの1か月の間にハイピッチで勝ち星を挙げていった。

その勢いが最高潮に達したのは、函館開催でした。18勝を挙げて開催リーディングジョッキーに輝いた。この時、佐々木騎手は19歳。**10代の騎手が開催リーディングを獲得するのは初めてのことで、最年少記録**でした。

乗り馬厳選を怠り馬質が低下 札幌開催を機に勢いは失速

このまま札幌開催に移行しても勢いは衰えないのか注目でしたが、好事魔多し。売れっ子になった反動が。

一旦、佐々木騎手の話をおいて、外国人騎手の騎乗依頼の受け方に触れると……。

日本で活躍する短期免許の外国人騎手は、基本的に騎乗馬を厳選して勝てる馬にしか乗らない。というより、勝ち星を伸ばすためには、厳選せざるを得ないといったほうが正しいでしょう。

腕のいい外国人騎手に、乗ってほしい関係者はほぼ全員だからです。例えばモレイラ騎手が乗ってくれるとなれば誰しもお願いしたくなる。その要望にできるだけ応えたとしましょう。そもそもノーザンFの確勝級の馬にしか乗っていない騎手が、なんでも依頼を受けてしまったら一気に成績が落ちて、腕が落ちたように感じるもの。これは外国人ジョッキーあるあるで、レーン騎手も2回目の来日時はイマイチだったのは皆さんもご存じの通り。なので、依頼を精査して勝ち負け必至の馬の依頼しか受けないという外国人ジョッキーがほとんどなのです。

なかには日本で名前を売りたいからオールウェルカムというスタンスのジョッキーもいないわけではないのですが、そういうジョッキーも活躍して腕前が知れ渡ると騎乗馬を厳選し始めるのが通常です。

翻って佐々木騎手。売れっ子になった佐々木騎手は、依頼の交通整理をするのに手一杯で、騎乗馬の厳選抜きに、なんでも依頼を受けていたように思われます。そうしたら成績が伸び悩んだのです。

実際、札幌に開催が変わってからはまったく勝てなくなってしまったし、明らかにブレイク前よりも馬質が下がっていました。

●2023年函館と札幌の成績とオッズの比較

・函館：15勝（勝率15・5%、平均オッズ17・0倍）
・札幌：7勝（勝率5・3%、平均オッズ30・4倍）

成績がガクンと落ちた主因は明らかに馬質のダウンなのに、ファンも関係者も目が行くのは結果なので、佐々木騎手の成績が落ちたようにしか見えません。

月ごとの騎乗馬の平均オッズを並べてみれば、いっそう馬質の上げ下げがわかります。

●月別騎乗馬の平均オッズの推移

・1～3月：100・2倍
・4月：80・9倍
・5月：38・1倍
・6月：27・4倍
・7月：19・9倍
・8月：32・0倍
・9月：33・5倍
・10月：30・6倍（※10月末まで）

札幌開催時の8月は、ブレイク前の6月と比較しても、馬質が下がっているのです。筆者は日頃から**「若手騎手はブレイク前がおいしく、ブレイク後は妙味**

なし」を格言としています。これは馬を依頼するほうも同じかもしれない。アンテナを高くしている関係者は佐々木騎手の成長ぶりをいち早く察知、起用に動きます。こういうケースでの依頼は、人気がなくても好走できる能力を秘めた馬の可能性が高い。対して活躍が知れ渡ってから佐々木騎手に近づく関係者は、腕でどうにかしてもらおうという意識も強そうで、結果につながりにくい。こういった力学も札幌開催以降の成績ダウンにつながっているのかもしれません。

今、エージェントと二人三脚になって戦略の練り直しをしているという噂を耳にするので、24年はいい循環を作ってほしい。期待に応えられる腕を持つ新人だけに今後も順調に成長する姿を見たいものです。

人気でみれば、もはや出がらし状態 人気馬での安定した好走が急務

スタートセンスが高く、ゲートが開くとタイミングよくポンと馬を出せる。これがあるからいいポジションが取れるし、減量特典も生かせる。スタートセンスの良さが大きな強味になっています。

戦法を見ても、逃げ率が11・6％もあり、**馬質を考えるとかなり積極的なジョッキー**。

イン突きも好きそうで、成功例も多数目撃していますが、現状では好位の外で立ち回るイメージが最も強い。減量特典がなくなると変化する可能性はありますが……。こうした騎乗ぶりも考慮に入れて馬券のポイントを探ってみます。

まず人気面から。馬券的妙味はどんどん減っています。ブレイク前は人気薄での活躍も多かったが、最近は人気馬の騎乗が多く馬券的な狙いどころが難しい。騎乗馬の馬質は下がっているのに、「売り出し中」のイメージが定着しているため、過剰人気気味になって

いる可能性もあり、上位人気馬では平均的な成績に届いていません。馬券的な狙い目はさておいても、今後、馬質のアップを図るためには人気馬に騎乗したときの信頼感を高めることが急務と言えます。

データ的には、6〜11番人気のゾーンでは軒並み、単勝回収率100％以上の数字を記録しています。しかし、この数字にはブレイク前のおいしい時期の穴が相当貢献していると思われるので額面通り受け取るのは危険でしょう。

馬券の標的は芝の内とダートの外 ダートの1枠は徹底的に嫌え

ひとつ確かな馬券ポイントを挙げるとするなら、**「芝の内枠」**と**「ダートの外枠」**です。

●芝の内枠と外枠の成績

・1枠【6・1・6・19】（単勝回収率293％、複勝回収率120％）
・2枠【5・4・1・22】（単勝回収率155％、複勝回収率143％）
・8枠【2・8・4・33】（単勝回収率15％、複勝回収率98％）

●ダートの内枠と外枠の成績

・1枠【1・0・3・27】（単勝回収率28％、複勝回収率14％）
・2枠【1・1・4・23】（単勝回収率247％、複勝回収率92％）
・8枠【4・1・5・32】（単勝回収率173％、複勝回収率79％）

芝で内枠の成績が良く得意としているのは、スタートセンスが生きるからでしょう。外枠だといくら好スタートを決めても内の馬の出方も重要になってくるので、必ずしも有利には働かないということ、高速馬場だと明らかにイン有利のことも続くからです。

一方、ダートの内枠では苦戦。ダートの場合、外枠のほうが砂を被る心配がなくスタートセンスを生かして馬の力を発揮しやすいのでは。

反対に敬遠したいのはダートの内枠です。23年11月4日の福島1レースでは1番人気のアスプリージャに騎乗。前々走、前走は逃げて3着、2着と善戦していたが、ここは1枠1番で逃げることができずに10着と人気を裏切ってしまった。

中山ダート1200mのように芝の部分を長く走れる外枠のほうが前に行きやすいコースもあります。佐々木騎手のスタートセンスの高さをもってしても、内枠から前に行くのはやはり難しいようで、中山ダート1枠時の成績は、9回のうち3着以内が1回のみ。なんとか1頭が馬券絡んだという状況で、1番人気馬も着外に敗れています。

また、**狙って面白いのは特別戦です**。減量特典のない特別戦では、売り出し中の佐々木騎手といえども、人気になりません。しかし、佐々木騎手は減量という恩恵に頼らなくても成績を残せる騎手。特別戦でも4勝をマークしています。特別戦での成績は**【4・1・8・79】**（単勝回収率410％、複勝回収率121％）というもの。馬券に絡む確率は決して高くありませんが、15番人気、16番人気での勝利もあり破壊力は絶大。

減量騎手は前走、自分で勝った馬とはいえ、特別になると乗り替わりになることも少なくありません。減量特典がないのなら中堅、ベテランを乗せようという心理も働くからです。その中でもそれなりに騎乗数が増えているのは佐々木騎手の信頼度がアップしているから。それをしっかりと生かしたい。

15

馬券のポイント・中穴狙い

田辺裕信騎手

待っていたのは菊花賞馬との別れ 元気なく重賞勝ちも遠のく

　筆者が高く評価している騎手ですが、2023年はあまり元気を感じられませんでした。どうしてもイメージが重なってしまうのが、22年の菊花賞をともに制したアスクビクターモア。牡馬クラシックでこれまでなかなか結果を残せなかった田辺騎手に栄冠をプレゼントしてくれた相棒です。

　菊花賞以来の出走となった日経賞ではタイトルホルダーを差し置いて1番人気に支持されました。しかし、スタートで大きく出遅れ。さらに悪いことにこの日の中山は不良馬場。もっといえば芝のレースはラチ沿いを走った逃げ馬が全勝するという逃げ馬天国の馬場だったので、挽回はなおさら難しい状況。加えて、道中の手応えを見ても本調子にあったのかは疑問で、何もいいところなく9着に敗れてしまいました。

　結局、アスクビクターモアは天皇賞（春）も11着、宝塚記念も11着と3歳時の輝きを取り戻すことなく、その後、放牧中に熱中症による多臓器不全を起こして

■戦法マトリックス図

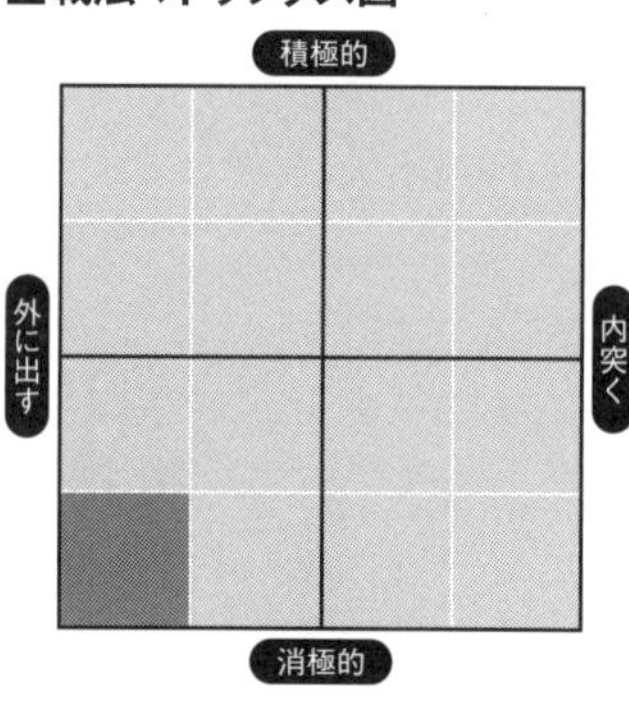

■評価

戦法M	超消極的	超外出す

■キャラ別データ

USM単	USM連	USM複
103.9%	105.2%	101.8%

天国に旅立ってしまった。日経賞のときから何か不安を抱えていたのかもしれませんが、本題から逸れるので、それはここでは触れません。

ここで注目したいのは、日経賞で負けたあと、アスクビクターモアの鞍上が田辺騎手から横山武騎手にスイッチされたことです。田辺騎手にとって忘れられない馬があっさり乗り替わりになり、しかも愛馬は生涯を終えた。本人も意気消沈しているでしょうが、周囲が今の田辺騎手をどう見ているかも、暗示しています。アスクの廣崎オーナーは馬名の最後にモアとついている馬は社台F生産の吉田照哉氏と半持ちしていることを公表しています。後述しますが、この乗り替わりには社台F側の意向もあったのは確かでしょう。

今年は10月9日まで46勝と22年の72勝から大きく勝ち星を減らしそう。これまで重賞勝ちもありません。重賞では【0・1・1・36】（11月5日終了時点）と寂しい結果に。勝ち星を減らして重賞での活躍も減っているのは気掛かりのひと言。年齢を考えても年明けには40歳を迎えます。間違いなく24年は試金石の1年になることでしょう。

普段は屈指の消極騎乗騎手なのになぜかクラシックでは「逃げ」の決め打ち

クラシック戦線ではとにかく前で競馬するのが田辺騎手の特徴のひとつ。アスクビクターモアのレースを忘れられないわけでないと思いますが、決め事のように積極的になる。

皐月賞ではベラジオオペラに騎乗。前走まで手綱を握っていた横山武騎手がソールオリエンスに騎乗するため、回ってきました。代打とはいえスプリングSを圧勝した実力馬でチャンスは十分。

田辺騎手が皐月賞で好走するのは、21年の皐月賞のタイトルホルダー（8番人気2着）のように前に行ったときなので、自分のスタイルを貫いただけかもしれません。ただ、ペースを見返すと言葉に詰まるところもあります。皐月賞はグラニットがハイペースで逃げ、タフな重馬場で1000m通過58秒5のペースはどう考えても速い。後半1000mは62秒1もかかった消耗戦です。田辺騎手のベラジオオペラは3番手でこのペースを追走。直線失速し3番人気で10着とチャンスを生かせませんでした。

ダービーで騎乗したのはプリンシパルSを逃げ切ったパクスオトマニカ。ここもハナを奪うと向こう正面で後続をぐんぐん突き放し、大逃げの形に持ち込んだのですが終わってみれば大敗（17番人気13着）。

オークスもライトクオンタムで果敢にハナへ。戦前は逃げ馬不在でスローになるといわれていたのですが、前で競馬すれば一発あると思った騎手が複数いたのか予想外のハイペースに。桜花賞でも武豊騎手が折り合いに苦労するほど前向きな馬なので、さすがに2400mを粘り切るのは難しかった（12番人気17着）。

という具合にGI、特にクラシックでは逃げると決めているかのように感じます。普段は消極的で逃げ率は6・9％、このクラスのジョッキーにしては低いのですが……。

ターゲットの判定で**後方からの競馬を選択する割合が3割を超えているのは、上位20位までの騎手だと田辺騎手だけ**なのです。なぜ、クラシックでは普段通りの乗り方をしないのか、聞いてみたいところです。

内外のコース取りでは、外に出す騎乗が圧倒的に多い。売り出し中の頃はイン突きもしていましたが、効果的に関係者にアピールするためには外に出す騎乗がいいと方針を変えたようです。

命綱の社台Fとの今後が心配
馬券は人気薄の一発が魅力

愛馬アスクビクターモアは社台ファーム生産馬だったことからもわかるように、社台Fとの結びつきが強く、重要な乗り馬供給源となっています。

●社台ファーム生産馬騎乗時成績

・20年：8勝（121鞍）・21年：15勝（107鞍）
・22年：8勝（73鞍）・23年：9勝（55鞍）

23年は社台ファーム生産馬で単勝回収率219％、複勝回収率123％と馬券にも貢献しています。ただ、アスクビクターモアの乗り替わりに加え、依頼数の減少が気になるところ。ノーザンFよりも社台Fで活躍するジョッキーだけに大レースでの不振が絆に影響しているとしたら心配です。皐月賞ベラジオオペラ、オークスのライオクオンタムも社台Fの生産馬だっただけに、この騎乗数の減少は今後にどう影響するのか。

馬券のポイントは、人気馬は割引で、中穴で狙いです。1番人気馬での勝率は30％を超えていますが、2、3番人気時の勝率は15％以下、原則として1～3番人気時は割り引いて対応したほうが得策でしょう。若手時代の昔から変わらず、人気薄での一発が魅力の騎手です。特に4～10番人気あたりのゾーンの馬に騎乗しているときに狙いたい騎手。

また、乗り馬の供給源である久保田厩舎は【10・1・7・24】（勝率23・8％、連対率26・2％、複勝率42・9％、単勝回収率134％、※11月5日現在）という具合で見かけたなら必ず買いたいレベル。他に中舘厩舎【6・4・4・28】（勝率14・3％、連対率23・8％、複勝率33・3％、単勝回収率148％）とこの2厩舎で、勝ち星の約3分の1を示しているというところも見逃せません。

16 馬券のポイント・中穴狙い 津村明秀騎手

「日和見逃げ主義」って何だ？ 技術力だけなら川田Jには負けない

川田騎手と同期。現在ではすっかり水をあけられてしまいましたが、競馬学校で最も成績優秀だった生徒に送られるアイルランド大使賞を受賞したのは津村騎手でした。川田騎手も「手足の長く、フォームが美しく見えるあいつには敵わなかった」と武豊TVにゲスト出演した際に語っていたほど。実際、デビュー時は川田騎手よりも期待されていて、**今でも関係者からの技術的な評価は高い**。しかし、競馬は技術力だけでは勝てません。政治力、戦略力がものを言います。

■戦法マトリックス図

積極的
外に出す
内突く
消極的

■評価

戦法M	積極的	内突く

■キャラ別データ

USM単	USM連	USM複
114.3%	114.0%	111.7%

騎手として脂の乗り切る年代に入って、遅咲きながら開花を迎えようとしているのでしょうか。今年は好調で10月9日時点で45勝。このままのペースならキャリアハイ（18年の52勝）のシーズンになりそう。

川田騎手と比較すると、川田騎手は「徹底先行主義」なのに対して、**津村騎手は「日和見逃げ主義」**とでも言えばいいでしょうか……。

川田騎手の今年の逃げ先行率は50・6％。しかし逃げ率は5・0%しかありません。一方、津村騎手は逃げ率が10・8%と高いのですが、逃げ先行率でみると42・2%と川田騎手ほどではない。相手関係や流れを読んで逃げるときには思い切っていくし、そうでないときは差しに構えるといった感じで**騎乗のメリハリで勝負するタイプのジョッキー**に見えるのです。

ちなみに直線の内外の位置取りでは、千明塾の元門下生なのでイン突きが基本。

コロナ禍が下火になり、追い風吹く乗り替わり&人気落ちが買いの公式

騎乗馬集めを見てみると、ノーザンF系一口クラブからもマイネル軍団からも依頼があって、幅が広く、うまくリスクを分散した理想的なポートフォリオになっている。

コロナ禍になって東西の交流が制限された影響なのか、一時期、好調のバロメーターだった関西馬の供給が減っていたのですが、現在は回復しただけでなく、勝利数が増えています。関西馬での勝利数は21年12勝、22年1勝、23年16勝と大きく数字を伸ばしました。23年5月にコロナが5類になって馬の移動が自由になったのが追い風になったのかもしれません。

最後に馬券での狙いのポイントを探ります。1番人気での単勝回収率は57%しかないのでもわかるように**人気馬での信頼感は低い**。単勝10倍から20倍の中穴狙いが基本です。さらに穴目でも狙えそうなのは、津村騎手への乗り替わりで前走よりも人気を落としているケース。例えばJRAアプリリリースSのスノーグレース(11番人気2着)。2走前、レーン騎手で2勝クラスを勝ち上がり、前走、武藤騎手で8番人気8着と惨敗。斤量が軽くなったハンデ戦のここで、巻き返しました。

宝塚記念では異例の乗り替わり 弟子の問題行動に師匠がお灸

　夜な夜な遊び歩いて、調教には度々遅れる問題児だという声があちらこちらから聞こえます。栗東トレセンから筆者や競馬マスコミに入る団野騎手の噂はあまり芳しいものではありません。宝塚記念での急遽の乗り替わりは、こうした問題からの影響だったというのは、真実に近い話だったようです。

　宝塚記念を前に滅多に見られない乗り替わりが起きたことを振り返ってみます。宝塚記念には斉藤崇厩舎のジェラルディーナが出走を予定していました。手綱を任される予定だったのは、厩舎所属の団野騎手です。実は、ジェラルディーナを担当しているのは団野騎手の父である団野勝調教助手。騎乗が叶えば父子タッグでのGI挑戦という大きな話題を提供するはずでした。ジェラルディーナのオーナー、サンデーRをはじめ、一口クラブは予定の詳細を会員に逐一報告しています。事前に団野騎手の騎乗を予告していたので会員も団野騎手の手綱を疑っていなかった。ところが、一旦

■戦法マトリックス図

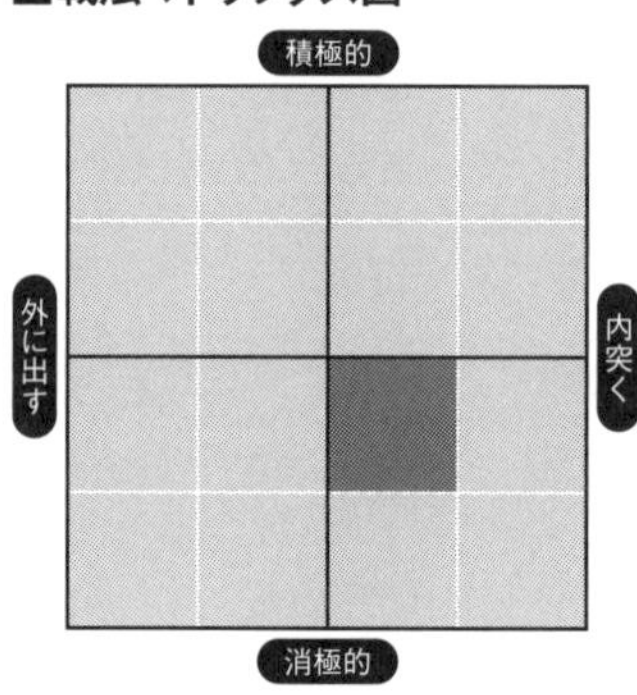

■評価

戦法M	消極的	内突く

■キャラ別データ

USM単	USM連	USM複
106.8%	121.2%	115.5%

団野騎手と発表されたものが、武豊騎手に変更になったのです。ケガや騎乗停止で乗れないケース以外での予定変更は非常に珍しい。何か異常事態があったに違いないと思われました。

異例の乗り替わりの背景にあったのは、どうやら師匠・斉藤崇師の不肖の弟子へのお灸だった模様。問題行動を繰り返す弟子にしびれを切らした師匠が、大目玉を食らわせたというのが真相だったと言われています。一度、オーナーサイドが発表した内容を覆せば、各方面に迷惑がかかる。オーナーからの信頼に傷がつきかねない。師としても収拾に苦労したはずです。それでもあえて乗り替わりを決断したのだから、ある意味、弟子思いの愛のムチだったのでしょう。

愛のムチは一発では終わらなかったようで、鳴尾記念のヒンドゥタイムズも武豊騎手にスイッチ。6月は所属の斉藤崇厩舎からの依頼はゼロでした。とはいえ、団野騎手は乗れる騎手、斉藤崇厩舎も痛い面もあったに違いないでしょう。

弟子想いの師が手厚い援護 さらなる活躍で恩返しを

もちろん、師匠が弟子を見放したわけではありません。199勝と通算200勝にリーチがかかり、迎えた2023年7月29日。団野騎手のメモリアル達成のために馬を用意したのは外ならぬ斉藤崇師でした。

この日のメイン関越Sでヤマニンサンパが勝ち星の計算できる1頭だったのです。師はただ有力な乗り馬をプレゼントしただけでなく、手厚い援護射撃まで用意していました。関越Sにはもう1頭のマンオブスピリットという斉藤崇厩舎の馬が出走予定していたからです。マンオブスピリットは逃げ馬でもないのに戦前のコメントで逃げ宣言をしていた。団野騎手のメモリアル達成をより確実にするためのラビット役として師が送り出した可能性がプンプン匂っていました。

しかし、世の中、シナリオ通りには運ばないのが常です。団野騎手は、前週落馬負傷した藤岡康騎手から乗り替わりとなった8Rのスペシャルナンバーであっさり200勝を達成した。

一方、肝心のヤマニンサンパは不発に終わります。僚馬マンオブスピリットが締まったペースで逃げて差し馬向きの流れを作ってくれたものの、構えすぎてしまったのか5着に敗退。

早々とメモリアル勝利が達成できてよかったとはいえ、結果的には師匠の配慮を裏切る形になってしまいました。何とも締まらない結果に終わってしまいましたが、いい師匠を持っているのだから、24年は真面目に精進して恩返しになるような活躍をしてください。

テン乗り、2度目の騎乗時が穴チャンス 高い戦略力が未知の馬を激走させる

師匠との関係はさて置き、少しヤンチャなぐらいがジョッキーには向いているのか腕は達者。**騎手としては順調に成長**しています。

他の若手に比べると冷静に押し引きできるジョッキーのようです。23年重賞を勝ったCBC賞や北九州記念を勝ったジャスパークローネの逃げが印象に残っているファンが多いとは思いますが、今年の逃げ率は5・6％しかありません。どちらかというと、この2レースでの逃げはイレギュラー。

22年の中日新聞杯を勝ったキラーアビリティのような乗り方が団野騎手らしい騎乗といえるでしょう。冷静にインから馬群を捌いてくるイメージといえばいいでしょうか。

23年のハイライトはいうまでもなく、高松宮記念でのアッと驚く勝利でしょう。12番人気のファストフォースで直線差し切り、あっさりＧＩタイトルをゲットしました。

レースぶりもまるでベテラン騎手のような巧みなコース取りだったのが印象的です。３コーナーまでは外目を走っていたのですが、直線に向くと、内の空いているスペースに馬に動かし、雨の不良馬場に苦しむライバルたちを後目に抜け出てきました。

馬力ＳＭの数字を見ても３部門で１００％を超えている。説明するのは難しいのですが、筆者の見立てではさらに馬質がアップしても対応できる実力も備えていると思っています。まだ、騎手の名前だけで人気にならないと思いますが、一時期の不調期を脱し、関西の若手で今後ステップアップできるだけの地位には登り詰めてきました。もともと、騎手候補生時代に、藤沢和雄元調教師が腕があるということで、デビューすると依頼をしていたことからも、素質の片鱗があったのかもしれません。

菱田騎手の落馬負傷により急遽の乗り替わりとなったシリウスＳのアイコンテーラー。代打による初騎乗でも2着に好走させている。対応力の高さがわかろうというものです。

あまりつながりのないはずの関東馬に騎乗したときにも本領を発揮します。関東馬では、単勝回収率１５１％と優秀なのです。こういうテン乗りやクセをよく知らない馬で結果を残せるのは「戦略力」が高いからでしょう。

馬券的にも、二桁人気馬で馬券圏内16回と妙味たっぷりの大穴ジョッキー。とくに**テン乗りやコンビ2度目が穴のチャンス**です。

18

馬券のポイント・中穴狙い

横山和生騎手

勝ち星大幅ダウンで正念場の年にエプソムC優勝は空振りだったのか

２０２１年が79勝、22年が73勝と一気にトップジョッキーの仲間入りを果たした横山和騎手。23年もさらなる飛躍が期待されましたが、10月9日までで、37勝と大苦戦しています。

ただ、悲観するほどの落ち込みではないと考えています。馬力ＳＭの数字は依然として高水準を示しているからです。騎手の腕の問題ではなく、一時的に騎乗馬の質が落ちていることが原因なのでしょう。とはいえ、騎乗馬に恵まれるかどうかがトップジョッキーの生命線。今後の乗り馬集めの行方は気になるところです。

勝てなくなった理由のひとつとして思い当たるのは、8月26日の落馬負傷。タイトルホルダーと出走したオールカマーの週まで休まざるを得なかった影響は意外に大きかったか。ですが、それだけでここまでの落ち込みが生じたとは考えにくい。

やはり**「政治力」の低下という根本的な原因があ**

■戦法マトリックス図

■評価

戦法M	消極的	内突く

■キャラ別データ

USM単	USM連	USM複
110.4%	107.2%	109.4%

りそうです。

23年6月11日、とても珍しい記録が誕生しました。開幕を告げる函館スプリントSで弟の武史騎手が騎乗したキミワクイーンが勝利。それから20分後に東京で発走したエプソムCでは兄の和生騎手が騎乗したジャスティンカフェが勝利。兄弟での同日重賞制覇は1997年3月2日に武豊騎手と武幸四郎騎手が達成して以来でした。あの時の武幸四郎騎手は初勝利が重賞というとんでもない記録だったので、あの2人には及ばないものの、印象に残るシーンのひとつでした。

珍記録はさておき、筆者が注目したのは横山和騎手のエプソムCのレース内容です。

我々、馬券ファンは人気のない馬をどうにか馬券圏内の3着までに持ってきてくれるジョッキーを重宝しますが、関係者からみると意外とそういう騎手の評価は低い。**評価されやすいのは、人気を背負った馬できっちり勝ち切ってくれる騎手**のほうです。

横山和騎手が勝利に導いたジャスティンカフェは1番人気。人気に応えての勝利だったので、関係者へのアピール度は非常に高かったと思われます。

さらに、ジャスティンカフェにとってはこれが嬉しい初の重賞タイトル。22年のこのレースでは父の横山典騎手が騎乗して1番人気ながら4着と涙をのんだ。その後も福永騎手（現調教師）やルメール騎手といった超一流騎手が跨って、能力を発揮はしたものの、なかなか勝つまでに至らなかった。力はありながら勝ち味には遅かったジャスティンカフェをテン乗りの横山和騎手があっさり勝利に導いた。関係者からの評価が急上昇するきっかけになったのではと想像しました。

ジャスティンカフェの馬主は三木正浩氏、生産は社台F。直接の関係者だけではなく、他の有力オーナーや生産者も重賞の結果には注目しているので、横山和騎手の政治力は全体に底上げされてもおかしくありませんでした。

ところが、どうやら筆者が考えたほどの評価ではなかったようです。その後、落馬負傷もありましたが、その直前まで馬質がアップしたかというとけっしてそうではありませんでした。

政治力の伸び悩みが根本原因 ここが改善されないと足踏み必至

例えば乗り馬集めの政治力のバロメーターであるノーザンF系の一口クラブでの成績を見てみると……。

●サンデーR、キャロットF、シルクR騎乗時成績

・20年：0勝（3鞍）
・21年：6勝（41鞍）
・22年：5勝（28鞍）
・23年：3勝（13鞍）※10月9日まで。

ノーザンF系一口クラブからの依頼は増えるどころか、21年をピークに減っています。ノーザンF系一口クラブがこれだけ減っているのなら、騎乗馬全体の供給も減っているはず。実際、21年の年間乗鞍は611鞍ありましたが、22年は567鞍に。23年は10月9日時点の数字で377鞍。乗鞍を絞り、騎乗の質が上がって穴で活躍するケースが増えれば穴党としては必ずしもマイナスではありませんが、これほど乗鞍が減っていると政治力の低下を思わせ、気にはなるところです。

ノーザンFとの関係が深まるどころか、一口クラブとはむしろ希薄になりつつある理由は、どうやら横山和騎手をトップジョッキーに押し上げた馬たちにありそう。主戦を務めるタイトルホルダーは、非ノーザンF生産馬、ノーザンF生産馬でも個人オーナーの馬での活躍が多く、ノーザンF系の中核となっている一口クラブへのアピール度は低い。さらに、今年のタイトルホルダーは日経賞を圧勝したものの、天皇賞（春）は完走できなかったし、オールカマーでも2着と本来の力を考えると物足りない走り。お手馬の調子も悪く、余計に評価が上がらないというちょっとした負のスパイナルに。

現在の競馬界のマーケットを考えると、やはりノーザンF系一口クラブの馬での活躍が、政治力アップの鍵を握っているのでしょう。クラブ馬での活躍は波及効果も大きく、他の有力馬主からの依頼にもつながりますが、非ノーザンF系や個人馬主の馬で活躍しても、既にガッチリ食い込んでいるノーザンFお抱えの騎手たちの壁を破るのは難しいのかも。

とはいえ、非ノーザンF系であろうがなかろうが、クラシックで実績をあげれば、強力なアピールになるはず。とすれば、新馬戦での成績が今後のカギを握っていることになります。

●2歳新馬戦成績

・20年：5勝
・21年：15勝
・22年：13勝
・23年：3勝

23年は10月9日までといはいえ、21、22年の頃のような勝ち星を挙げるのは難しいだろうし気になる傾向です。タイトルホルダーも横山武騎手がエフフォーリアを選択したことで回ってきた馬でした。そう考えると**乗り馬集めの強化が急務**だとしか言いようがありません。騎乗ぶりを分析すれば、タイトルホルダーのイメージが強いが、札幌記念のトップナイフのようにイン差しのほうが、横山和騎手の本質に近いのではないでしょうか。

19

馬券のポイント・中穴狙い

M・デムーロ騎手

あからさまなデムーロ外しに日本脱出まで考えた!?

2015年JRAに移籍して以降、毎年100勝以上を挙げ、ピーク時（17年）には171勝をマーク。

しかし、**19年以降急激に勝ち星を減らし、10月9日現在ではたった37勝**、22年の72勝からも大きく後退。ワースト記録必至の極度な不振に陥っています。

なぜこれほど勝てなくなったのか。M・デムーロ騎手自身は関係者の自分の扱いに不満があったようで、「自分はミスのない騎乗をしているのに、運悪く負けると、すぐに乗り替わりになる」といった主旨の発言をしています。一時期、海外への脱出も考えたそう。しかし、エージェントに強く引き止められ、日本で続けて騎乗することになったとか。

デムーロ騎手が「自分は干されている」と感じて当然の出来事がありました。

関西所属のジョッキーながらも実質、関東のジョッキーだったデムーロ騎手。23年7月23日中京記念のディヴィーナに騎乗するため久々に関西に遠征しまし

■戦法マトリックス図

積極的 / 消極的 / 外に出す / 内突く

■評価

戦法M	積極的	超外出す

■キャラ別データ

USM単	USM連	USM複
97.7%	102.4%	104.3%

た。結果は2着で格好はついたのですが、筆者が気になったのは、この日の福島開催です。前走デムーロ騎手が騎乗して優先出走権を確保した馬が4頭も出走していたからです。

●23年7月23日前走デムーロ騎手騎乗馬成績

・福島2Rベルウッドムサシ2番人気4着
・福島3Rオセアエクスプレス競走除外
・福島10Rゲバラ6番人気9着
・福島12Rゴルトリッチ4番人気8着

馬券圏内に絡んだ馬は1頭もいなかったし、前走よりも着順を下げてしまっているので、前走のデムーロ騎手の騎乗が乗り替わりに値するほど、ひどかったとは言い難い。にもかかわらず、これだけのお手馬が、デムーロ騎手が騎乗できない状況で出走したという事実は見逃せません。

騎手本人に面と向かって乗り替わりを告げるのは、誰しも抵抗があるもの。なので、先約があって騎乗できない状況を使って、ジョッキー側から断られるようにしたほうがカドも立ちにくい。こうしたジョッキー降ろしがよくやられているのです。福島開催の出走馬を見て、デムーロ騎手は、自分の置かれた厳しい立場をより感じたのではないでしょうか。

関西に軸足移し復活の狼煙か豪快な大外一気でみやこS制覇

福島でお手馬大量流出があった2週間後、大きな動きがありました。デムーロ騎手がエージェントを変更したのです。これまでは柴田大騎手や丸山騎手を担当している川島康孝氏が担当していたのですが、8月10日付で甲斐弘治氏にスイッチ。甲斐氏は今年6月まで吉田隼人騎手のエージェントを担当していた関西競馬ブックのTMです。**エージェントを変えることで、**

関東から関西に軸足を移し、巻き返しをはかろうと決意したようでした。

実際、8月以降、栗東所属厩舎から依頼が増え、関東馬の倍の関西馬に跨っています。それに伴い成績も上昇。9月の阪神開催では5勝を挙げました。以降も関西場で成績を残しています。

なかでも復活の狼煙と思われたのは、セラフィックコール（1番人気）でのみやこS制覇。大外一気の豪快な差し切りを決めました。

騎乗ぶりもデムーロ騎手の良さが生きていました。スタートに課題があってポジション取りが苦手な印象があり、どうしても後方からの競馬が多くなる。しかし、決して消極的な騎手ではなくアグレッシブ、マクりもあるし、自由に動ける外目から競馬を組み立てるのがうまい。これでセラフィックコールは負けなしの5連勝、先々も非常に楽しみですが、デムーロ騎手に手綱が任されたのは拠点を西に移した後の前走ＪＲＡアニバーサリーSから。みやこS制覇はまさに関西に拠点替えした効果が目に見える形ではっきりした出来事だったのではないでしょうか。今後、デムーロ騎手の逆襲が本格的に始まるのかに注目です。10月に入ってからは思ったほど勝ち星は伸びていませんが、その動向からは目が離せません。

ノーザンF系クラブから依頼が急増 重賞に強いデムーロが帰ってくる？

乗り馬集めに目を移しても、エージェントを変更した効果が窺えます。

●サンデーR、キャロットF、シルクR騎乗時成績

・20年：5勝（56鞍）
・21年：4勝（39鞍）
・22年：2勝（19鞍）

・23年：3勝（28鞍）※7月までは7鞍0勝、11月5日現在

ノーザンF系一口クラブの馬の騎乗数が急激に増えています。20年にはラッキーライラック（サンデーR）やラウダシオン（シルクR）でGⅠを勝っていたのですが、年々ノーザンF系の一口クラブとの関係が疎遠に。それがエージェントを変更した8月以降、騎乗依頼が増加に転じているのです。

有力馬を多数抱えるノーザンF系一口クラブからの信用を取り戻すことができれば、年々減少している勝ち星も食い止められる可能性が高まります。重賞での活躍も見込める。

●サンデーR、キャロットF、シルクR重賞成績

・20年：3勝（16鞍）
・21年：2勝（15鞍）
・22年：0勝（5鞍）
・23年：1勝（1鞍）※11月5日現在

実は**みやこSのセラフィックコールが今年ノーザンF系一口クラブ馬で臨む初めての重賞騎乗**。勝利で期待に応えられた意味は大きいはずです。この勝利が呼び水になってノーザンF系一口クラブからの依頼がさらに増えるのか、注目したい。

馬券の狙いという面から見ると、今は分岐点に立っている様相です。もともと、プレッシャーには強いタイプではあっても、出遅れも多く馬券的には信用しにくい騎手です。狙うなら中穴くらいからでした。

馬券的なうま味もまだ不透明。関西に移って気合いが入っていた9月は【8・4・3・24】（単勝回収率247%、複勝回収率133%）と気を吐きましたが、10月はやや尻すぼみ。とはいえ、以前よりやる気を感じるレースが増えているのは確かでしょう。

20

馬券のポイント・2、3着付け

丹内祐次騎手

勝ち切れない、単独でインを突く「単内(タンナイ)」の真骨頂

「丹内とかけて、単ないと解く」、これは馬券ファンにはお馴染みのダジャレ、いや必須の馬券セオリーです。しかし、２０２２年はこの格言を破る異変が起きました。22年は秋まで絶好調、勝ち星をハイピッチで積み重ね、「単ない」の汚名を返上するかに見えたからです。

最終的には64勝を記録、キャリアハイの年となったのですが、10月29日には確変状態を終わらせる出来事が起きてしまいます。新潟７Ｒで落馬。幸い大事には至らず、12月には復帰できたものの、勢いに急ブレーキがかかりました。

馬力ＳＭの数字を見てもわかるように、単のない丹内騎手に戻ってしまいました。

年が明けた23年１月29日の小倉競馬で、さすがと思わせる成績を残しています。10鞍に騎乗し２着４回。23年は10月９日時点で36勝２着64回３着63回という成績からも「単ない騎手」の本質が見て取れます。勝率

■戦法マトリックス図

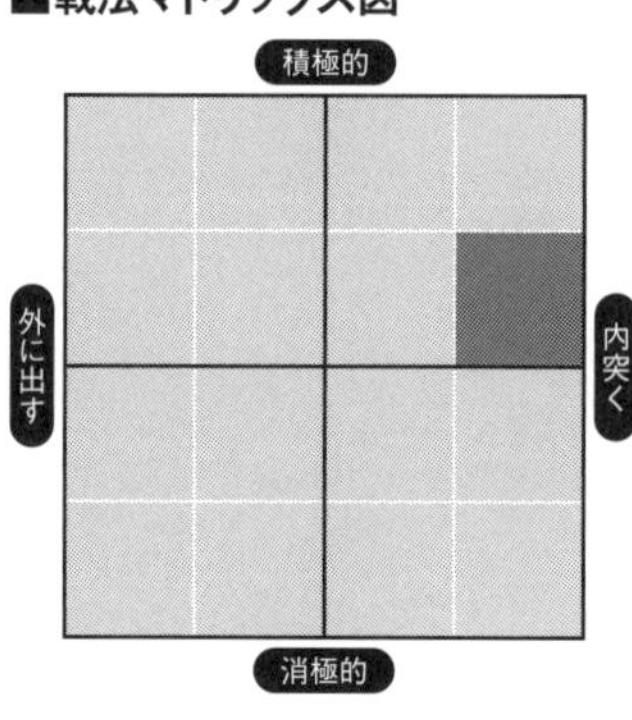

■評価

戦法M	積極的	超イン突き

■キャラ別データ

USM単	USM連	USM複
74.8%	97.6%	102.5%

は5・2%と、この騎手らしい数字です。やはり勝ち切れないレースが続きます。

この日の騎乗ぶりも丹内騎手らしかった。逃げ先行率は37・1%でも、チャンスがあればマクる戦法を取る。**積極性の塊なのが丹内騎手**です。また、千明塾の元門下生なので「イン突きにこだわる」のも特徴です。

当日は冬の小倉らしく芝もダートも荒れた馬場、加えて風も強く、直線は追い風。開催後半で芝はインが荒れて来たようで、差し馬の台頭が目立ちました。丹内騎手が馬券に絡んだ4レースは、すべて芝コース。外目に出す騎手ばかりでしたが、**ひとりだけ内にこだわっていた**。2着4回はすべてインからの抜け出しでした。イン突きにこだわる本人にしてみれば当然の進路選択だったとはいえ、実はこれが正解。見た目ほどはインが悪くなっていなかったからです。

と書いていて新しいダジャレが思い浮かびました。

「単独で内を突くから単内(タンナイ)!」

単のない騎手というだけではなく、単独でインを突くということと引っ掛けています(笑)。

ただ、10月15日から始まった秋の新潟開催になると、3週間で9勝を挙げ、若手の永島みなみ騎手を退けてリーディングを獲得。続く福島開催に突入しても勝ち星をコンスタントに挙げており、10月15日〜11月5日の間で11勝を挙げるなど、存在感を示しています。23年の開催も2か月ちょっとではキャリアハイとなった64勝には追い付かない可能性は高そうですが、50勝を大きくは超えてきそう。関東圏のローカルであれば乗り馬も集まる傾向にあり、活躍ぶりには注目が必要。

馬場が荒れたら大穴の予感 大レースの一発を警戒せよ

ローカル開催で馬場が荒れる後半に帳尻を合わせる

のがうまい印象。大レースでも馬場が悪くなったら出番が回ってきます。23年はついにＧＩで馬券圏内突入しました。高松宮記念のトゥラヴェスーラ（13番人気3着）です。当日はあいにくの不良馬場。直線に向くと全馬が馬場のいい外目に持ち出したのに対し、丹内騎手だけラチ沿いへ、**伝家の宝刀のイン突きを決め**、銅メダルに輝いたのでした。24年は金メダル級の活躍に期待したい。

　ローカルでは存在感を示し昨年64勝、今年も50勝ラインが見えていますが、**ノーザンF系のサンデーR、キャロットF、シルクRとの関係は希薄**。ここ5年、騎乗数は二桁に届いておらず、未勝利が続いています。ただ、夏の北海道シリーズでの依頼が増え、今年は過去5年で最多の7鞍騎乗になっている点は注目すべきでしょう。

　ローカルだと頼りになる騎手は限られますし騎乗機会が増えれば勝ち星につながるかもしれません。

　マイネル軍団との深い関係は周知の事実ですが、騎乗馬に占める軍団の割合は3分の1程度。依存度は少しずつ下がっている。とはいえ毎年２００～３００鞍の騎乗依頼があり、10勝以上の勝ち星を挙げます。食いぶちを保証してくれるありがたい得意先です。それでいて軍団以外からの依頼も増えている。乗り馬集めには不安なしです。

　馬券的なポイントとしてはやはり2、3着が多い。ただし、1番人気馬は【16・9・12・11】（勝率33・3％、連対率52・1％、複勝率77・1％、11月5日現在）と勝率はまずまず。この期間の平地1番人気馬の勝率は32・9％なので、わずかですが勝ち切っています。ところが、それ以外の人気では途端に2、3着が多くなり勝率は悪化。1番人気以外は2、3着付けというイメージでいいでしょう。

全国リーディング21位～40位

2024年に飛躍を期待騎手、転落する不振騎手を分析する!!

2年目の不振で崖っぷちの今村聖奈騎手
ケガから復活し重賞制覇した北村宏司騎手!!
50代の大ベテランが存在感を示す!

21 菱田裕二騎手 強心臓

落馬事故さえなければあの重賞タイトルが

ＪＢＣレディスクラシックで4馬身差の圧勝劇を演じたのはアイコンテーラー。同レースの3着はアーテルアストレアでした。この2頭、ともに菱田騎手のお手馬です。本来なら、どちらかの背中に菱田騎手の姿があるはずでした。アイコンテーラーは菱田騎手とのコンビで3走前のＢＳＮ賞を圧勝。その後はシリウスＳで騎乗予定だったのですが、当日1レースのパドックで馬に振り落とされて負傷。結局、団野騎手に乗り替わって2着という結果でした。

翌週の10月5日に大井で行われたレディスプレリュードでは、菱田騎手は自身の手綱で名鉄杯を勝ったアーテルアストレアに騎乗する予定だったのですが、こちらも武豊騎手に乗り替わって1着。

そして、2頭は11月3日のＪＢＣでぶつかり、1着、3着とともに好走したのでした。無事ならＪＢＣのタイトルに手が届いた可能性が高かった。落馬事故で乗れなかった菱田騎手は、気の毒としかいいようがありません。

逃げ先行率は33・2％で水準級。イン突きも得意だし、外を回ってのマクリもある。戦法は多彩です。2022年の天皇賞（春）のテーオーロイヤルではカラ馬に決死の覚悟で挑み3着。さらに、パンサラッサの大逃げスタイルを確立したのも菱田騎手で、そろそろ大仕事をしていい雰囲気があっただけにこの休養は残念でした。

■戦法マトリックス図

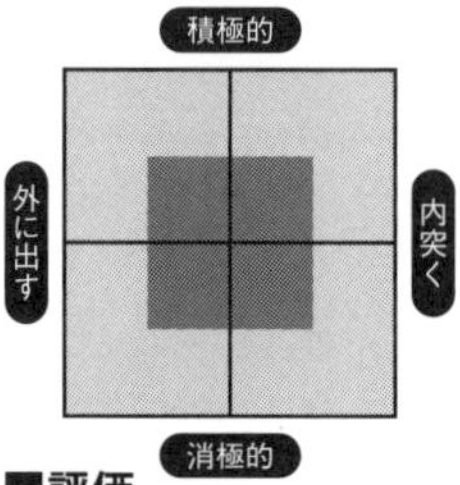

■評価

戦法M	どちらでもない	どちらでもない

■キャラ別データ

USM単	USM連	USM複
114.1%	114.8%	98.0%

関東からも引く手あまたも狙いは関西馬

関東馬の依頼も多い。しかも、**堀、田中博、加藤征、久保田といったやり手厩舎からの依頼が舞い込みます**。東にもいい評判が伝わっているのでしょう。しかし、馬券的には静観が正解。関東馬の単勝回収率28％しかなく、現状では手を出せない成績です。関東の厩舎から依頼される馬の質が悪いからではなく、俯瞰で見た場合に、関西馬のほうが強いケースが多いので、単純に関西馬での成績がよくなるのでは。

馬券的には関東圏の競馬場に遠征してきた関西馬に目をつけるのが正解です。

●関東場に遠征してきた関西馬の成績

・【14・6・5・63】

（単勝回収率130％、複勝回収率99％）

冒頭のアイコンテーラーのBSN賞が印象的だし、アーテルアストレアも新潟で勝っています。ダートの中距離も馬券のヒットポイントです。

●ダート1700～1800m成績

・1700m【5・2・2・24】

（単勝回収率175％、複勝回収率104％）

・1800m【10・6・4・53】

（単勝回収率172％、複勝回収率87％）

アイコンテーラーやアーテルアストレアといったお手馬が回ってくるのはコーナー4回のダートの中距離戦を得意としているから。コーナー4つのダートの中距離は十八番のマクリもしかけやすい。

若手の頃は周囲の期待に応えることが出来ずプレッシャーに弱い印象もあったが、最近は人気でも堅実。チャンスはあまり回ってきていないが、大舞台でもキモの据わった騎乗を期待できます。天皇賞（春）で見せたような度胸満点の騎乗をもっともっと見せてほしい。

22 浜中 俊騎手

強心臓

細やかに戦略を練るタイプだった

中日スポーツの自身のコラムで、鳴尾記念を勝たせたポッケリーニに関して、早めに仕掛けたのは、風の影響を考慮してと証言していました。

〈あの日は風がとても強くて、直線は向かい風。差して来ても、いい脚を使えないだろうというのが頭にありました〉（引用）と。

川田騎手も風を意識して騎乗しているとインタビューで答えている。風の影響を計算に入れて乗り方を工夫するジョッキーが増えてきたことはなによりです。

浜中騎手が風を意識しているとは意外でした。失礼ながら、**細かいことは気にしないで、フィーリング重視の騎乗をするタイプと思っていたから**です。

でもどうやら筆者の誤解だったようです。戦略を細やかに練るジョッキーでした。そうはっきり気づいたのは、サマーマイルシリーズの優勝がかかった京成杯ＡＨでのメイショウシンタケの騎乗ぶりからでした。

浜中騎手なら強引なマクリなどの〝らしい〟騎乗をしてくれると思っていました。この日の中山は開幕週の馬場とはいえ、直線追い風で差しも不利ではなかった。メイショウシンタケは勝てば文句なしにチャンピオンに輝くのですから、浜中騎手は風を味方につけて早めの進出をはかるのではと思ったのです。

ところが、筆者の期待に反して、レースでは後方でジッと脚を溜める競馬。直線、最内を突いて最速の上

■戦法マトリックス図

積極的 / 消極的 / 外に出す / 内突く

■評価

戦法M	積極的	外出す

■キャラ別データ

USM単	USM連	USM複
121.0%	112.0%	102.1%

がりを繰り出したものの4着に終わったのでした。しかし、結果を見てよくよく考えてみると、これで良かった。勝ったのはサマーマイルシリーズ優勝の可能性のないソウルラッシュ（2番人気）。結局、優勝を勝ち取ったのは、浜中騎手のメイショウシンタケでした。レース中の浜中騎手の心の声を勝手に想像すると……。

掲示板を確保すれば優勝が決まる。前を行くソウルラッシュは、もともと、お手馬なので乗り味はわかっている。あの馬を下手に負かしに行って勝つか負けるかの冒険をするより、しっかり着を拾う騎乗で確実にポイントを重ねたほうが得策だろう……。

そこまで考え抜いての待機策だったのではないでしょうか。

芝の1枠は鬼門、ダートは逆に一発が

2023年スプリンターズSでは春の高松宮記念2着、前哨戦のキーンランドCを快勝したナムラクレアに騎乗しました。ファンの期待も大きく、ここは初戴冠のチャンスだと1番人気に支持されました。

しかし、筆者はかなり怪しい本命馬と感じていた。入った枠が最悪だったからです。浜中騎手にとって芝の内枠は鬼門なのです。

●浜中騎手芝レース枠別成績

- ・1枠【0・1・3・12】
- ・7枠【6・6・4・21】（単勝回収率106％）
- ・8枠【4・6・2・16】（単勝回収率200％）

ご覧の通り、データで見ても芝の1枠では苦戦しています。強気な仕掛けで活路を見出す騎手なので、内枠では持ち味が生きないのかもしれません。アグレッシブさが生かせる外枠で好成績を残している。

浜中騎手は、逃げ先行率41・6％と前に行く割合が特別高いわけではないが、**流れが遅いとみるとマクリ**

を打つなど強気な騎乗がウリの「積極的」なジョッキーです。強気な仕掛けをするために外に持ち出すことが多いジョッキーなので、包まれやすい内枠よりも自然に外に出せる外枠のほうが成績がいいのでしょう。

ナムラクレアの場合、マークがきつくなる1番人気に推されていたため、1枠1番はなおさらリスクが高かった。実際、レースでは、外の馬にフタをされ、外に出そうとしても出せず下げる不利もあって、直線追い上げたものの3着まで押し上げるのが精一杯でした。芝の1枠に入ったときは、馬券的には割引き、これが浜中騎手の馬券セオリーのひとつです。

しかし、逆にダートの内枠は狙い目たっぷりなのだから面白い。

●浜中騎手ダートレース枠別成績

・1枠【3・0・0・6】（単勝回収率560％）

・7枠【0・1・0・13】

・8枠【0・1・1・9】

外枠では馬券に絡む率も極めて低いのに対して、内枠は一発も秘めています。例えば7月16日札幌駒場特別のレイクリエイター（8番人気1着）。後方からの競馬になったものの向こう正面でペースが落ち着いた隙を狙って一気にマクって先頭に並びかけ、そのまま押し切りました。ダートなら内枠から行けなくてもこうした思い切った騎乗が可能。ダートの外枠だと今度は道中のロスが大きくなり過ぎて、苦戦してしまうのかもしれません。

人気で狙いどころを探ると、**強心臓の持ち主だけにプレッシャーのかかる1番人気で強い**。勝率が41・9％もあります。圧のかかる大舞台でも強気な騎乗ができるので、好成績を残しています。重賞の成績は【5・4・4・21】（単勝回収率182％、複勝回収率120％）と高い値を収めています。

課題は乗り馬集めの政治力

かつてはミッキーアイルやミッキークイーンといった野田みづき氏の有力馬に多数騎乗していたが、最近はコンビでの活躍が減っている感。23年は10月9日現在で5鞍依頼があって1勝は寂しい。

人気薄のロジャーバローズをダービーで勝たせたのは浜中騎手の好騎乗でした。バローズの猪熊広次氏にとっては功労者のはずですが、こちらとも疎遠になっています。23年はこれまで依頼なし。猪熊オーナーとつながり深い馬主さんは、石川達絵オーナー。スマートフォン向けのコンテンツ事業を展開する会社の社長さんですが、猪熊オーナーが代表取締役を務める「バローズ」の取締役も兼任しています。

石川オーナーからの依頼もさっぱりで、23年は4鞍乗ってすべて着外。安田記念でドン詰まりして結果を残せなかったせいか、ソウルラッシュも以後、乗り替わりに。客観的な事実を見る限り、騎乗馬の確保に苦戦しています。

ナムラクレア、メイショウハリオ、ボッケリーニと重賞級のお手馬がベテランの域に達してきたので、そろそろ新たなコンビ誕生といきたいところでしょう。現時点で有力候補と目されるのは、新馬戦で32秒8の上がりで突き抜けたライトバックですが、アルテミスSでは折り合いを欠いて4着。

結果が残せていないので、今後の騎乗依頼も含めて不安のほうが先に立ちます。残念ながら今のところ明るい材料はあまりありません。

馬力SMの数字を見れば、人気以上の成績を出しているのが分かり、もっと活躍していい騎手。馬質が伴えば、飛躍も可能なのですが、きっかけが欲しいところです。

23 藤岡佑介騎手

アタマ狙い

隠れた人気ジョッキーなのかも

天皇賞（秋）で飛び出したイクイノックスの1分55秒2というとてつもないレコード樹立の陰の立役者は、1000m通過57秒7という締まったペースで逃げた藤岡佑騎手とジャックドールです。

競馬に絶対はないとはいえ、ジャックドールでイクイノックスに先着するのは不可能に近いと思うのに、SNSでは藤岡佑騎手の騎乗ぶりに対して様々な感想が。飛ばし過ぎだとか、よく逃げたといった感じで内容は百人百様。藤岡佑騎手は実は人気ジョッキーなんじゃないかと思いました。ハイペースがたたってシンガリに沈んでしまった馬の騎乗ぶりを、ここまでクローズアップされたのですから……。

51キロ以下の馬には騎乗しないところをみると藤岡佑騎手は減量に苦労しているのかも。そこで気になったのは、今年から実施された斤量規定の変更。騎手の健康確保などを目的に、おおむねどの斤量規定も1キロ増になり斤量が騎乗の制約となる可能性は減りました。とすると、規定の変更が減量に苦しむ藤岡佑騎手にプラスに働いているはずと推測できるので、斤量別の成績を出してみました。

●2023年斤量別成績

・53キロ：勝率18・8％、単勝回収率131％、複勝回収率192％

・54～55キロ：勝率11・6％、単勝回収率65％、複勝

■戦法マトリックス図

積極的
外に出す
内突く
消極的

■評価

戦法M	消極的	内突く

■キャラ別データ

USM単	USM連	USM複
113.6%	98.4%	102.6%

回収率67%

・56～57キロ：勝率7・1%、単勝回収率66%、複勝回収率93%

・57・5キロ以上：勝率20・0%、単勝回収率121%、複勝回収率112%

なかなか面白いデータが上がりました。

極端な斤量騎乗時が馬券チャンス

これまで52キロでないと乗れなかった馬が53キロでもよくなった効果なのか、今年は52キロの斤量の騎乗はなし。そして旧52キロ、現53キロの馬では、馬券的にも注目できる好成績を残しています。減量に苦労している騎手が、斤量の軽い馬に騎乗するときは、それだけ脈のある馬だから依頼を受けているのだと思われる。**53キロの馬に騎乗していたら迷わず馬券で狙い**ましょう。

また、藤岡佑騎手の場合、斤量の制約の少ない重い斤量での成績も良い。斤量の重い馬なら減量の心配もなく、伸び伸びと騎乗できるので、結果につながっているのかもしれません。

例えば、59キロの馬。今年は2鞍騎乗してどちらも連対しています（大沼Sセキフウ8番人気2着、ポラリスSオメガレインボー4番人気1着）。どちらもハンデ戦ではなく別定戦なので、他の馬との斤量差も少なく、59キロがハンデになりません。しかも人気もなかったのですから馬券的にもおいしい。というわけで、重い斤量で人気を落としている馬に藤岡佑騎手が騎乗してきたらむしろ狙いと覚えておきたい。

馬券のポイントをもうひとつ挙げるとすると、頭で狙える騎手だということ。1着36回に対し2着は19回しかなく、意外と（失礼）勝ち切っています。

逃げ率も高い騎手ですが、一方で上がり最速を記録する割合も10%を超えるのも覚えておきましょう。

24 三浦皇成 騎手

2、3着付け

重賞勝ちで弾みがついても暗転

衝撃のデビューも今は昔。それでもどん底から2019年には年間100勝超えするまで復活しましたが、その後は徐々に勝ち星を減らし、23年は10月9日時点で39勝と元の木阿弥に戻りつつあります。

22年の三浦騎手の手綱で武蔵野Sを勝ったギルデッドミラーは、(のちにフェブラリーSと南部杯を制した)レモンポップを差し切っての1着。しかも初のダート重賞挑戦での快挙、フェブラリーSへの展望が一気に開けたかのように見えました。東スポ杯2歳Sで直線一気を決めて勝ったガストリックも、のちにダービー3着に入るハーツコンチェルトやホープフルSを勝つドゥラエレーデを下しての勝利。クラシック戦線での活躍も視野に入る勝ちでした。

さらにJBCスプリントをダンシングプリンスで逃げ切り勝ち。23年もこの流れが続けば、急浮上すると思われました。

ところが、ガストリックは、ホープフルSで16着に敗れて以降は戦線離脱。23年の11月時点では出走がありません。今年の根岸Sへ駒を進めたギルテッドミラーもフェブラリーSに出走することなく、引退してしまいました。根岸Sではレモンポップの後塵を拝して2着。負けたとはいえ、1400mはレモンポップの庭。マイルならギルテッドのほうが上の可能性があった。骨折引退は三浦騎手からGI制覇の好機を奪ったといってもいいでしょう。

■戦法マトリックス図

■評価

戦法M	消極的	外出す

■キャラ別データ

USM単	USM連	USM複
89.0%	99.6%	98.4%

今年の東京新聞杯は三浦騎手が騎乗した4番人気のウインカーネリアンが逃げ切り勝ちを収めました。22年夏にこの馬とともに関屋記念を制して以降、運気が上がった感があり、ツキを呼び込んでくれた愛馬とのコンビでは重賞2勝目。喜びはひとしおだったのではないでしょうか。これでいい弾みがついたと思いきや、実はギルデッドミラーの引退という予期しなかったニュースが直後に飛び込んできたのでした。**いい流れがきても続かないのが最近の三浦騎手なのです。逃げたがるのは戦略力に難があるから？**

実は逃げ率が13・8%と高く、現役屈指の逃げたがり。ただ、逃げ先行率は39・7%と逃げ率の高さからすると低く、騎乗ぶりのイメージからも積極性は感じません。

●平場、特別騎乗時成績

・平場：33勝（317鞍）単勝回収率92%、複勝回収率86%

・特別：6勝（70鞍）単勝回収率24%、複勝回収率57%

この結果を見る限り、レベルの高いレースでの戦略力に課題がありそう。トラック競技であり、競馬は逃げが最も有効な戦法。馬券ファンの間でも、ハナに行った馬だけを買うことが出来れば単複回収率が100%を超える必勝法になるといわれます。ハナさえ切ればもう仕事の半分以上終わったも同然。ハナに行けば多少ペース配分が悪くても1割は勝てる。三浦騎手も逃げが勝利に一番近い戦法だと考えているのでしょう。**1番人気に騎乗したときは逃げ率が23・7%まで跳ね上がる**のも「逃げれば勝てる確率が上がる」という意識が強いからかも。1着39回、2着50回、3着45回と勝ち切れない騎手なので2、3着付けで購入するのが正解です。

25 富田 暁 騎手

2、3着付け

超人気薄で重賞初制覇し4億円の配当！

セントウルSでテイエムスパーダと逃げ切り勝ちを決め、重賞初制覇。何と単勝112・8倍、14番人気の大穴。大番狂わせで、派手にアピールすることができました。師匠の木原師の管理馬での大金星。師は2025年2月で定年を迎える。厩舎の解散がカウントダウンに入る前に恩返しができたのでは。

エルムSでは大沼S、マリーンSを逃げて連勝中の武英厩舎のペプチドナイルに騎乗。しかし、初めての重賞1番人気がプレッシャーになったのか、同型の圧を受けると、あっさり引いてしまい持ち味を生かせず13着に惨敗してしまいました。武英師から重賞でも勝てる馬を用意してもらったのに、中途半端な騎乗でチャンスをフイにした。

本人もマズい騎乗だったのはよくわかっていたようで、レース後、「無理にでも行くべきだった」「1番人気になるとわかっていた馬と1か月、毎日調教から携わらせてもらい、（エルムSが）いい経験になりました。一生忘れられないレースです」と反省しきり。でも失敗は成功の母。その後に生きた。神騎乗を連発したのは23年9月10日です。

まず、阪神9Rの能勢特別を5番人気のアレグロモデラートで勝利。10RのオークランドTRTも9番人気のメイショウミツヤスで勝利します。2連勝で勢いに乗って、その次がセントウルSのテイエムスパーダ

■戦法マトリックス図

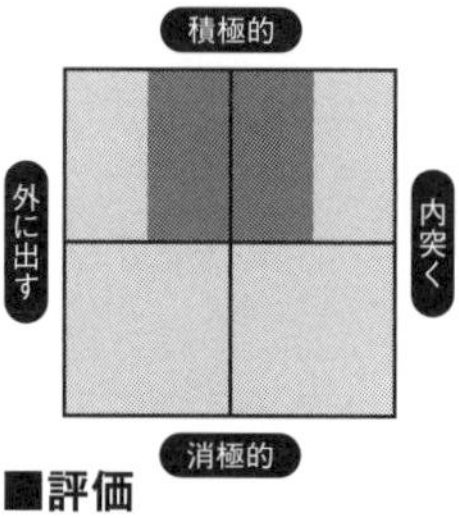

■評価

戦法M	積極的	どちらでもない

■キャラ別データ

USM単	USM連	USM複
111.1%	89.4%	90.3%

だったのです。スタートはそこまで速くはなかったのですが、エルムSでの教訓を生かし、何が何でも逃げる構えでハナを奪うとそのまま押し切ったのでした。ちなみにこの日のWIN5は4億2318万円という記録的配当。富田騎手が高配当の使者でした。

「富多」だけに捕まえれば大富豪！

実はこの数週間前、8月20日の札幌でも超大穴を演出しています。7Rで富田騎手が騎乗したのは14番人気（単勝オッズ104・5倍）のワレハウミノコ。前日の土曜は逃げた馬が活躍していたのですが、午後から降った雨により馬場傾向が一変。ただ、どういう変化が起きたのかどの騎手も把握していない状況でした。そんな馬場を読むのが難しい状態で富田騎手は強引な競馬を試みたのでした。1コーナーは後方2番手で回ったものの、スローの流れに割に前の馬の進みが良くないので、外からマクって4コーナーでは先頭へ。ヘタをすればここでガス欠になって惨敗しそうなものですが、結果、それが正解で突き抜けて1勝。2着も16番人気、3着も9番人気と超人気薄の揃い踏み。何と3連単の配当は1773万馬券となりました。

凄まじい穴馬券を叩き出している最近の富田騎手は見逃せません。夢のような配当を手にするなら積極的に狙うべき騎手。「富」を捕まえれば大富豪だ。でも、正直に白状すると、富田騎手は筆者にはどういうタイミングで狙えばいいのかツボがわからないジョッキーの代表格です。

馬券のポイントは、1着34回に対し、2着は23回と勝ち切ります。馬力SMの数字を見ても単の期待値が高そうなので、「アタマ狙い」を一応のオススメとします。

富田馬券のハンターの方、いらっしゃいましたらご連絡ください！

26 吉田隼人 騎手

中穴狙い

ソダシショックが尾を引いている?

デビューからコンビを組み続け、阪神JF、桜花賞、ヴィクトリアマイルとGⅠで3勝を挙げたソダシが今年初戦となるヴィクトリアマイルでD・レーン騎手に乗り替わりに。安田記念ではレーン騎手にはセリフォス騎乗の先約があったにもかかわらず、吉田隼騎手の元に戻ってこなかった。初騎乗の川田騎手に声がかかったところを見ると、吉田隼騎手は降ろされたというしかありません。

ソダシショックというべきか、ソダシを巡る一連の乗り替わりが２０２３年の吉田隼騎手を象徴している。とにかく元気がない。勝ち星を見ても、20年91勝、21年87勝、22年83勝、23年33勝（10月9日現在）と激減。

心機一転を期そうと決意したのか、エージェントも甲斐弘治氏から大谷博毅氏へ変更。しかし、安田記念直後というタイミングを考えると、ネガティブな変更理由しか思い浮かびません。エージェントを変更する少し前には、**調整ルームで器物損壊事件を起こし、騎乗停止**に。安田記念でもソダシ降板が決まり、怒り心頭に発した。その鬱憤を調整ルーム居室の備品（洗面台の鏡やテレビのリモコンなど）にぶつけたという噂。騎乗停止期間は2日間だったので、成績には大きく影響しないとはいえ、やったことがあまりにも子どもじみていて、吉田隼騎手に対するイメージは地に落ちた。今後の乗り馬集めに支障が出てもおかしくありません。エー

■戦法マトリックス図

積極的
外に出す
内突く
消極的

■評価

戦法M	どちらでもない	どちらでもない

■キャラ別データ

USM単	USM連	USM複
103.6%	103.0%	96.9%

ジェント変更はこの事件の延長線上にあった模様。

24年はローカル大将に逆戻りか

乗り馬集めの政治力を知るにはノーザン系の一口クラブの成績を見るのが最もわかりやすい。クラブは会員が納得するチョイスを毎回しなければならないので、政治力の高低と密接にリンクするからです。

●サンデーR、キャロットF、シルクR騎乗時成績

・20年12勝（75鞍）・21年16勝（108鞍）
・22年10勝（58鞍）・23年1勝（28鞍）

ここ2年で大きく減っています。今年の落ち込みはひどく、案の定というか、特に6月以降、依頼が激減している。吉田隼騎手は、ローカル大将から徐々に中央主場に軸脚を移すという戦略を取っている騎手。中央とローカルの成績を比べてみます。

●中央4場騎乗時成績

・20年20勝（153鞍）・21年15勝（192鞍）
・22年30勝（254鞍）・23年13勝（180鞍）

●ローカル騎乗時成績

・20年71勝（590鞍）・21年72勝（625鞍）
・22年53勝（445鞍）・23年20勝（239鞍）

徐々に増やしてきた中央場所の騎乗数は、ほとんど変わりなし。23年は10月9日までなので、勝ち星は減るにしろ、騎乗数は22年並みになりそう。

悲惨なほどの落ち込みはローカル。勝ち星は往時の三分の一にも届きそうにない。中央へのシフトが成功したわけでもなく、ローカルの乗鞍と勝ち星を減らしただけで終わっている。ローカルを多少犠牲にしてでも、中央で名をあげて政治力をアップしようという試みは失敗に終わったようです。

24年はこのままでは存在感を示すことは難しいでしょう。奮起に期待します!!

27 和田竜二騎手

2、3着付け

若手に負けまいが無理逃げに

同期の福永騎手は2023年2月で引退。まだまだ頑張っている先輩方も多いので年齢的にそろそろというイメージはありませんが、大ベテランの域に入っているのは否定できません。

息子さんの和田陽希君が22年ＪＲＡ競馬学校に入学。25年3月の騎手デビューを目指して訓練に励んでいます。息子さんの騎手デビューに合わせて調教師転身を計画しているという噂もあります。

テイエムオペラオーで不動の地位を築いた騎手ですが、どちらかというと穴騎手のイメージが強い。現状、**馬券的には敬遠したいジョッキー**のひとりになり下がっています。

象徴しているのは逃げの成績。【7・6・3・28】（単勝回収率82％、複勝回収率96％）という具合。普通、逃げ成績の単複回収率は100％超えるのに、和田騎手の場合100％を割っている。さらに控える競馬でもイマイチ。逃げたときの回収率が一番高いのですから、馬券的な狙い目はまったくなしです。

もっとも、ここで言いたいのは、めったに逃げない消極的なジョッキーが逃げると逃げたときの成績がものすごく高く出るのはあるあるだが、その逆バージョンが和田騎手の逃げなのではないかということ。関西には積極的な若手が増えたので、昔のように容易には逃げられない。それでも若手には負けまいと積極的に

■戦法マトリックス図

積極的 / 消極的 / 外に出す / 内突く

■評価

戦法M	積極的	内突く

■キャラ別データ

USM単	USM連	USM複
75.9%	98.7%	103.6%

逃げようとしているのが和田騎手。無理している面もあるので、成績が上がっていないのでは。

長距離戦でベテランの味をいかんなく発揮

10月9日までで1着36回、2着55回、3着54回という数字からもわかるように取りこぼしも目立ちます。馬力SMの数字を見ても単の値が低く、勝ち味の遅さがある。代表的なお手馬、ディープボンドがGIで2着4回といつも善戦止まりなのは、鞍上の勝ち味の遅さも影響しているのかも。したがって馬券的には2、3着付けが基本セオリー。

長距離は道中の駆け引きやペースの読みが勝負を左右するので、騎手の腕が重要といわれます。若手の体力よりもベテランの経験がものをいいます。和田騎手が得意としているのも芝の長距離戦、ディープボンドの天皇賞（春）での2着など今年も記憶に残るレースがありました。

唯一、アタマから狙えそうなのも、その芝の長距離戦です。芝2200m以上では、【5・3・4・31】（単勝回収率148%、複勝回収率62%）。さらにポイントを絞るなら、他の騎手から乗り替わった時で【5・2・2・15】（単勝回収率266%、複勝回収率90%）まで跳ね上がる。

詳しいメカニズムを解明したわけではありませんが、乗り替わりだと勝ち切れるが、継続騎乗だと2、3着が多くなるという傾向があるのです。菊花賞まで駒を進めたナイトインロンドンで挙げた2勝も乗り替わり時の勝利でした。

最後に騎乗ぶりの特徴に触れておけばイン突きが大好きなファイタータイプのジョッキー。新装京都の芝初勝利（タイゲン5番人気1着）も好位のインから馬群を割って突き抜けたものでした。

28 北村宏司騎手 大穴警報

長い沈黙を破り、重賞制覇2連発！

プリモシーンで制した2018年の関屋記念で勝って以来、重賞制覇から長らく遠ざかっていましたが、23年の今年は8月の夏競馬で立て続けにタイトルを手にすることができました。5年ぶりの重賞制覇をプレゼントしてくれたのは、8月27日の新潟2歳Sで手綱を握ったアスコリピチェーノ。前走はルメール騎手が乗っていた馬で、代打騎乗だったようです。この週は札幌でワールドオールスタージョッキーズが開催され、ルメール騎手が新潟2歳Sに乗れないため、お鉢が回ってきたと思われます。一戦限りの代打の可能性もある馬で久々の重賞勝利を掴み取ったのだから、運気も調子も上昇中だったのかもしれません。

実際、8月は6勝（勝率14・6％、複勝率34・1％、単勝回収率174％、複勝回収率98％）と絶好調モード。アスコリピチェーノの重賞制覇で美酒を味わった翌週の新潟記念をノッキングポイントで制しました。最近は落馬負傷や持病のヒザの治療などで騎乗を休むことも多かったのですが、13年、14年と2年連続で年間100勝を達成したこともある騎手。低迷を吹き飛ばす2週連続の大きな花火を打ち上げたのですから、かつての勢いを取り戻すのも夢ではなくなりました。

ノーザンF系クラブからの信頼は厚い

乗り馬集めにも明るい光が差しています。アスコリピチェーノもノッキングポイントも管理は木村厩舎、

■戦法マトリックス図

積極的 / 消極的 / 外に出す / 内突く

■評価

戦法M	消極的	内突く

■キャラ別データ

USM単	USM連	USM複
133.0%	101.3%	119.2%

オーナーはサンデーRです。北村宏騎手の勝ち星の稼ぎどころであるノーザンF系の一口クラブの馬。調子が上がると同時に、命綱であるノーザンF系一口クラブの依頼が戻ってきている傾向が見て取れます。サンデーR、キャロットF、シルクRの馬で残した成績の推移を見れば、ノーザンF系一口クラブとの絆の強さがよりはっきりすることでしょう。

●サンデーR、キャロットF、シルクR騎乗時成績

・20年：2勝（45鞍）
・21年：3勝（32鞍）
・22年：3勝（25鞍）
・23年：10勝（59鞍）

順調に騎乗できていなかったときも依頼が途絶えていないし、今年は復活に合わせたのか勝ち星も依頼も急増。関東で信頼できる騎手、これが北村宏騎手の位置付けなのかも。もともとの実績を考えればもっと勝ち星を伸ばせるはずです。木村厩舎のノーザンF系クラブの馬はイクイノックスを筆頭にルメール騎手が主戦ですが、乗れなかった馬たちは北村宏騎手が代打騎乗することも多いのは確かなようで、2週連続重賞制覇を機に、そのポジションはより深く確立されていくことでしょう。

23年のダービーで木村厩舎はスキルヴィング（キャロットF）とノッキングポイント（サンデーR）の2頭出しをしました。ただ、ダービー週の火曜日辺りはノッキングポイントの騎手が未定だったのです。通常、ダービーに出走するような馬は早々に騎手が埋まります。あくまでも伝聞情報になりますが、スキルヴィングが回避した場合、ルメール騎手がノッキングポイントにスライドして騎乗する案があったそう。厩舎との信頼関係もあり、融通の利く北村宏騎手がまさに当て馬だったというわけです。

関西馬に騎乗時はうま味増し増し

最近は馬券的なうま味も増してきた騎手です。穴をあけることで復調をアピールしている印象がある。10月9日までの23年の成績は【30・22・41・292】という具合で勝率は7・8％しかありませんが、単勝回収率は117％。芝に限れば勝率8・6％で単勝回収率162％を記録しています

今は人気薄でも積極的に狙いたい騎手です。しかし、北村宏騎手が稼ぎどころとしている、ノーザンF系一口クラブの馬は基本的には人気サイドの馬が多く、北村宏馬券をおいしくいただくためには、ふるいのかけ方がポイントになります。

ひとつ目のキーワードは関西馬です。関西馬では【5・2・4・40】（単勝回収率148％、複勝回収率89％）と単勝ならベタ買いでも単はプラス。もう少し絞り込むならキタサンブラックを管理していた清水久厩舎からの依頼も見てみます。清水久厩舎【2・1・3・14】（単勝回収率172％、複勝回収率149％）という具合。清水久厩舎は関東遠征を積極的に仕掛ける厩舎。そのときに勝負騎手のひとりとして指名されることが多いのです。

数少ない「逃げ」は大穴ザクザク

今度は戦法から穴を出すタイミングを炙り出してみることにしましょう。**北村宏騎手はイン突きが代名詞の騎手**。古くはキタサンブラックの菊花賞。とにかく内にこだわる。ケガに頻繁に悩まされるのも、過度なイン突きへのこだわりにあります。内に刺さる癖のあるルメール騎手の馬を内から交わそうとしてラチに挟まれて大ケガを負ったこともあるほど。どうしてそこまで内にこだわるのか筆者も疑問だったのですが、師匠であった藤沢和雄元調教師や大先輩でもある岡部元騎手の教えを忠実に守っているからと聞きます。

他の馬に行かせてイン突きを狙う消極的な騎手なので、逃げ率は4・2%しかありません。**実はこの数少ない逃げが絶好の狙い目**です。めったに逃げない騎手が逃げるときは同型手薄の時や、狙いすました時が多く、成功率は高いからです。実際、逃げたときは単勝回収率403%、複勝回収率144%とおいしい数字を残しています。

ただ、北村宏騎手の場合、逃げを予測するのは、かなり難しい。前走控える競馬をしていた馬で突然逃げの手に出たりすることも多いからです。

問題はどうやって予測可能にするか。方法はあります。わかりやすい指針は前述の清水久厩舎です。

23年3月25日春風Sのヴァガボンド（10番人気1着）、5月14日東京3Rクラウドセイル（4番人気1着）など、清水久厩舎の馬では逃げる確率がアップするのです。

今まで挙げた以外の馬券ポイントを並べるとすると、平場より特別戦で狙いたい。

●平場&特別成績

・平場【23・14・27・213】（単勝回収率86%、複勝回収率83%）

・特別【7・8・14・79】（単勝回収率199%、複勝回収率119%）

めったにしませんが関西遠征時もおいしい配当をもたらします。西の開催では【3・1・1・8】（単勝回収率333%、複勝回収率103%）。メイン以外で穴を演出することもよくある。

今後、関西馬の依頼も増えるでしょうし、今まで以上においしい馬券ポイントになる可能性があります。

29 角田大河騎手

本命サイド

師の手厚いバックアップに感謝を

デビュー年の2022年は36勝。2年目の23年も10月9日までで30勝。シーズンリッチに騎乗した毎日杯で重賞初制覇し、順調といえば順調ですが、減量特典が☆（1キロ減）になって減量目的の依頼がなくなりました。そろそろ違った魅力をアピールしないといけない時期に差し掛かっています。角田大河騎手はあの5月のスマホの不正使用で処分されたひとり。1か月の騎乗停止にあっています。しかし、成績を見る限り、不祥事とブランクは大きなマイナスになっていない模様です。手厚いサポートを期待できるのは、パパ（角田晃一）厩舎と所属の石橋守厩舎ですが、パパ厩舎のの援護は22年7勝（52鞍）、23年0勝（32鞍）とめっきり減っています。角田厩舎は今年タマモブラックタイでファルコンSを勝っていますが、これは幸騎手の手綱。葵Sは大和騎手で9着、オパールSは大河騎手4着、スワンSは大和騎手に戻って12着。息子2人が厩舎の主戦には違いありませんが、大河騎手が厩舎に貢献できているかというと疑問。

一方、石橋守厩舎から支援は心強い限り。22年6勝（195鞍）が23年12勝（82鞍）で全力援護といってもいいほど、弟子を積極的に起用します。一蓮托生でもいいから、弟子を早く育てたいと師は思っているのではないか。そんな師の愛を感じる強固なバックアップ体制です。腕を磨いて早く恩返ししたいところ。師

■戦法マトリックス図

■評価

戦法M	積極的	どちらでもない

■キャラ別データ

USM単	USM連	USM複
98.0%	98.9%	107.3%

匠とのコンビでオープン馬まで育て上げたメイショウソラフネで厩舎の初重賞タイトル奪取が実現すれば言うことなしなのですが……。

重賞でも冷静な騎乗ができる騎手

逃げ率は5・7%と高くはないが、**1番人気に騎乗したときの先行率が63・2%**もあり、力のある馬に騎乗するとライバルを競り負かそうとする強気の騎乗が多い印象です。鞍馬Sのエイシンスポッターの追い込みも、馬の決め手を信じ切って迷わず最後方に下げており、ある意味で積極的な待機策でした。父は大舞台で強さを発揮した「決め打ち系」の代表格。度胸満点の騎乗は、父の遺伝子を引き継いでいるからなのでしょうか。同期の今村聖奈騎手とは仲はいいが、互いがライバル心をむき出しにする関係。勝負に熱く燃える騎手ではありますが、冷静な騎乗もできる。

3勝クラスの身でハンデ重賞に格上挑戦したゴールドエクリプス。マーメイドSは51キロのハンデで騎乗できる騎手が限られていたため、白羽の矢が立ったのは西塚騎手。勝負どころのしびれるような手応えに重賞勝利が目前に見えたと思うのですが、仕掛けが早くなりすぎたのと、外を回った分、ゴール前で甘くなって4着。次の小倉記念で出番が回ってきたのが大河騎手でした。ハンデは据え置きの51キロ。道中は中団のインでじっくり脚を溜め、直線鋭く伸びて3着に好走させました。

父の血を引いていてプレッシャーに強いのか、勝ち星は人気寄り。本命サイドの騎手です。ただ、まだハッキリした傾向がなく狙いのポイントは浮かび上がっていない。言えるとしたら芝の勝率がたった4・8%しかなく、狙い目は極端に下がるということぐらいです。どちらにしてもこれからの騎手でしょう。

30 松若風馬 騎手

中穴狙い

代名詞の「逃げ」が年々厳しくなって……

逃げ先行率は41・6%と依然高いのですが、逃げ率は下がっています。逃げ率の推移は20年11・8%、21年10・0%、22年11・9%、23年8・7%とついに10%を切りました。無理やり逃げるのが正解というわけではないので、この変化がマイナスとは決めつけられませんが、逃げが代名詞の騎手。20年高松宮記念のモズスーパーフレアなど逃げがセールスポイントなのに、次々と台頭する積極性あふれる若手騎手に押され気味なのか、逃げが徐々に見られなくなっているのは気になります。

逃げるシーンが減り成績も横ばいが続いています。20年43勝、21年40勝、22年36勝、23年28勝。23年は10月9日までのものとはいえ、昨年並みのペース。いい意味でも悪い意味でも平行線。

昨年、音無厩舎から独立し、フリーになった影響もありそう。20年、21年は100鞍以上の騎乗依頼がありましたが、22年は72鞍、今年は10月9日までの数字とはいえ45鞍に。ただ勝ち星は昨年5勝、今年4勝なので、そこまでのマイナス要素になっていないともいえます。今でも一番の乗り馬供給源は音無厩舎。とはいえ、供給源としては先細りになっていくのは避けられないので、**古巣以外の馬での活躍が今後の鍵**を握っていそう。

その意味で、注目すべき馬を挙げれば、宮本博厩舎のフェーングロッテン。初コンビを組んだ白百合S

■戦法マトリックス図

積極的
外に出す
内突く
消極的

■評価

戦法M	積極的	どちらでもない

■キャラ別データ

USM単	USM連	USM複
99.1%	108.3%	108.5%

で逃げて快勝。以降、手綱を任されています。23年も逃げの手で中山金杯3着、金鯱賞2着、鳴尾記念2着と重賞戦線で好走を続けていましたが、七夕賞では逃げられず、後方いいところなしの14着に惨敗。続く毎日王冠でも逃げられずシンガリ負けの12着。好調だった頃に勝たせることができなかったのは悔やまれますし、何よりも逃がすことができかった2戦が後々まで馬集めに響きそうです。

ゲートセンスは折り紙付きも広げたい戦法

出遅れただけなのか、思うところがあったのか、逃げなかった理由は不明ですが、逃げを躊躇するようになったら、松若騎手の存在意義がなくなる。北九州記念のモズメイメイやマーメイドSのヒヅルジョウ、ラジオNIKKEI賞のセオなど、前走逃げる競馬をした馬が回ってくることが多いからです。例えば、北九州記念のモズメイメイ（2番人気10着）は、前走、葵Sで武豊騎手がロケットスタートを決めて勝ち切った馬でした。

典型的な逃げ馬ばかりが回ってくるので乗り方に工夫の余地がない。何が何でも逃げるしかなく、モズメイメイのように玉砕してしまうケースが多発します。マーメイドSのヒヅルジョウも逃げて勝っていた馬で、得意のスタートセンスでハナには行ったものの、ハイペースに巻き込まれただけでした。

「逃げ」が代名詞でウリとはいえ、積極的な若手騎手が急増しているので、今のままでは苦しい。イメチェンが必要です。本人もそれを自覚していて、逃げ率の低下という現象が起きているのでは。

戦法の幅を広げられるかどうか、24年は苦しい挑戦が続きそうです。現状ではそれでも逃げ先行時の一発が魅力で、単勝15～30倍あたりの中穴で妙味がある騎手です。

31 横山典弘 騎手

強心臓

見事にやってのけた息子のアシスト役

　2023年関東馬で挙げた勝利はこれまで紫苑Sのモリアーナだけ。**軸足は完全に関西へと移りました**。ただ、モリアーナの1勝は最年長重賞勝利記録となっただけではなく、騎乗ぶりも見事のひと言。記憶に残る競馬になりました。中山開幕週の絶好の馬場、加えて南風が吹き直線は追い風。芝2000mのコース形態を考えるとスタートから1コーナーまで追い風に押してもらえるので、先行争いが激しくなるとペースが上がりやすい。さらに逃げ先行馬も揃っていたのでハイペースに。横山典騎手は激しい先陣争いには我関せずで後方2番手。直線はハイペースで先行していた馬たちの脚色が鈍ったところで、追い風に乗って鋭い加速。モリアーナが1頭だけ早送りされているような脚色で馬群を縫って伸びて来たのでした。腕の良い職人の騎乗とでも形容したくなる見事な騎乗は、札幌2歳Sでも見られました。横山典騎手が跨ったのは4番人気のパワーホール。この馬、息子の横山和騎手で新馬戦を勝利したのですが、和生騎手が前の週に落馬負傷し、代打の騎乗だったと思われます。

　レースでは横山武騎手のセットアップが好スタートからハナを奪うと、まんまと逃げ切り勝ちを決めたのですが、横山典騎手は番手で後続のプレッシャーを巧みに封じて、逃げ切りをアシストしたように見えました。まるで競輪でいうラインを組んでいるような乗り

■戦法マトリックス図

積極的
外に出す
内突く
消極的

■評価

戦法M	消極的	内突く

■キャラ別データ

USM単	USM連	USM複
109.6%	97.6%	101.7%

方で2着。親子でワンツーを決めたのでした。

その週の土日の騎乗馬を見ると8鞍中5鞍が前走で横山和騎手が騎乗した馬。結果を書くと、土日で1勝2着2回ときっちりと結果も残し代役を見事に務めていたのです。さらに横山武騎手の重賞制覇のアシストまでやってのけました。

翌週も横山親子のライン競馬とアシストが続きます。紫苑Sではモリアーナで横山典騎手らしい追い込み劇。武史騎手が騎乗するヒップホップソウルを並ぶ間もなく交わして勝利しました。

日曜のセントウルSで騎乗したアグリは横山和騎手の代役と思われますが、32秒4という速い上がりを繰り出し2着に持ってきた。恐るべし!

我慢の競馬を強いている馬の次走に注意

馬券的にも親子ラインには注意といいたいところですが、横山典騎手の場合、馬券につなげるのは難しい。パターンに当てはめて予想できない騎手だからです。1頭1頭精査して、狙えるかどうか判断するしかありません。例を挙げて説明します。23年7月16日長久手特別のサンライズロナウドは、1000m通過57秒6のハイペースの大逃げに持ち込んで押し切っています。ダートで暴走気味に逃げて惨敗を繰り返していた馬で、芝に路線を変えて控える競馬を覚えさせようとしていた節がありました。そんな馬が横山典騎手に乗り替わって芝で初めて逃げた。もともと前向きな馬なので馬の気分を重視した競馬がハイペースの大逃げとなっただけで、横山典騎手からすれば、やっている競馬はおそらくポツン最後方と変わらなかったはず。それがまんまとはまった。ただ、乗り替わっての一変は見抜きにくい。

条件替わりや未勝利戦の数も少なくなってきたというような際に注意してください。

32 永島まなみ騎手

貪欲な騎乗技術の吸収が花開く

グリーンチャンネルから流れてきた「人に左右されていると、競馬はうまくならないよ」。これを〝まなみん〟が聞けばきっと反論するはずです。「人に左右してもらったから私は競馬がうまくなった」と。

デビュー3年目を迎えて飛躍著しい。丹内騎手と競った2023年秋の新潟開催リーディングは惜しくも2位に終わりましたが、女性騎手リーディングは当確。10月9日時点では30勝だが、その後も順調に勝ち星を積み重ね、40勝を突破。今の勢いを維持できれば22年の今村騎手の51勝を超えるのも夢ではなくなりました。**今や実力ナンバーワンの女性騎手**です。

自慢したいわけではありませんが、筆者は昨年既に永島騎手の急成長を予測していました。根拠となったのは馬力SMの値です。前作の時点で馬力SMの数字は女性騎手の中でトップ。この数値は今後活躍するであろうジョッキーの先行指標になります。なので永島騎手は必ず勝ち星を大きく伸ばすはずと確信していたのです。

さらに23年から実施される斤量規定の変更という追い風もあった。ルールが変更となり重い斤量を背負わされるケースが増えるので、減量特典が手厚い女性騎手は重宝されるのは必至。とすれば、伸び盛りの永島騎手に競馬関係者の目が集中するのでは、と思われました。今日の大活躍を見るにつけ、我ながら慧眼だったと、ひとりほくそ笑んでいます。

■戦法マトリックス図

積極的
外に出す
内突く
消極的

■評価

戦法M	どちらでもない	外出す

■キャラ別データ

USM単	USM連	USM複
103.7%	97.4%	95.3%

永島騎手の進化のトリガーとなったのは、どこかの支持率の低い首相ではありませんが、「聞く耳を持っている」ことだったようです。22年の秋以降、勝ち星が急に増え始めた。その裏には、**横山典騎手のアドバイス**があったと言われている。関西に拠点を移した横山典騎手は、永島騎手が所属する高橋康厩舎の馬にも、度々騎乗するようになった。その縁で、永島騎手と顔を合わす機会も増えたといいます。もともと、永島騎手は騎乗技術の吸収に貪欲で、師匠の高橋康師や厩舎スタッフの元騎手の橋本美純助手にレースでの騎乗ぶりや騎乗フォームなど競馬に関するあらゆる助言をもらったりと日々、精進を重ねていた。向上心旺盛で努力家の永島騎手ですから、横山典騎手との接触をチャンスと思ったのでしょう。毎週、アドバイスをもらったり、教えを乞うようになり、今では「横山さん」と呼んで慕っているそうです。

昨年以降、勝ち星が増えるとともに吹っ切れた騎乗が増えてきました。逃げるにせよ、追い込むにせよ、中途半端なことはせず、メリハリの利いた競馬に変わってきました。横山典騎手がどんなアドバイスをしているのか、知る由もありませんが、彼女の騎乗ぶりに多大な影響を与えているのは確かでしょう。永島騎手は横山典騎手だけでなく、ルメール騎手や武豊騎手などにも積極的に質問しにいくことで知られています。競馬に対する真摯な姿勢と、地道な努力が今年になって花開き始めたのでしょう。

まなみ騎手と聖奈騎手が暗示する女性騎手

永島騎手の急成長を語るうえで、どうしても引き合いに出してしまうのは後輩の今村聖奈騎手です。乗り馬集めの戦略を見ると、ある意味、二人は対照的だからです。今村騎手は昨年51勝をマーク、女性騎手としては衝撃のデビュー、スポットライトをいきなり浴びました。騎手は人気商売でもあり、世間の注目度が上がれば、騎乗依頼増にもつながります。今村騎手の場合、政治力アップも狙ってのことだったのか、わかりませんが、ホリプロと契約を結び、タレント活動も始めました。女性騎手は男性騎手以上にタレント性が政治力に結びつきやすいと思われるので、間違った選択だとは思いません。ただ今年のしぼみようを見ると、本業とのバランスがちょっと悪くなっているのではと思えなくもない。本業で結果が伴わなければ、政治力は低下していきます。芸能プロダクション所属の女性騎手といえば、先駆者の藤田菜七子騎手もホリプロと契約しています。藤田騎手もデビューしてからしばらくは華々しい活躍でしたが、今は元気がない（最近は復活の兆候がありますが）。今村騎手の今後が心配です。

一方、永島騎手は、技術力、戦略力の研磨に力を注ぎ続けた。そして、勝ち星を飛躍的に伸ばし、ファンからも「まなみん」の愛称で注目を集めています。結果、**政治力も上昇中**。

ＪＲＡは女性騎手の育成を今後も進め、やがては競輪のように、ガールズ競馬が実施できるほど女性騎手を増やしたいという意向を持っていると聞きます。今後、男性騎手を凌ぐ、スターの誕生もないとは言えません。まだまだ特別扱いをされている女性騎手が10年後どういう位置づけになっているか、楽しみでもあり、不安でもあります。特に永島騎手と今村騎手の今後が気になるゆえんです。

減量特典を最大限に活かした騎乗

永島騎手の最近の騎乗ぶりをひと言で表現するなら**「減量特典を最大に生かした騎乗」**です。減量特典の大きい女性騎手の場合、特に減量の恩恵をどのようにうまく生かすかが重要になります。

減量特典を生かす方法はいろいろあるのですが、大きくは2点あります。ひとつは前に行くこと。減量の効果で減速が緩やかになるという有利さがあるので粘り込める。

もうひとつが外を回る。減量の恩恵と距離ロスをトレードするという考え方です。ただ、外を回れば不利を受ける可能性は減る。力が足りる馬に騎乗しているときは仕掛けのタイミングだけ気を付ければ勝ちにつながります。

永島騎手の場合、逃げ先行率は21年23・1％、22年27・3％、23年33・0％と年々上がっています。この変化は馬の質とリンクしていると思われる。馬の質が上がるにつれ、力で押し切れるので、積極的な乗り方をより選択するようになったのでしょう。

また、馬のリズムを重視した騎乗もできるので、後方で脚を溜め、外を回って勝ち切る、外差し競馬も増えてきました。減量の特典を生かして能力の高い馬を安全に勝利に導く騎乗です。

23年の前半は4月9日福島12Rのヤマニンループ（5番人気1着）など横山典騎手を彷彿とするイン突きを見せていたが、勝ち星を量産するようになってからは外目を回る騎乗が増加しています。

騎乗馬の質向上とともに戦略を変えられる能力があるのですから、これからも活躍は間違いなし。馬力SMも単の値が100％を超えているので、24年もまだまだ伸びそうです。

ちなみに馬券は人気で狙え。プレッシャーには負けない強心臓の持ち主なのでしょう。1番人気での勝率は42・9％と高い値を示しており、信頼できる本命馬になります。

24年は特別戦や重賞といった減量特典がないレースでの成績アップにも期待したいところです。

33 斎藤 新騎手

愛馬奪還を確実にしたクイーンSの好騎乗

2023年の斎藤騎手を語るうえで欠かせないのは、クイーンSです。斎藤騎手が騎乗した1番人気のドゥーラが勝利。ゴールの瞬間には指を立ててスタンドのファンにアピールするシーンもありました。喜びひとしおの勝利だったのでしょう。ここに至る道を振り返れば、喜びが爆発したのもわかります。ドゥーラはデビューから斎藤騎手が手綱を握っていた馬で、22年の札幌2歳Sを制したコンビ。しかし、次走の阪神JFで6着に敗れたのを最後に、戸崎騎手に乗り替わりになっていました。ところが、チューリップ賞15着、桜花賞14着と戸崎騎手では結果を残せず、再び斎藤騎手にチャンスが巡ってきたのです。15番人気という低評価だったオークスはリバティアイランドには大きく離されたものの3着と巻き返し、次走のクイーンSを快勝したのでした。

一旦、トップジョッキーに乗り替わりになった馬が自分の元に戻ってきて、しかも結果を出せた、うれしくないはずはありませんし、**斎藤騎手に対する評価という点でも大きな勝利**でした。

オークス3着の実績があるので馬の力は上位でしょうし、ここは斤量51キロで裸同然でもありました。なので、負けるはずがないと、強気に好位のポジションを獲りに行って、終始外々を回って4コーナーを回るときには先頭に取り付く積極的な競馬。馬の力を信頼

■戦法マトリックス図

■評価

戦法M	積極的	どちらでもない

■キャラ別データ

USM単	USM連	USM複
120.5%	89.8%	91.9%

し、相手関係も把握しているから出来る騎乗なのは間違いないでしょう。

一般的にはロスの少ない競馬がいい騎乗とされていますが、必ずしもそうとは限りません。ディープインパクトくらい力の抜けた馬に騎乗してロスを意識するのは愚の骨頂。もし詰まって脚を余して負けたりと、取り返しがつかないアクシデントに巻き込まれるリスクが高まります。なので、**馬の能力や相手関係に見合った競馬ができるかどうかが重要**で、斎藤騎手はそういう意味で完璧な立ち回りをしたと評価できるのです。

秋華賞ではリバティアイランドをマークする競馬。クイーンSのような大味な競馬は相手関係を考え封印した。リバティアイランドが4角手前で一気に先頭に躍り出て作ってくれた進路をうまく使って脚を伸ばしました。残念ながら3着のハーパーにハナ差及ばずの4着。ただ、上位は納得の馬たち。力を出し切る大健闘でした。

父親頼みの馬集めから脱却できるか

戦法の傾向で言うと逃げ率は低下。ただ、逃げ先行率は横ばい。逃げたときの逃げ粘り率は大幅にアップしており押し引きの精度が上がっているだけで姿勢は変わっていない。コース取りの傾向ははっきりしませんが、スムーズに外に出せたときに好走例が多い。

課題は政治力の強化。父である斎藤誠厩舎が乗り馬供給源では突出しています。約4頭に1頭が父厩舎の馬。勝ち星も28勝のうち11勝と圧倒的シェアです。他では安田隆厩舎の49鞍5勝が目立つぐらいで、父親頼りから抜け出せていません。今後、さらに活躍するには、政治力のアップは必須です。

馬券的には「アタマ狙い」。1着28回に対し2着は19回しかなく、馬力SMも単が突出しています。

34 大野拓弥騎手

2、3着付け

仏遠征の効果なくブレーキがかかったまま

2023年9月24日九十九里特別を2番人気のニシノレヴナントで制し、翌25日も中山10R内房Sで1年以上ぶりの実戦だった6番人気のダノンマデイラを勝利に導くなど活躍を見せた大野騎手。これで23年の勝ち鞍が26勝となり、22年の25勝を上回りました。キャリアハイの18年には75勝を挙げているので、物足りなくはありますが、3か月も残して22年の記録を抜いたとなると好調なのかと思いきや……。

むしろ勝ち星が伸び悩んでいるというのが今年の実態です。22年は長期のフランス遠征を敢行しており、3か月もブランクがあった。1年のうち4分の1は日本で騎乗していなかったわけで、通年騎乗なら22年は30勝程度できていた計算です。その前の21年は53勝。

前々年と比べると好調どころか、まったくギアが上がってこないと言わざるを得ません。しかも、9月24日以降は10月9日現在まで勝利なし。実質的に昨年並みの勝ち星を記録できるかどうかも怪しくなっています。それでもJRAのジョッキーである限り、生活に窮する事態にはまずならないと断言していいですが、仕事のやりがいとなると、疑問を持ち続けながら騎乗を続けているジョッキーも少なくありません。

例えば関東の中堅騎手は大舞台で活躍できる馬に騎乗できるチャンスがなかなか回ってこない。大舞台で活躍する姿を夢見てジョッキーを目指したのに、俺は

■戦法マトリックス図

■評価

戦法M	消極的	内突く

■キャラ別データ

USM単	USM連	USM複
107.4%	103.9%	107.6%

何のためにジョッキーになったんだという思いもあるでしょう。なかには「食えるのだからそれでいい」と達観している人も多いと聞きますが、置かれている現状に満足していない騎手も少なくありません。

大野騎手も「これではいけない。何とかしないと」という心境だったのか、ジョッキーとしてのレベルアップをはかろうと仏遠征を決断したようです。

昨年9月に帰国し日本での騎乗を再開しました。しかし、変化は……というと何も変わっていない印象なのです。帰国して間もない頃は、徹底してインを突く騎乗を見せていたものの、それで周囲の見方が変わるような素晴らしいレースができたかといえば、答えは「NO」と言わざるを得ません。

関東の中堅騎手に対する逆風を身をもって証明しただけという感じでした。

「あきらめ」が滲む消極的な騎乗

今年6月には、実父が詐欺容疑で書類送検されるという事件もあった。大野騎手とは直接関係のない話であっても、風評に与える影響は無視できない。競馬関係者の大野騎手に対するイメージに少なからず悪影響を与えたはずです。もともと、目立たないタイプのジョッキーですが、今はもう達観しているのでは。思い切ってアピールをしても、簡単に見方が変わるわけではないと昨年のフランス遠征で痛感したように見えます。騎乗ぶりを見ても消極的にインを回る騎乗が多くなっています。この傾向は、大野騎手が今置かれた状況を反映しているのかもしれません。26勝に対して2着30回、3着33回と善戦が精一杯という現状です。元気なく馬券でもせいぜい買えて2、3着付けというところ。戦略力は高い騎手でもそれを証明しないことには成績アップは厳しいのです。

35 内田博幸騎手

本命サイド

関東の駆け込み寺、ミルFに接近！

ＮＨＫマイルＣのシャンパンカラーで3年ぶりの重賞勝ち。かつてリーディングジョッキーとして君臨した底力を久しぶりに見せました。武豊騎手の1歳下の53歳。この年齢でＧＩ勝ち、ひと昔前なら凄い記録でしたが、今は50代の騎手が当たり前のようにＧＩを勝つ時代。注目度は以前ほどは高くありませんでした。それでもＧＩ勝ちの効果か、22年は22勝でしたが、23年は10月9日現在で25勝と勝ち星の減少に歯止めがかかっている。

今年、乗り馬の供給元として大きく浮上してきたのはミルＦでした。ここ数年の成績は、20年0勝（4鞍）、21年0勝（6鞍）、22年0勝（6鞍）、23年4勝（18鞍）で今年の単勝回収率２８０％、複勝回収率１６６％という具合。

調子の上がらない関東ジョッキーの駆け込み寺というわけではないのでしょうが、不遇な関東の騎手に多くの騎乗機会を提供してくれる存在がミルＦです。

このところ低迷が続いていた内田博騎手も救世主のミルＦにアプローチを試みた痕跡が。ミルＦのエンライトメントに騎乗するために函館に遠征した形跡があるのです。7月8日の遠征がそれで、未勝利を無事、勝たせた。気になる動きもあり注目のコンビです。

大型特殊免許所持も速度はイマイチ

ウチパクといえば大型特殊免許の持ち主。腕っぷしの強い元地方騎手で、５００キロを超える大型のズブ

■戦法マトリックス図

■評価

戦法M	どちらでもない	外出す

■キャラ別データ

USM単	USM連	USM複
105.7%	111.0%	106.9%

い馬でもビシビシ追って走らせる……これはもう競馬界に響き渡っています。そのせいで、**集まってくるのはズブい馬ばかり**。本人はこの状況に戸惑っているようで、「ズブい馬ばかり頼まれて困っている」という発言も。しかし、内田博幸騎手が大型馬とは手が合うのは紛れもない事実。本人の嘆きは別にして依頼の大きな柱になっているのは悪いことではないのでは。ただ体の大きい馬をウチパクさんならどうにかしてくれるという感じの依頼が増えているようで、500キロ以上の馬での成績は以前ほどではなくなっています。また、「大型馬のウチパク」はファンの間でも有名になり過ぎて、今では馬券妙味もありません。500キロ以上の馬の成績は【5・3・8・111】(単勝回収率30%、複勝回収率47%)と妙味なし。NHKマイルCは例外で穴を出すシーンもめっきり減りました。今では1番人気で単勝回収率117%をマークする本命ジョッキーです。最後にNHKマイルCで気づいた面白い仮説を紹介しておきます。GIでは、ジョッキーカメラを誰かが装着し、レース後、公開されるのが普通です。また、装着される騎手は上位人気に推される可能性が高い騎手で、終わってみれば好走している。そこで、ジョッキーカメラはJRAの予想行為で、装着している騎手を見つけたら馬券的にも買いといった必勝法も囁かれています。

で、NHKマイルC。パドックの映像も含めて確かめてみましたが、**誰もカメラを装着していなかった**。NHKマイルCは人気を予想するのも困難な混戦だったので、装着が見送られたのかもしれません。

結果、1、2番人気が馬券圏外に飛んで波乱の決着。**ジョッキーカメラの有無で穴か本命レースか判定できる!?**

36 石川裕紀人騎手

武器はアグレッシブな競馬！

　強心臓で大舞台のプレッシャーに負けない騎手。2022年はジュンライトボルトでチャンピオンズCを制し、GIジョッキーの仲間入りを果たしました。しかし、GI勝ちがスプリングボードになることはなく、22年35勝、23年は10月9日までで24勝。昨年の勝ち星に到達できるかどうか、微妙なラインです。

　アグレッシブさが武器で逃げも多用しますが、馬券的には狙えない。逃げ馬を狙うのは馬券の必勝法で、単勝回収率は100％を上回るのですが、石川騎手の場合、例外的に低いのです。石川騎手の逃げ成績は【5・5・3・25】（単勝回収率55％、複勝回収率221％）というもの。単勝回収率が驚異的な低さに終わっているところを見ると、ちょっと無謀な逃げも多いのかも。序章でも触れた通り、関東圏の場は逃げ切りが難しいという傾向を示しています。ただ、逃げれば何とかなるわけではなさそう。

　未勝利戦を逃げ切って圧勝し、青葉賞へと駒を進めたアサカラキング（4番人気）も果敢に逃げはしたものの、ブービーの14着に沈んでいる。逃げて惨敗という経験を繰り返しているうちに、逃げを敬遠するようになる可能性もありそうです。

　筆者としては今のスタイルを貫いてほしいと思っています。積極性が結果につながった例も決して少なくないからです。例えば、エプソムCのルージュエヴァ

■戦法マトリックス図

積極的
外に出す
内突く
消極的

■評価

戦法M	積極的	どちらでもない

■キャラ別データ

USM単	USM連	USM複
111.0%	114.6%	108.9%

イユ（7番人気2着）。この馬はゲートの出が遅くそれが課題のひとつでした。ただ、差し脚は鋭いものがあり、フローラSで上がり最速を記録するなど届くポジションで競馬ができれば重賞にも手が届く器だと思われました。

そんな馬に石川騎手が跨って取った作戦はまったく想定していなかった先行策。重賞でもやれる能力を秘めている馬なので、そのまま2着に粘り込んだ。積極性がプラスに出た例です。ただ東京ではこういう積極性は諸刃の剣で、うまく行かないことも多い。だから回収率も低くなるのです。それでも、東京を除くと、逃げでの複勝回収率は107％に上がります。勝てないまでも、積極性が結果に結びついています。

東京競馬場を除けば買いどころ満載!!

東京競馬場を除けば、人気サイドで買えるジョッキーでもあります。

●東京競馬場以外での成績

・1番人気【5・3・2・1】（単勝回収率96％、複勝回収率121％）
・2番人気【6・3・2・8】（単勝回収率133％、複勝回収率93％）

何と1番人気時には、ほぼパーフェクトで馬券に絡んでいるのです。やっぱりプレッシャーに強い。

関東馬で関西に遠征したときは穴が期待できます。23年、このパターンに当てはまるケースは8例（いずれも阪神）あり、成績は【1・3・0・4】（単勝回収率900％、複勝回収率192％）。驚異的な回収率に貢献したのは、10番人気で1勝クラスを勝った水野厩舎のマイネルラッシュ（単勝72倍）なのですが、好走確率も高い。西では馴染みのない騎手なので、人気になりにくく、今後も大穴一発に期待できることでしょう。

37 北村友一 騎手

本命サイド

復帰から1年経過し完全復調へ

2021年5月2日の落馬事故によって10か所以上骨折する大ケガを負って、1年以上休養を余儀なくされました。ようやく復帰がかなったのは22年6月になってから。復活までは時間がかかりましたが、復帰から1年以上経ち、徐々に調子を取り戻しています。

今の騎乗馬を維持できればさらに勝ち星を増やせるのでは。

心強いのはノーザンF系一口クラブ（サンデーR、キャロットF、シルクR）のバックアップです。勝ち星は11勝で6位とそこまで目立つものではありませんが、騎乗数はルメール騎手（178鞍）に次いで2位の84鞍もあります。ケガをする前はサンデーRのクロノジェネシスの主戦を任されていた。期待されているジョッキーのひとりなのでしょう。馬を操る技術が高く、芝の道悪で期待値がアップします。最近は2、3着止まりで勝ち切れない印象がありますが、これは復調途上だからでしょう。やがて改善すると思われます。芝稍重から不良での成績は【4・6・8・70】（単勝回収率45％、複勝回収率119％）というもの。

北村友騎手の長所が凝縮したレースとして挙げたいのは、ザイツィンガー（13番人気3着）で臨んだ六甲Sです。雨降りの重馬場で逃げ先行馬が手薄な状況。芝のマイルのオープンクラスのレースにしてはテン3ハロンが35秒9、1000m通過59秒8と重馬場にし

■戦法マトリックス図

積極的 / 外に出す / 内突く / 消極的

■評価

戦法M	消極的	内突く

■キャラ別データ

USM単	USM連	USM複
94.0%	103.1%	95.1%

ても遅かった。北村友騎手のザイツィンガーはスタートして中団くらいに付けていたのですが、流れが遅いと見て、2番手にポジションを押し上げ、そのまま3着に粘り込んだ。

ポイントは位置取りを押し上げたときにあります。普通はそのアクションを見た他の騎手も呼応して動くので、急激にペースが上がる。前有利と見てポジションを上げたのに、差し決着になり、動いたことが裏目になったという皮肉なケースがよくあります。ここはノーアクションでスルスルとポジションを上げたので、他の騎手も動けず、ペースも上がらなかった。北村友騎手だからこそできた騎乗でした。

戻った折り紙付きの高い騎乗技術

北村友騎手の場合、手綱を持ったままで馬を加速させたりブレーキ掛けたりするのがうまい。戦法では逃げが得意な騎手です。

馬をゴシゴシ押してポジションを主張することはなく、馬のリズムと気分を重視した騎乗が多い。逃げる際も激しいアクションはなくスマートにハナを奪う技術の持ち主です。

逃げ率は9・4%と高いほうだが、逃げ先行率は30%台とそこまで高くありません。馬のリズムと気分を優先するので、後方のポジションになる競馬も少なくない。後方になったときは、余力を残して直線を向くと、馬群を縫ってくるといった感じの騎乗を見せます。ただ、ケガをする前と比較すると前で競馬して好走するケースが多くなっている印象。復調途上の一過性の傾向かどうかはもう少し様子見が必要です。

馬券のポイントは一応「本命」サイドですが、こちらも本調子になれば、変化しそう。今のところ明確な傾向はないとしておきます。

38 池添謙一 騎手

中穴狙い

馬質の変化で多くなった前々の競馬

２０２０～23年の勝利数は58勝、50勝、51勝、23勝。23年は10月9日までとはいえ、勝ち星を大きく減らしそうな気配です。巻き返しのためにいろいろ試行錯誤している姿が見て取れます。

例えば騎乗ぶりの変化。池添騎手といえば、**差し追い込みが持ち味の騎手**。なので戦法マトリックスでも「消極的」としましたが逃げ率は上昇しています。逃げ率が20年7・6%、21年6・3%、22年10・2%、23年11・8%と上昇しているからです。今年の代表的お手馬も逃げの巨漢馬のドンフランキーです。

行く競馬が増えた背景にはノーザンF系一口クラブ（サンデーR、キャロットF、シルクR）との関係が影響している可能性も。ノーザンF系一口クラブからの依頼は年々減り、20年8勝（52鞍）、21年4勝（41鞍）、22年6勝（40鞍）、23年1勝（19鞍）と勝ち星も激減しています。ノーザンFの馬の騎乗機会が減って、切れ味で勝負できる馬も減っているため、前々の競馬に変えたというケースが考えられるのです。

ちなみに戦法マトリックスで「どちらでもない」としたのは、イン突きだけではなく、馬の力を信頼しているときは強気に外を回ることがあるからです。

■戦法マトリックス図

積極的

外に出す　内突く

消極的

■評価

戦法M	消極的	どちらでもない

■キャラ別データ

USM単	USM連	USM複
79.7%	94.4%	101.1%

ジョッキーカメラが証明する騎乗ぶり

ジョッキーカメラの映像を見て再認識したのは視界確保の重要性です。カメラの映像では途中で泥が飛んできて前が真っ暗で見えなくなるシーンがよくある。ジョッキーがゴーグルを複数つけて、泥がつけば次々に外していくという対処の仕方をとっているのは視覚確保のためだとよくわかりました。

視覚確保という面からジョッキーカメラの映像を見ると、面白い現象が。偶然かもしれないがルメール騎手はどういうシチュエーションでも、最後まできれいな映像になっている。

対して池添騎手。安田記念のメイケイエールで装着したジョッキーカメラの映像では、残念なことに直線に向いたところで飛んできた泥がカメラに付着し前が見えなくなってしまった。

思い出したのは、池添騎手がグランアレグリアであのアーモンドアイを撃破した20年の安田記念です。というのは、勝利ジョッキーインタビューに登場した池添騎手が目を腫らしていたからです。レース中に芝の塊が飛んできて顔に当たったらしい。

これらのエピソードはたまたまではなく、騎乗ぶりとリンクしているのでは。ルメール騎手はできるだけ馬の負担を減らすため揉まれないポジションで競馬するのに対し、**池添騎手はタイトなポジショニングをする**のでアクシデントに見舞われやすい。しかし、そうした池添騎手のアグレッシブな姿勢が大舞台での強さにつながっていると感じたからです。

馬質の変化にともない前々の競馬へとシフトしているのは仕方ないとしても、やはり池添騎手らしい大舞台での差し追い込みによる決め打ちを見たいもの。

馬券のヒットゾーンは中穴。特別戦以上のレベルの高いレースでの人気薄での一発が魅力。道頓堀Sのグレイトゲイナー（15番人気1着）のような一発がまだまだ飛び出すかもしれません。

39 今村聖奈騎手

プレッシャー弱

スマホ事件以降の凋落が著しい

ジョッキーをはじめとする、プロスポーツ選手という職業を因数分解してみると、アスリート的な側面とタレント的な側面に分けられます。身体能力を駆使して稼ぐ仕事ではありますが、人気商売でもあり、それが収入にも影響を及ぼします。

ジョッキーを例に取れば、芸能事務所に所属してタレント性を高めれば、騎乗してもらいたいと思う関係者が増え、騎乗馬の質量がアップする。そういう意味でタレント性（筆者が指すところの政治力）の強化は騎手にとって正しい選択とも言えます。これまで福永騎手、川田騎手、藤田菜七子騎手などが大手芸能プロダクション、ホリプロとマネジメント契約を交わし、タレントとしてTV出演など、芸能活動をしています。

今村騎手も新人ながら2022年夏にホリプロと契約し、タレントというもうひとつの顔も持った。今年は「公式アスリートカード」を発売し、記念イベントを開くなど、芸能活動も始めています。

5月に若手騎手6人が開催中にスマートフォンを不正使用としたとして、1か月の騎乗停止処分になりました。処分された6人の中には、他にも4人の女性騎手の名があり、今村騎手だけが目立ったわけではありませんが、世間の風当たりは今村騎手に集中した印象です。騎乗の研究のためにレース動画をチェックしていただけならまだしも、他のジョッキーと通話までし

■戦法マトリックス図

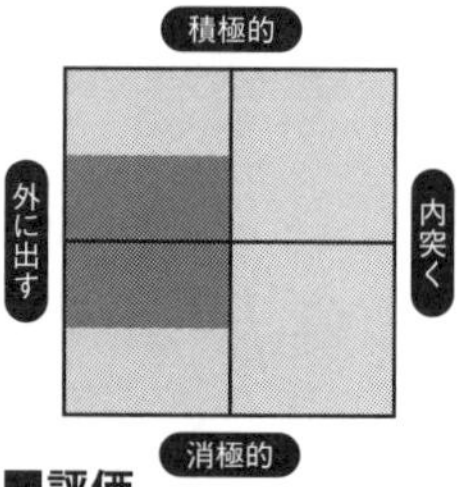

積極的 / 消極的 / 外に出す / 内突く

■評価

戦法M	どちらでもない	外出す

■キャラ別データ

USM単	USM連	USM複
69.3%	78.0%	81.8%

ていたのもあるでしょう。

騎乗停止中の5月末には大阪でアスリートカード発売記念のチェキ会が開催される予定でしたが、さすがにまずいだろうということで7月に延期されたほど世間の風当りは強かった。

芸能人として顔を売るのは本業にプラスになるとはいえ、本来のビジネスであるジョッキーという仕事の継続性を考えるとちゃんと期待に応えて結果を出さないと……。あくまでも芸能活動は本業の政治力に資するためのもので、それ以前にアスリート的な側面、つまり技術力を磨いて、強化する必要があります。一度、批判の対象になると世間の目は途端に厳しくなります。成人式の写真撮影の際、爪にネイルを施していました。それが競馬開催日にもネイルをしていたことで、ネットではプチ炎上の事態に。年頃の女の子がネイルくらいはするでしょうし、騎乗に何の影響もないとは思いますが、世間は今村騎手を浮ついていると見ているのでは。厩舎関係者はそこまで思っていなくても、馬主などはよくSNSやメディアをチェックしていたりするので、プラスの面での影響は少ないでしょう。

乗り馬がいない日もあり政治力低下

今村騎手の現状を考えると、政治力だけが突出していてバランスが悪過ぎるように見えて心配でなりません。1年目に51勝を挙げ、女性騎手の最多勝を更新したスポットライトを浴びましたが、うまく行き過ぎただけでまだそれだけの力はついていないというのが、実際のところでしょう。今年も10月29日終了時点で22勝している。2年目のジョッキーにしては合格じゃないのと思われる方がいらっしゃるかもしれませんが、筆者は悲観的な見方をしています。

8月13日（小倉6Rセイウンデセオ）から10月28日（新潟6Rワイルドベティ）まで108連敗という不

名誉な記録を作ったことも考えると、今後、もっと落ち込む可能性があるからです。勝てないことが続き政治力が低下。すると依頼が減り、馬質も落ち、ますます勝てなくなる深刻なスランプという悪循環に簡単に陥りかねないのです。現状の結果に慢心せず、基礎体力とも言える技術力や戦略力をもっともっと磨く必要があります。また、2場開催時だったとはいえ、9月24日乗り馬がなかった。3場開催時で主場の京都参戦ではありましたが、11月12日も騎乗馬がゼロ。昨年には考えられなかった現象が起きており、徐々に負のスパイラルに陥っている可能性も。

現状を見ていると人気馬に乗ってもスタートからゴールまでどこで何をしていたのかわからないほど埋没した乗り方になっている。ファンの視界に入らず惨敗。そんな競馬が多いのですから、余計に心配です。

未確認情報ではありますが、他のジョッキーの落馬シーンを間近で見て、内を突くのが怖くなったといわれています。淡泊な競馬が多くなったのは、外に出す競馬しかできなくなったせいかも。

現在は▲（3キロ減）の減量特典があります。特典がなくなっても女性騎手は平場で◇（2キロ減）の恒久的な減量特典がある。馬群に突っ込めなくても減量特典を生かして外を回る競馬を磨くという手もあるし、そもそも前に行けば馬群を割る必要もなくなります。

ターゲットの判定では**「後方」に位置する騎乗が今年は48・6％もありました**。消極的な競馬が目立つのですが、**本来の持ち味は、昨年のCBC賞のテイエムスパーダように「積極性」を発揮して勝ち切る競馬**です。あの逃げを思い出してください。

結果を残すために、やれそうなことは筆者でさえたくさん思い当たる。「よぉーく考えよう、お金は大事だよ」というCMがありますが、今村騎手には「よぉーく考えよう、戦略力は大事だよ」という言葉を贈っておきます。

現状で買えるのは他への乗り替わり時

最後に、今村騎手の現状から馬券的な攻略法を考えてみましょう。今年は特にプレッシャーに弱く、取りこぼしが目立つので、人気時にはパスするのが正解。単勝2・9倍以下の馬では今年は**【5・2・4・6】**（単勝回収率63％、複勝回収率68％）と低調。とはいえ、穴で狙えるかといわれるとそうでもない。馬力SMは過剰人気になりやすい女性騎手という属性を加味したとしても取りこぼしが多すぎると判定せざるを得ないほどの低さとなっています。

というわけで現状は**今村騎手から他の騎手に乗り替わったケースを狙う**のが賢明な戦略と考えて良さそうです。今村騎手から他の騎手への乗り替わりでは勝率8・9％、複勝率22・8％（単勝回収率109％、複勝回収率78％）。今村騎手が継続騎乗だった場合、勝率8・0％、複勝率26・8％（単勝回収率68％、複勝回収率91％）となります。

これだけだとたまたま乗り替わりのときに人気薄が走った可能性があるので、これを1〜5番人気馬に限定して出し直してみます。

●1〜5番人気に限定した際の成績

・乗り替わり：勝率23・3％、複勝率51・2％（単勝回収率125％、複勝回収率107％）

・継続騎乗：勝率14・5％、複勝率40・0％（単勝回収率68％、複勝回収率72％）

24年はデビュー時の輝きを取り戻してほしいところですが、現状では他の騎手に乗り替わったケースで狙うのが正解のようです。

40 原 優介 騎手

大穴警報

破壊力満点の大穴ジョッキー

デビューから3勝、16勝、14勝、20勝（10月9日現在）と順調に成長しています。ただ、2024年が減量最終年の5年目で減量特典も☆（1キロ減）しかなく、そろそろ重賞でアピールしたいところ。

乗り馬集めはテソーロの了徳寺健二HDの後押しが心強く36鞍で2勝。厩舎では矢野英厩舎と青木厩舎との関係が強化されている。ともに4勝で単勝回収率は100%を超と狙うならアタマで。乗鞍数では元所属の小桧山厩舎がトップも、古巣には佐藤翔騎手もいて馬が分散するし、24年2月末に師は定年を迎えます。新規開拓が余計に重要になるでしょう。現状ではうまくいっているようなので、ひと安心というところ。馬券的には魅力たっぷり**単勝100倍超で馬券圏内6回の破壊力**です。そもそも騎乗馬の半数以上が単勝50倍を超える穴馬。馬質が馬質だけに逃げ先行率が23・4%と低いのは仕方がない。でも前に行ったら怖い。逃げたときの単勝回収率は286%、複勝回収率191%。先行したときはさらにハネ上がり、単勝回収率523%、複勝回収率168%。スペロデアに騎乗した甲州街道Sではハイペースで逃げてシンガリ負けも、こうした精力的な姿勢が穴を生みます。

ダートの中距離でも最後まであきらめずに追って人気薄を馬券圏内に持ってくる。外に出して追い込む騎乗を得意としています。

■戦法マトリックス図

■評価

戦法M	積極的	外出す

■キャラ別データ

USM単	USM連	USM複
115.7%	116.8%	111.3%

馬券の金脈を探すなら注目のゾーン!

全国リーディング 41位~98位+ 外国人騎手2名

埋もれている実力派騎手は!?
モレイラ騎手、レーン騎手の実力に迫る!

41 角田大和騎手

2、3着付け

3年目の迷いを吹っ切れるか

2022年は弟・大河騎手のデビューがいい刺激になったのか、2年目に入り水に慣れて来たのか勝ち星を大きく伸ばすも、**3年目の23年はやや勢いに陰りが見られる成績**に。21年20勝、22年41勝、23年21勝とデビュー年の勝ち星は上回るものの、前年には届きそうにない。昨年8月に△（2キロ減）から☆（1キロ減）と減量特典が目減りしたことが、勝ち星のペースダウンにつながっているようです。新たなアピールが必要なのですが、特に何もなかった印象で、正直弟との見分けもつかないほどアピール度は低い。

戦法にスポットを当てれば逃げがポイントか。

●逃げ率の推移

・21年：8・5％（1勝）
・22年：8・0％（9勝）
・23年：7・1％（2勝）

1年目は減量特典を生かして逃げれば勝てそうな場合でも、先々を見据えて我慢。控える競馬を意識していた印象で、逃げて勝つシーンはほとんどなし。ただ、2年目になって1年目の我慢が実ったのか？ 逃げを解禁したのか？ 理由は定かではありませんが、逃げで勝ち星を量産。やはりやみくもに逃げればいいというものではなく、押し引きも重要なのですが、それも巧みでした。今年は、減量特典が減り、ただ前に行くだけのジョッキーでいいのかという葛藤も出てきた模様。迷いが出てきたのかまたしても逃げで勝てなくなった。

■戦法マトリックス図

■評価

戦法M	どちらでもない	どちらでもない

■キャラ別データ

USM単	USM連	USM複
113.7%	115.7%	102.8%

このクラスのジョッキーにしては前で競馬する意識が高いとはいえ、ハナ争いの押し引きで消極的な印象があるので、戦法評価は積極的でも消極的、「どちらでもない」に分類しました。

思い切りの悪さが致命的

減量なしでもやっていけるとアピールするためには重賞や特別での結果が欲しいところ。そういう意味で注目していたのは函館スプリントSのカルネアサーダ（14番人気12着）でした。大外枠から思い切って逃げてしまえば、開幕週の馬場なので粘り込み可能と見ていたからです。

レースはロケットスタートが決まり、すぐに1馬身以上抜け出したので、そのままハナにと期待したのですが、ハナを主張するどころか何度も内に目を。レースリプレイで確認すると、6回も内を見ている。

内には今年のスプリンターズSで逃げて4着のジャスパークローネなど現役屈指の快速馬がいたものの、完全に前に出ているのだから、お構いなしに行ってしまえばいいし、ハナ以外では力を出せないジャスパークローネは交わした時点で脅威でもなくなるはず。結局、煮え切らないハナ争いに痺れを切らしたM・デムーロ騎手のリバーラが途中から強引に逃げて前半3ハロン33秒0のハイペースになり前崩れの展開になってしまいました。ペースコントロールをしたければハナを奪い切ってからやるべきで、思い切りの悪さだけが目立ちました。

馬券のポイントを2、3着付けにしたのは、今年の単勝回収率59％に対し複勝回収率は97％と高いから。人気の薄い馬で馬券になる際は2、3着が多いのが特徴です。

24年は真価が問われる1年になりそう。乗り馬は恵まれているので踏ん張りどころです。

42 岩田康誠騎手 本命

敬遠され始めた岩田カスタマイズ

2022年の皐月賞トライアル、若葉Sをデシエルトで逃げ切り勝ち。勝利インタビューの第一声で「権利を獲りました。今の気持ちを」と振られると、「いやいや権利じゃないんです。勝ちに来たんです」と返答、この木で鼻を括ったような返しが、物議を醸しました。このところ、話題になるのはお騒がせ発言ばかりで、ネットの炎上をたびたび招いている。筆者は、歯に衣を着せぬ岩田康騎手の物言いは大好きなのですが、今のSNS時代ではなかなか受け入れてもらえないようです。

世の反応は競馬サークルの人間関係にも影響を及ぼすのか、**「政治力」もダウンしている感が否めません。**勝ち星も下降中。21年44勝、22年46勝、23年22勝と今年は頑張っても30勝レベル。

岩田康騎手は**付きっきりで調教をつけ、馬を仕上げるのを得意**としています。でもこれは諸刃の剣。騎手を起用する側からすれば、痛し痒し。岩田康騎手仕様の馬を他の騎手が仕上げようと思っても、操作方法がわからず走らせることができなくなるケースも少なくないからです。なので、調教もレースも岩田康騎手に任せるしかない専用馬になってしまう……。

象徴的なのはテイエムサウスダンです。栗東・飯田雄厩舎から美浦・蛯名正義厩舎に転厩して、転厩初戦の東京盃は岩田康騎手とのコンビで2着に好走したも

■戦法マトリックス図

積極的 / 消極的 / 外に出す / 内突く

■評価

戦法M	消極的	内突く

■キャラ別データ

USM単	USM連	USM複
86.0%	80.0%	86.6%

のの、岩田康騎手が調教を付けられなくなってからさっぱり走らなくなってしまった。岩田康騎手を降ろしてルメール騎手にスイッチした根岸Sでは14着に惨敗。その後また岩田康騎手に戻すもフェブラリーSで2着に好走したときの面影はなく、深刻なスランプに陥ってしまいました。

これが、政治力の高い騎手なら、やはり岩田康騎手に任せようとなり、元の鞘に収まるのですが、政治力がダウンしていると岩田離れが起こるところが恐ろしい。岩田康騎手に調教や騎乗を頼むと専用馬にカスタマイズされるかもしれないからと、頼む人がどんどん減ってくる。政治力が高ければ「さすが岩田！」となるところが、政治力が低いと馬に変な癖をつけられてしまうとマイナスの評価が先行するのです。

京都大賞典のブローザホーンの乗り替わりがいい例でしょう。菅原明騎手への乗り替わりは、指摘したような政治的な思惑が大きかったといわれていますが、結果は心房細動を発症し競走中止。岩田康騎手は被害者で何も悪くないのに、「その前の3戦で岩田の起用を続けたのが悪かった」と言われかねない。

というわけで、今の状況だとなかなか腕前をアピールできないし、腕で走らせても評価されないという悪循環に陥っているように見えます。

消極的&イン突きで本命オンリー騎手

現役屈指のイン突き得意ジョッキー。オールカマーのノースブリッジ（6番人気7着）など、虎視眈々と最内を切り裂くチャンスをうかがうも、それがハマるシーンは減っている。

馬券的にも狙えるポイントがなく、本命、基本人気馬でしか馬券に絡まない騎手、特に特徴なく人気になるような馬が回ってきたときに馬券になる騎手という評価に落ち着きました。

43 田口貫太騎手

強心臓

人気のプレッシャーも何のその

2023年デビューしたピカピカの新人騎手。現時点（10月9日）で23勝を挙げ、同期の中ではトップの勝ち星。現在のペースなら最多勝利新人騎手はほぼ確実です。さらにデータ集計後の10月14日に京都1レースで24勝目を挙げ、地方交流7勝と合わせて、GIに騎乗可能となる通算31勝に到達しています。

田口騎手の特徴は、何といっても人気馬に跨った時の強心臓ぶりでしょう。それを端的に現わしているのは、人気での取りこぼしの少なさ、例えば、23年10月1日までは1番人気での信頼度は抜群でした。12鞍騎乗し、馬券圏外は一度もなかったのです。

・1番人気【7・4・1・0】（単勝回収率172％、複勝回収率136％）

・2番人気【3・2・2・2】（単勝回収率113％、複勝回収率87％）

・3番人気【4・4・0・6】（単勝回収率160％、複勝回収率121％）

・4番人気以下：【8・14・14・325】（単勝回収率36％、複勝回収率44％）

10月1日までのデータを見ても、人気馬に跨ったときの勝負強さが光っています。残念ながら、10月7日の京都1Rのポンピエ（1番人気5着）で、1番人気での連続馬券記録はストップしてしまいましたが……。一度の敗戦で評価を変更する必要はないと思う

■戦法マトリックス図

■評価

戦法M	どちらでもない	どちらでもない

■キャラ別データ

USM単	USM連	USM複
132.0%	127.7%	109.0%

ので、今後も**「人気で信頼できる新人騎手」**と覚えておきましょう。

成長必至、人気薄でも目を離すな

だからといって、人気薄でも無視はできません。最近は穴馬での活躍も増えているからです。9月30日阪神最終レースでは7番人気のヤマイチエスポで勝利、翌10月1日の阪神最終では、12番人気の11歳馬マイネルプロンプトを勝たせ、デッカイ花火を打ち上げました。

これから実力をつけていく騎手なので、まずは関係者が用意してくれた人気馬で期待に応えることで信頼を勝ち取り、どんどん活躍のフィールドが増えているという印象。今後は人気、人気薄を問わず、注意が必要です。

まだ、減量特典のない特別戦での勝利はありませんが、今の成長スピードからすれば、特別戦初勝利も時間の問題でしょう。新人騎手はローカル回りが中心になりやすいのですが、中央場所で一流騎手に揉まれてこの成績を残せている点も好感が持てますし、一層評価できる。馬券的にも注目の存在と見ています。

戦法評価は現時点では定まっていません。どう進化するか定かではなく、どちらでもないの評価。逃げ率は5・1%と低いからといって、消極的とは決めつけられない。関西主場は逃げ争いが激しくなりやすく、押し引きを考えて乗っている証拠だと解釈したほうがよさそうです。

乗り馬の最大の供給源は所属する大橋厩舎。騎乗馬の約4分の1が自厩舎の馬です。ただ、勝率も複勝率も悪く、馬券的には狙い目なし。**むしろ、狙えるのは中尾厩舎や武英厩舎といった他厩舎**です。社台系生産馬も今後増えることでしょう。もうしばらく乗り馬も集まるはずです。

44 松岡正海騎手

大穴警報

超大穴を狙い済ますコツとは

2019年のはじめ、新馬戦のパドックで馬に蹴られて骨折したことが躓きの始まりでした。復帰を焦って完治前に騎乗を再開したのが裏目で、再び落馬事故に。近年は、度重なるケガで満足な騎乗ができなかったが、22年は無事に通年騎乗が叶いました。23年もここまでは順調で復調傾向にあります。

21年に3勝だった勝ち星は、22年14勝、23年19勝と復調気配にある。持ち味は、思い切りの良さと常に一発を狙う姿勢。あの「千明塾」（坂井千明元騎手が現役時代、主宰した若手育成の集まり）の元門下生で、内にこだわるのが乗り方の特徴です。騎乗ぶりは積極的。相手関係を見て逃げ先行馬が手薄なときや前残りの馬場と判断したときは、前に行って一発狙い。馬券のポイントもここにあります。

23年8月12日新潟4レース（ダート1800m）ではヒサメ（単勝13番人気・208・2倍）に騎乗し1着。このレースは前走逃げた馬がおらず、これまで逃げた経験があるのもダズリングダンス1頭という逃げ先行馬手薄な組み合わせ。こういう状況で一発狙いが炸裂します。

狙い済ますためのコツは**「常識で判断するな」**。例えばこのレース、ヒサメは初出走でした。レース経験がない馬は当然ながら出脚が遅いし、よく出遅れる。しかも、脚質も不明。なので、大抵の騎手は馬のリズム重視で馬の特徴を把握しながらのレースになりそう

■戦法マトリックス図

積極的
外に出す
内突く
消極的

■評価

戦法M	積極的	内突く

■キャラ別データ

USM単	USM連	USM複
89.1%	113.8%	110.2%

なものですが、松岡騎手はまったく違うのです。

レースを振り返ると、松岡騎手のヒサメのひとつ外の枠だったダズリングダンスが、唯一逃げた経験のある馬で、ダッシュ鋭く、ヒサメを外から交わして前に行きました。初出走のヒサメは互角にゲートを出るので精一杯。しかし、松岡騎手はそこから馬を懸命に叱咤して前に行きます。1コーナーまで追い通しでダズリングダンスも外から交わして2番手に。

何度もいうように逃げ先行馬手薄な組み合わせなので、そこまでいけばあとは楽というもの。途中で外からマクるような馬もおらず、直線に向くと逃げ馬を交わして1着でゴールに飛び込んだ。単勝200倍を超える大穴での一発でした。

逆に逃げ先行馬が多くズブズブの展開が想定されるなら後方でジッと我慢するなど、**メリハリの利いた柔軟な騎乗ができるジョッキー**なのでいつも大穴が期待できる。これが松岡騎手の魅力です。

配当妙味ある馬券のポイントは!?

関係の深い馬主はウイン。騎乗数（45鞍）では他を圧倒して毎年、穴が期待できるコンビでしたが、23年は残念ながら馬券的には今ひとつでした。馬券的にも注目なのはウインに次ぐ供給源のビッグレッドF。ウインとマイネル軍団の提携解消で一時期、縁が薄くなっていましたが、今年は【2・2・2・5】で単勝回収率661％。コスモディナーの新馬戦では単勝60倍超の大穴をあけました。

他にブルースターズFの馬で好成績を挙げており、関係修復なったマイネル軍団とのコンビからは目が離せません。

狙いどころはしっかりとしていますし、まだまだ老け込む年齢でもありません。復活を期待しています。

45 永野猛蔵 騎手

中穴狙い

西山オーナーの主戦の座を獲得！

今後の評価を左右する3年目。このままのペースだと2023年は勝ち星を若干減らしそうな情勢です。21年29勝、22年30勝、23年19勝とやや低調に推移しています。

減量特典も☆（1キロ減）になると、関係者を引き付ける魅力に乏しいので、そろそろ重賞や特別でアピールしていかないと、次々出てくる若手に株を奪われる恐れがあります。

乗り馬集めでの光明は、冠名ニシノ、セイウンの西山茂行オーナーの主戦の座を射止めたことでしょうか。勝ち星はさほど伸びていませんが、乗鞍は激増しました。21年0勝（8鞍）、22年4勝（10鞍）、23年4勝（55鞍）というように騎乗馬の数が激増。ニシノカシミヤなど活躍の中心となっている馬も出てきており、しばらくは良好な関係性が続きそう。

所属の伊藤圭厩舎との関係を見てみましょう。21年12勝（113鞍）→22年7勝（105鞍）→23年6勝（102鞍）。23年は、勝率5・9%、単勝回収率34%と苦戦が目立ちます。もう一人前に育てたからバックアップは必要ないだろうというのが師匠の思い……と勘ぐりたくなりますが、騎乗数は依然として多く、その可能性は低そう。

●伊藤圭三厩舎成績

・21年：33勝（勝率10・9%）

■戦法マトリックス図

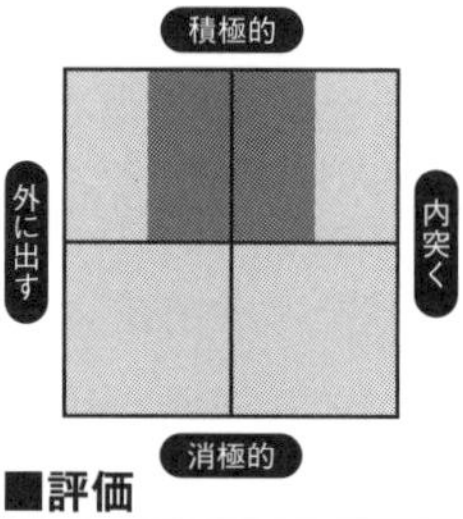

■評価

戦法M	積極的	どちらでもない

■キャラ別データ

USM単	USM連	USM複
99.1%	102.3%	95.0%

・22年：26勝（勝率8・7％）
・23年：15勝（勝率5・8％）

厩舎の成績の下降が、そのまま所属している永野騎手に影響を及ぼしていると考えたほうが正解かもしれません。

浮かび上がった師匠のジレンマ

データを見ると根深い問題がチラホラと浮かび上がります。やはり、新人騎手を預かって育てようと思えば、手厚いバックアップが必要。調教師も馬主さんに頭を下げて新人を乗せることを了承してもらわないといけない。結果、意見が割れて離れてしまう馬主さんもいるだろうし、新人も期待した成績が残せるとも限らないし……なので、新人を育てようと思うと、厩舎の負担も相当なものでしょう。馬の仕入れが悪くなる恐れもあれば、弟子に優先的にいい馬を回した結果、厩舎全体の成績が下降し、致命傷になるというリスクもあるというわけです。

もちろん、弟子への愛が裏目に出るとは限らない。永野騎手が恩に応えて勝ちまくれば、永野騎手に乗ってもらいたいオーナーが伊藤圭厩舎に馬をお願いするという好循環が生まれます。看板騎手の誕生となれば、有力馬主との関係も深まりますが、現状ではそううまくは運んでいない。厩舎にとってデメリットのほうが大きいようです。

逃げ率が9・6％と高く積極性がウリ。23年逃げた場合は勝率16・4％、複勝率34・5％、単勝回収率190％、複勝回収率136％と優秀な成績を残していますが、前に行けなかったときはからきしダメ。その時点でまず馬券になりません。そろそろ、逃げ以外の違った面でのアピールも見せないと、成績を伸ばすのは厳しいかもしれません。24年は正念場となりそうです。

46 古川奈穂騎手

強心臓

自厩舎以外でも勝てるようになった

女性騎手で一番うまいのは誰かと問われると答えに窮しますが、今年最も勝利にコミットした女性騎手はと聞かれたら古川奈穂騎手の名を挙げてもいいのではないでしょうか。それは数字にも表れています。

●勝ち鞍と騎乗数の推移

・21年：7勝（123鞍）※3月デビュー
・22年：10勝（202鞍）
・23年：18勝（250鞍）※10月9日時点

ご覧の通り、23年は勝ち鞍と騎乗数の双方でキャリアハイを更新。年末まで2か月弱を残していることを考えれば、20勝ラインを突破する可能性は十分です。

しかし、口さがない馬券ガチ勢は「どうせ自厩舎、矢作厩舎のおかげだろう」と吐き捨てるでしょう。

そこで、如何にその認識が誤りであるか、勝利数における矢作厩舎の占有率を見てみましょう。

■戦法マトリックス図

積極的
外に出す
内突く
消極的

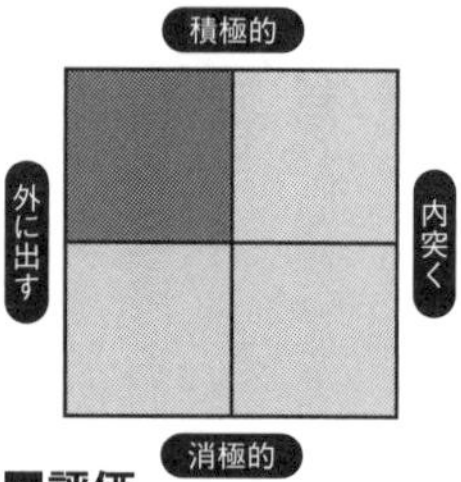

■評価

戦法M	積極的	外出す

■キャラ別データ

USM単	USM連	USM複
136.8%	133.6%	99.2%

●勝ち鞍と矢作厩舎の占有率

・21年：7勝中6勝➡85・7％
・22年：10勝中10勝➡100％
・23年：18勝中6勝➡33・3％

騎手デビューを果たした21年、そして2年目の22年と、過去2年は完全に自厩舎頼みだったのがよくわかります。ところが、今年は矢作厩舎以外の馬で12勝を稼いでいるように、自厩舎の強力サポートがなくともキャリアハイをマークしていた計算なのです。

もちろん、今でも矢作調教師のサポートは手厚く、乗り馬集めにも師匠の口添えはあるでしょう。ただ、それも含めて「政治力」というのが筆者の主張です。

取りこぼしの少なさと戦略力

技術面に目を向けると、まだまだ課題は山積み。馬上で〝バインバイン〟するシーンが散見されますし、デビューから難のあるコーナリングもまだまだです。

それでも勝ち星を伸ばせている要因はふたつあり、ひとつ目は上位人気馬での取りこぼしが少ないこと。

23年は1〜3番人気で勝率29・7％、単勝回収率136％を記録していますが、これは全騎手を合算した勝率21・7％、単勝回収率77％をはるかに凌ぐもの。1〜5番人気まで広げても勝率18・9％、単回率102％で、やはり全体の数値を上回ります。様々な媒体のインタビュー記事を見ても強気な性格が伺え、実は人気で勝ち切れる強心臓の持ち主なのです。

そして、ふたつ目のキーワードが〝頭脳プレー〟。これは「戦略力」と置き換えてもいいですが、さすがは偏差値70オーバーの広尾学園の出身。騎乗の随所に地頭の良さが見られます。

減量騎手の勝ちパターンといえば前に行っての粘込みですが、逃げは諸刃の剣。同型の存在を見極めなければ、ただの無謀な競馬になりかねません。

古川騎手はこの見極めが的確で、初ダートのメリタテスで逃げ切った8月6日の札幌4Rや、アイヲツグモノをスタートから押し続け4角3番手から勝ち切った4月23日の福島7Rは、明らかに逃げ馬不在でした。相手関係を見極めたクレバーな騎乗といえ、足りない技術力をヘッドワークで補っている印象です。

こうした戦略力の高さは特別戦でこそ生きるのではないかと、手ぐすねを引いて待っています。

47 木幡巧也騎手

2、3着付け

底値安定の「ザ・中堅」

競馬学校での1年間の留年を経て、2016年にデビューを果たした木幡巧也騎手。アイルランド大使特別賞を受賞し、同期で最も早い勝利を達成。そのままの勢いで46勝を挙げ、JRA最多勝利新人騎手に輝きます。日本プロスポーツ大賞新人賞、民放競馬記者クラブ賞なども総舐めにし、順風満帆なスタートを切ったのですが……。よもや、これがキャリアハイになろうとは、思いも寄らなかったことでしょう。

2年目に18勝と低迷すると、3年目は23勝と微増にとどまり、以後の4年間は23〜28勝で安定。23年は10月9日時点で18勝と、良くて同程度に落ち着く公算大。来年で28歳と三十路が近づいており、どこをどう見ても「ザ・中堅」というほかありません。

22年には同期の荻野極騎手、坂井瑠星騎手が相次いでGIジョッキーの仲間入りを果たし、坂井騎手に至っては年間100勝の大台を狙うところまで来ています。一体どこでこれほどの差がついてしまったのでしょうか。

木幡巧騎手を語るうえで切っても切り離せないのが、師匠である牧光二調教師の存在です。美浦の武闘派として知られ、年長者が相手でも間違っていると思えばハッキリ伝えるという御仁で、競馬学校での留年も師匠の判断によるものだったといいます。数年前にはふたりの確執が漏れ伝わっており、フリーになる、いやさせない、という話があったほどです。

■戦法マトリックス図

積極的 / 消極的 / 外に出す / 内突く

■評価

戦法M	どちらでもない	どちらでもない

■キャラ別データ

USM単	USM連	USM複
100.2%	93.2%	96.0%

師匠の束縛で他厩舎に乗れない

こうした師匠の、良くいえば溺愛、悪くいえば束縛が弟子の伸び悩みの原因かもしれません。というのも、16年からの厩舎のJRA勝ち星は25勝→25勝→15勝→21勝→14勝→21勝→18勝ときて、23年も17勝。こちらも「ザ・中堅」という成績です。しかも、厩舎の全出走の約半数が師弟コンビによるもので、他厩舎との接点が作りにくい状況にあります。

それは木幡巧騎手の競馬場別騎乗数にも表れており、デビュー以来、札幌での騎乗経験はゼロ。函館は3年目の54鞍のみ。中京は2年目と3年目を合算した73鞍のほか、22年の2鞍のみ。京都は7鞍、阪神は2鞍。そして小倉もデビュー3年目の53鞍のみ。

つまり、デビュー2、3年目を除くとほぼ関東でしか騎乗がなく、それも主場の割合が多いのです。これでは関西厩舎とのパイプなど作りようもありません。

とはいえ、馬力SMの数値を見ると、単では100%をキープしています。つまり、成績が伸び悩んでいるのは騎乗馬の質によるもので、馬の能力を出し切る騎乗はできているといえそうです。

これだけ自厩舎に束縛されているだけに、狙いは厩舎のカラー通り。牧厩舎の代表馬といえば、古くは牝馬クラシックで活躍したアニメイトバイオ、今なら2歳時からダートで鳴らすミトノオーで、いずれも2歳時から活躍しています。

21年以降、師弟コンビで25勝を挙げていますが、うち20勝は2～3歳6月までにマークされたもので、木幡巧騎手のスウィートスポットもここ。厩舎を問わず、21年以降で単回率108%、複回率99%とリターンも十分に見込めます。

ただし、3歳7～12月は単複ともに回収率30%台。夏以降は束縛せず、一旦リリースが正解です。

48 横山琉人騎手 中穴&大穴

△2キロ減→☆1キロ減で正念場

2021年デビューの3年目・横山琉騎手が23年に正念場を迎えています。

ルーキーイヤーは9勝に終わるも光る騎乗があり、筆者は誰よりも早くツバをつけたと自負しています。22年の年初に発売された月刊誌『競馬の天才!』では「今年も横山の年になると見ているが、横山といっても横山琉人だ」と声高に宣言したほどです。

結果、22年には勝ち星を34勝にまで伸ばし、単勝回収率も141%を記録。馬券でもたくさんおいしい思いをさせてもらいました。

しかし、23年は10月9日の時点で16勝止まり。昨年も10~12月のラスト3か月で10勝を稼ぎ出しただけに、まだまだ伸ばす可能性はあります。それでも、キャリアハイの更新となると、かなり厳しいと言わざるを得ません。

とはいえ、馬力SMは単連複とも100%超をキープしており、しかも単は126・8%もあります。今年の勝率、連対率、複勝率も昨年並みで、厳しい見方をすれば向上していないと受け取ることもできますが、腕が落ちたわけではありません。それでも勝ち星が伸び悩んでしまったのは、活躍し始めた減量騎手が避けては通れない道に入ってしまったからでしょう。

23年4月2日の中山1R・3歳未勝利戦をアッティラで勝ち、通算50勝に到達。減量特典が△2キロ減から☆1キロ減へと変更されたのです。

■戦法マトリックス図

■評価

戦法M	どちらでもない	どちらでもない

■キャラ別データ

USM単	USM連	USM複
126.8%	104.7%	100.4%

これまでも、△→☆への変更で急に存在感が失われる若手騎手を数多く見てきました。筆者はこの現象を「お星さま（☆）になる」と呼んでおり、横山琉騎手も今まさに「お星さま」になりかけているのです。

23年の月別の騎乗数からもそれが見て取れます。

・1月49鞍→2月42鞍→3月39鞍→4月51鞍
・5月35鞍→6月34鞍→7月38鞍→8月26鞍
・9月22鞍→10月27鞍（※10月29日まで含む）

この通り、50勝に到達した4月の51鞍が最多で、以後、大きな離脱なく騎乗しながら騎乗数が40を超えた月はありません。それどころか、8月を境に月間30鞍のラインも下回っており、乗り馬集めに苦労している様子が見て取れます。これは本人がどうこう以前に、周囲が2キロ減と1キロ減の違いを強く意識していることと、騎乗技術が伴ってきた後輩が減量需要を引き受けてしまうことによる自然淘汰といえるでしょう。

好位差し・中長距離での勝利が増加

このままでは消えてしまうと、10月の横山琉騎手は奮起します。

15日の新潟9R粟島特別で10番人気のフェミナフォルテを勝利に導き、22日の新潟5R・2歳新馬では5番人気のカーマンラインで勝利。さらに28日には東京10R・紅葉Sを6番人気のフィールシンパシーで勝ち切り、目立つ舞台で3勝をマーク。特に特別戦での2勝は、減量特典がなくとも乗れることをアピールできたのではないでしょうか。

しかも、23年の19勝のうち、逃げ切りは3鞍だけ。好位差しの割合が激増しており、減量に任せた戦法でなくとも勝てることを示しています。

所属の相沢厩舎のほか、10月の全3勝をマークした小島厩舎は特注。あとは関西からの騎乗依頼がカギなので、中京や小倉への積極遠征を期待します。

49 酒井 学 騎手

中穴狙い

鬼門の阪神は克服したが……

前年の本書でパイプの太い有力オーナーの相次ぐ訃報により勝ち星を落としている旨を紹介しましたが、23年は10月9日の時点で前年の12勝を上回る15勝を挙げています。回復基調なのは、やはり昨年の原稿で鬼門とした阪神の克服があったからこそ。これは一昨年の鬼門だった中京を翌年に克服したと同様で、ベテランながら向上心が感じられるのは好感です。

ただし、23年は次なる鬼門が……。4月に新装オープンの京都で、いまだ勝ち星がありません。

●競馬場別成績

・中京【5・3・3・84】勝率5・3%
・京都【0・1・4・51】勝率0・0%
・阪神【9・9・6・126】勝率6・0%

京都に続き24年は阪神が改修に入るため、そのぶんの開催が中京と京都に振り分けられます。このまま京都に躓くようだと、徳俵に足が掛かってしまう可能性も……。

ただ、過去には月刊誌『競馬最強の法則』のインタビューで「年間未勝利の頃に手持ちのCDなどを売って生活をしていた」と語るなど、地獄を味わった人間にしてみれば、現状でも腐るようなことはないはず。

また、筆者が常々主張しているように、ジョッキーは40歳を超えたあたりから身体のあらゆる衰えによって成績を落とします。しかし、そこで踏ん張ると、衰えた身体に合った乗り方をマスターし、再浮上する傾向

■戦法マトリックス図

積極的 / 消極的 / 外に出す / 内突く

■評価

戦法M	消極的	外出す

■キャラ別データ

USM単	USM連	USM複
117.6%	98.6%	100.6%

にあります。競馬界のレジェンド・武豊騎手もそうですし、いまだに〝マジック〟を見せてくれる横山典騎手や、その横山騎手がいまだに「あの人はスゴい」と語る現役最年長・柴田善臣騎手も例に洩れません。

継続騎乗の大型馬に要注意

22年より23年の成績が上がったということは、酒井騎手もそのタームに入り始めた可能性があります。そうなれば馬券的にまだまだ買いどころがあるはずで、現在の狙い目を整理しておきたいところです。23年の戦績から、2つのポイントが見えてきました。

まずは「継続騎乗」。緩やかでも成績が下降している酒井騎手に乗り替わりで依頼があるのは、厳しい言い方をすれば、他に空きがなかったから。言い換えれば、その程度の馬であることが多いのでしょう。

一方、酒井騎手の身になって考えれば、お手馬ではあらゆる手を尽くし、考え尽くした騎乗になるはず。

●乗り替わりの有無

・乗替騎乗　勝率1・5％ 単回率40％
・継続騎乗　勝率6・9％ 単回率77％

また、酒井騎手のウリといえば体重の軽さで、軽ハンデにも難なく乗れるという強みがありました。女性ジョッキーの増加などでこの需要は薄れてしまったものの、斤量絡みのデータを調べていて引っ掛かったのが馬格のある馬での好成績です。

目安となるのは当日の馬体重が480キロ以上の馬で、「継続騎乗」×「480キロ以上」だと勝率は11・7％までアップ。複勝率は25・0％と4頭に1頭は馬券に絡み、単回率110％、複回率107％と単複ともプラス収支となっています。ダートのオープンを2勝しているメイショウフンジンも500キロ超の大型で、いずれも継続騎乗によるものでした。

新装京都での初白星は該当馬で、と睨んでいます。

50 国分恭介騎手 大穴警報

大穴ジョッキーは今年も健在

20年10勝→21年12勝→22年12勝とギリギリのところで踏みとどまっている印象ですが、23年も馬力SMは単連複のすべてで100%を大幅クリア。前年の本書で「乗れている」と書いたのは間違いでなく、10月9日時点で15勝と前年比25%増を達成しています。

しかも、梅田Sを単勝13番人気&(158倍)で逃げ切ったテイエムベンチャーを筆頭に、15勝中4勝が二桁人気によるもの。大穴ジョッキーとしての魅力は健在で、常に一発を狙う姿勢は好感しかありません。

名前は出せませんが、関西では騎乗技術に定評のあるベテランジョッキーのもとに若手~中堅騎手が集まり、騎乗について学んでいるそう。いずれも結果が出ており、実は国分恭騎手もそのひとりなのです。

09年のデビュー時に所属していた五十嵐忠男厩舎が最大の乗り馬供給源だったため、23年2月の師匠の定年引退、厩舎解散がどのように影響するのかが最大の懸念でしたが、その影響は感じられません。というのも、勝ち星だけでなく騎乗数も昨年から増やしているからです。

22年の京都記念で大穴をあけたお手馬・アフリカンゴールドは西園正都厩舎の管理馬ですが、五十嵐調教師の定年と入れ替わるかたちで23年3月に西園正師のご子息である西園翔太師が開業。トレセン入り後は一貫して父の厩舎で調教助手として働いていたため、国分恭騎手との関係も深く、信頼も厚いのでしょう。

■戦法マトリックス図

積極的 / 消極的 / 外に出す / 内突く

■評価

戦法M	どちらでもない	どちらでもない

■キャラ別データ

USM単	USM連	USM複
190.7%	126.3%	125.0%

23年の厩舎別騎乗数では西園翔厩舎がナンバー1であり、騎乗馬の供給が止まらなかったことは好材料。しかも、2勝クラスの洲本特別を5番人気で勝ち、3勝クラスの豊明Sでは11番人気2着と激走したタガノペカや、7月1日の中京1勝クラスを制したタガノアレハンドラと、「タガノ」の冠名で知られる大馬主・八木良司氏の所有馬を任されています。馬券を買う側としても、このラインは注意すべきでしょう。

逃げ馬と外枠で穴を量産する

前出のアフリカンゴールド、テイエムベンチャーからもわかる通り、人気薄の逃げは超強烈。馬質の関係で後方からの競馬を余儀なくされるケースが多く、今年も10月9日時点で先手を奪ったのは15回のみ。しかも、そのうち3回がアフリカンゴールドですから、これを除くと12回しかありません。恐ろしいのは、この12回で4勝と、高確率で逃げ切ってしまう点です。

逃げ馬の勝率は例年、20％を若干下回るくらいですから、いかに国分恭騎手が優秀なのか伝わるはず。また、その破壊力は言わずもがなでしょう。テイエムベンチャーは乗り替わりでしたが、それ以前の騎乗時には4角2、3番手の強気な競馬をしていました。

また、23年1月28日の中京1勝クラスを逃げ切ったカルタゴはテン乗りだったものの、4走前に同じ芝マイル戦で4角3番手の競馬がありました。常に一発を狙って行く気があるからこそ、過去走のチェックは欠かせません。前半の脚があると確認できたら、人気にかかわらず買い目に加えるべきでしょう。

行けない馬でも道中で動くことがあるためか、包まれやすい内枠はNG。1＆2枠で1勝止まりであるのに対し、7＆8枠で8勝と、その差は歴然です。

得意とする中京の7＆8枠なら複勝率が28・6％と高い点も忘れずに覚えておきましょう。

51 石橋 脩 騎手

プレッシャー弱

堀宣行厩舎との断絶が痛恨！

デビュー21年目のイケメンが苦しんでいます。

20年間で８００勝以上をマークし、年平均では安定して40勝前後を挙げてきましたが、23年は10月９日の時点で16勝の大スランプ。これまでルーキーイヤーの25勝が最も少ない年間勝利数だったため、残すところあと２か月弱の段階としては、キャリアワーストが濃厚と言わざるを得ません。

原因はハッキリしています。

●堀厩舎での勝利数（騎乗数）と重賞勝利

・19年：13勝（54鞍）サウジアラビアＲＣ
・20年：10勝（50鞍）ニュージーランドＴ
・21年：12勝（68鞍）マーチＳ
・22年：３勝（34鞍）重賞なし

石橋脩騎手を語るうえで切っても切り離せないのが堀宣行厩舎との関係でした。しかし、22年は前年比で乗り鞍が半減。前３年は同厩舎の管理馬で重賞タイトルも手にしていましたが、こちらもストップしてしまいます。

そして、23年はどうなったかというと……。

・23年：０勝（３鞍）

なんと、騎乗自体がわずかに３鞍のみ。４月23日のカフェカエサルを最後に、両者の関係は完全に切れてしまいました。所属ではなかったものの、口さがない関係者は「クビになった」と断言しており、どうやら修復は難しいようです。

■戦法マトリックス図

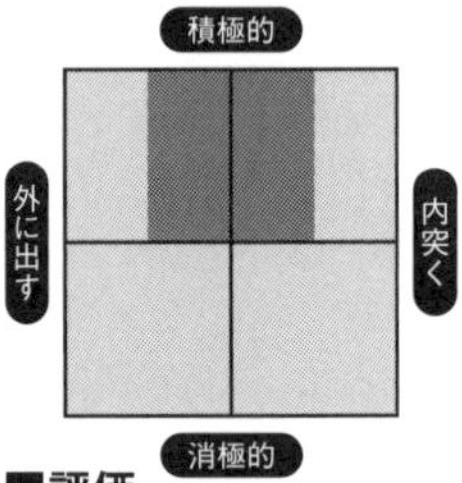

積極的
外に出す
内突く
消極的

■評価

戦法M	積極的	どちらでもない

■キャラ別データ

USM単	USM連	USM複
73.8%	91.3%	95.6%

堀厩舎の馬に乗れるから重賞も勝つ→大レースで勝つから目立つ→他陣営の目に触れる→騎乗依頼が入るという好循環も絶たれてしまいました。

それが大きなショックとなったかどうかは定かではありませんが、23年は精彩を欠く騎乗が急増してしまいます。それを端的に示すのが馬力SMで、なんと最新の数値では単で73・8%と急下降を見せているのです。乗り馬の質が下がったら、下がったなりの結果を出していれば数字を保てるのが馬力SMの長所。乗り馬の質が悪かろうが、騎乗技術にかげりがなければこのような下落はあり得ません。

思えば、競馬界ジャニーズと呼ばれたイケメンも、24年に不惑を迎えます。筆者が再三に渡って主張するジョッキー36歳ピーク説からの不惑の落とし穴、すなわち、視力の低下や体力の衰えなどから成績が低迷する頃合いと重なったのではないでしょうか。

唯一⁉の買い条件と注目厩舎

馬券で注意すべきは、1番人気での勝率11・8%、単回率39%でしょう。1~5番人気でも勝率8・7%、単回率46%ですから手出しは無用です。ただ、馬券的な狙い目が「人気馬の消し」ではあんまりなので、あらゆる面から買いどころを探しました。そこで浮上したのが「1300m以下の短距離戦」です。

この条件ならば、ベタ買いで勝率10・1%、複勝率37・7%で回収率も単勝159%、複勝125%を記録しています。圧倒的にダートがオススメですが、芝も複勝回収率が111%ですから、こちらもおさえる価値はありそうです。

また、捨てる神あれば拾う神あり。調教を手伝う上原佑厩舎は要注目で、タガノビューティーの関係から繋がる西園正厩舎は短距離戦に強く好相性。このあたりから大舞台での活躍馬の登場が待たれます。

52
吉田 豊 騎手

中穴狙い

東のユタカも48歳でなお盛ん！

前年の本書では矢作厩舎のパンサラッサとのコンビ結成の秘話に触れました。加えて、それが他陣営への良いアピールにつながったこと、さらには新興厩舎との関係ができており、未来は明るい、とも。

それをご覧になり、23年にデビュー30年目を迎えるベテランの未来が明るいなんて……と思われた方も少なくないはずです。その結果や如何に……。

なんと、23年のUSMは3部門とも100％超えどころか110％超えを果たしており、騎乗馬の能力を人気以上に絞り出せています。はい、自慢です（笑）。

勝ち星のほうも、秋の中山終了時点で前2年は12勝でしたが、23年は15勝と25％増に成功。前年からの上積みは必至の情勢といえそうです。

と、思っていたら、なんとデータの集計を区切った10月9日の翌週からの2週で5勝を荒稼ぎ。あっさりと20勝の壁を突破してみせました。

しかも、2勝クラスを制したリッキーマジックが4角最後方＝16番手からの追い込み、同じく2勝クラスのリバートゥルーが12頭立ての4角10番手からと、5勝すべてを中団・後方からの競馬でマークしている点は注目に値します。

古くはサイレントトセイバー、最近ではもちろんパンサラッサになりますが、吉田豊騎手の長所は「思い切りのいい騎乗」です。夏の新潟・阿賀野川特別では、

■戦法マトリックス図

積極的 / 消極的 / 外に出す / 内突く

■評価

戦法M	消極的	内突く

■キャラ別データ

USM単	USM連	USM複
113.1%	112.3%	114.4%

菊花賞出走を狙う矢作厩舎のリビアングラスの代打を引き受け、見事に逃げ切ってみせました。馬場が良かったとはいえ、前半3Fを34秒0と短距離戦並みのペースで突っ込みながら、5ハロン目は一気に13秒0まで落とします。そこから12秒台を4ハロン続け、ラスト2ハロンを11秒台でまとめる完璧な騎乗で、1番人気のウインオーディンも成す術がありませんでした。

依頼した矢作調教師も注文通りの結果に大満足だったことでしょう。ただ、矢作厩舎には先行意識の高い坂井瑠星騎手が所属しており、今後はこのテの依頼も限られてくるはず。事実、菊花賞のリビアングラスの鞍上には坂井騎手の姿がありました。

もともと決め打ち系とはいえ、別段、積極的に逃げるジョッキーではありません。むしろ、逃げ率の低さは消極性を表しているといっても過言ではなく、後ろから競馬を進めるのが本来の姿ともいえそうです。

差し・追い込みで穴馬券を目論む

実際、10月9日までの脚質別勝ち星を見ても、戦法に偏りがないのが特徴です。

●23年の脚質別勝利数と企図数

・逃げ：4勝（24回）
・先行：3勝（35回）
・中団：4勝（114回）
・後方：4勝（119回）

全騎手の勝利数を「逃げ&先行」と「中団&後方」で比較した場合、後者のほうが多いジョッキーなどほとんどいません。15勝以上を挙げている中では吉田豊騎手と菅原明良騎手のみ。集計後の2週で挙げた5勝を加えれば、ダントツの割合になります。

東のユタカのモデルチェンジは興味深く、我々はこれを決め打ちしたいところ。ペースが流れるダートのほうが実数も好走率もアップするので要注目です。

53 丸山元気騎手

2、3着付け

今年はノーザン生産馬で0勝！

元気がない……今の丸山騎手は名前負けしています。前年はこの書き出しからスタートしましたが、今年はというと……さらに元気がありません。

端正な顔立ちと人懐っこさで、トラックマンのSNSにもたびたび登場する丸山騎手。そのコミュ力の高さから政治力も非常に高く、一時期の不調時にもノーザン系クラブのセカンド的なポジションを手に入れます。再浮上のきっかけを掴んだかに見えました。

実際、ノーザンF生産馬での勝ち星は、17年1勝→18年9勝→19年21勝と右肩上がり。特に18年と19年の2年間は30勝を挙げたばかりか、勝率15・3％で単勝回収率134％と馬券的にも上々の成績を収めます。ところが……。

翌20年は22勝とさらに勝ち星を上積みしたものの、勝率は10・3％に急落します。

さらに21年は勝率7・8％で10勝止まり。いよいよノーザンの不興を買ったのか、22年には乗り鞍も半数以下に落として1勝のみ。ついには23年、10月9日の時点で0勝と、天下のノーザンF生産馬に50鞍以上も跨りながら未勝利という不名誉な記録に突き進んでしまっています。

この大票田での取りこぼしが大きく響き、10月9日現在の勝ち星はわずかに13勝。デビュー年の8勝を除くと、ワースト記録待ったなしの情勢です。

■戦法マトリックス図

■評価

戦法M	消極的	外出す

■キャラ別データ

USM単	USM連	USM複
83.7%	86.5%	95.0%

思えば20年頃からでしょうか。SNSでは一口出資者と思しきファンから「丸山騎手は勘弁!」という趣旨の書き込みが散見されるようになりました。

そんな状況にもかかわらず、シルクやキャロット、サンデーレーシングといったノーザン系クラブ馬の新馬戦に跨るケースもあり、完全に切られたというわけではなさそうです。まだまだ政治力が健在であることの表れといえそうですが、期待を裏切るケースが多過ぎる点はフォローのしようがありません。

例えば、新馬戦で2番人気2着に導いたテウメッサは次走で単勝2・0倍の1番人気に推されますが、よもやの6着に敗れてしまいます。何も丸山騎手だけの責任だとは思いませんが、この馬の負け方は実に象徴的。というのも、今年は「ノーザン生産かつ1~5番人気」という馬に延べ17回騎乗し、着順が人気を上回ったケースはたったの一度しかないのです。

ノーザン生産馬以外を芝で狙う

これだけノーザン生産馬で不調ならば、他牧場の生産馬ではさらに壊滅的なのでは……と考えるファンも少なくないでしょう。そこで成績を見てみると……。

●ノーザン生産馬以外の成績

・全体:複勝率18・8% 複回率89%
・芝:複勝率23・2% 複回率106%
・ダート:複勝率13・6% 複回率67%

なんと、ノーザン生産馬を除いたほうが成績は急上昇するのです。しかも、芝戦に強いノーザン生産馬にたくさん騎乗することで戦略力が鍛えられたのでしょうか、芝戦で高回収率、ベタ買いでプラス収支というのは、あまりに皮肉な結果といえます。

ノーザンがリリースなら、我々はキャッチあるのみ。複勝率8・7%、複回率19%と壊滅的な東京芝を除けばどこでも買いで、2、3着付けがオススメです。

54 藤懸貴志騎手

中穴狙い

「逃げは諸刃の剣」を実感

21年のマーメイドSをシャムロックヒルで制し、重賞初制覇を遂げた藤懸貴志騎手。その1か月前にはハギノピリナでオークスに出走、GI初騎乗ながら16番人気の同馬を3着に導き、複勝2820円の大穴を演出します。結果、2年目（12年）の16勝に次ぐ14勝を稼ぎ出し、飛躍の1年になりました。

ところが、翌22年は8勝止まりに終わってしまいます。21年の好調と22年の不調、正反対の結果ながら、その要因となったのは「まったく同じもの」でした。

何を隠そう、それが藤懸騎手の積極性です。前年の本書でも指摘した通り、21年の好成績は逃げ率の増加が起爆剤になりました。全勝ち鞍＝14勝のうち7勝が逃げ切りで、単勝回収率も368％を記録します。

22年も同程度の逃げ率でしたが、わずか1勝止まり。前年比の6勝減がそのまま年間の勝利数の差となり、21年の14勝から22年は8勝に転落したのです。勝率を見ても、21年の20・0％に対して22年は2・8％、単勝回収率も10％と、散々な結果に終わりました。

この藤懸騎手の成績の推移は実に示唆に富んでいます。というのも、第1章で記した通り、関西は徹底先行をウリにしてナンバー1の座までのし上がってきた川田騎手に倣ったのか、積極策に出る若手騎手が増加しています。各騎手とも逃げの威力を実感しているからこそ、逃げ馬へのマークも厳しくなるのです。

■戦法マトリックス図

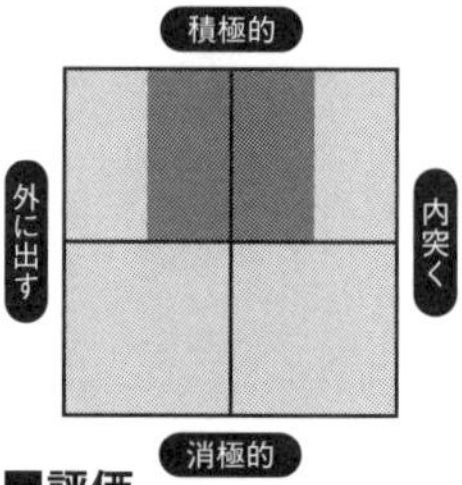

積極的
外に出す
内突く
消極的

■評価

戦法M	積極的	どちらでもない

■キャラ別データ

USM単	USM連	USM複
146.9%	113.9%	117.7%

常時、強い馬に跨れるジョッキーはそれでも結果を残せるでしょうが、残念ながら藤懸騎手はそうではありません。逃げを打っても見逃してもらい、展開利を最大限に享受してこそ勝ち切ることができるのです。22年の逃げが不発だったのは、関西圏の逃げ馬に対する監視が強まったからでしょう。筆者はこうした監視員を「逃げ馬絶対潰すマン」と呼び、展開予想の際に強く意識するようになりました。

逃げ馬絶対潰すマンに変貌

藤懸騎手がどう対応するか見ものでしたが、どうやら自身も監視員の道を選び、「逃げ馬絶対潰すマン」になったようです。というのも、逃げ率は前2年の13％台から9％台に低下したものの、先行率が上昇しているからです。マークされる回数よりマークする回数が増えたといえ、実際にそういったシーンを多く目にするようになりました。

例えば23年6月11日の東京・夏至Sは、ダートのマイル戦ながら、前走で逃げた馬が不在でした。メンバー構成から十中八九、スカーレットスカイの逃げと予想、注文通りに同馬がハナを切ります。しかし、そうはさせまいとプレッシャーを掛けに行ったのがケイアイシェルビーの藤懸騎手です。終始1馬身以内に位置して相手に楽をさせず、直線で競り落とすことに成功。7番人気ながら勝ち切ってみせました。

この「逃げ馬不在」が藤懸騎手の逃げを見破るキーワードです。23年7月9日の中京・未勝利戦（芝2200ｍ）も前走で逃げた馬がおらず、スローは必至。すると、ケイアイサンデラの藤懸騎手がスタート直後から出鞭を連打、猛然と押してハナを奪ったのです。結果、7番人気ながらまんまと逃げ切りました。

行く馬がいれば鈴を付けに行き、隙あらば先手を奪う。藤懸騎手の監視を強める必要がありそうです。

55 泉谷楓馬 騎手

中穴狙い

関西の先行至上主義が追い風か

デビュー年に初騎乗初勝利をやってのけ、いきなり注目を集めた泉谷騎手。2年目の21年には46勝を挙げ、順調に勝ち星を伸ばしたように映りましたが……。その後は22年が14勝、23年も10月9日時点で12勝と、減量特典が☆1キロに減っての低迷が顕著です。

より減量特典の大きい女性ジョッキーが軒並み乗れるようになっているため、減量需要のレースでは分が悪いのは明白。ただ、22年は年間を通じたベタ買いの複勝回収率が90%、23年は単勝回収率が90%と、乗り鞍に恵まれないなかで抵抗は見せています。実際、減量の関係ない特別戦ではデビューから4年で1勝→3勝→6勝→6勝と勝ち星を増やしており、23年の回収率は単勝92%、複勝１００%と頼りになる存在です。

この密やかな抵抗をより表しているのが馬力ＳＭで、単複連の3部門とも１１０%を超える数字を叩き出しました。

23年は逃げ率が５・７%しかなく、実際に逃げ切りでの勝利も1度だけと、好位差しや中団からの競馬を磨いて活路を見出そうとしている様子。関西の先行至上主義の盛り上がりは福音かもしれません。

馬券で注目すべきはコーナー4回のコース。1コーナーまでに何度も押し引きを行い「なるべく内へ」の意識が強い。吾妻小富士ＯＰのブラックアーメットや、同じく福島ダート１７００ｍで勝利したトリプルスリルでの騎乗をぜひＶＴＲでご覧ください。

■戦法マトリックス図

積極的
外に出す
内突く
消極的

■評価

戦法M	どちらでもない	どちらでもない

■キャラ別データ

USM単	USM連	USM複
119.6%	118.7%	114.9%

56 小沢大仁騎手

中穴&大穴

前に行けるか否かで別人

デビュー年の21年に31勝を挙げ、JRA賞の最多勝利新人騎手を受賞した小沢騎手。しかし、2年目の22年に26勝、3年目の23年は10月9日時点で12勝と、初年度がキャリアハイという尻すぼみの典型に陥っています。馬力SMを見ても全部門で90%を割りそうな低迷っぷりで、複に至っては75%しかありません。

デビューから3年間の複勝回収率は56%→56%→44%の惨状で、なるほど、これが25%割引の騎乗かと逆に唸ってしまうほどです。これは全消しでOK……とはならないのが競馬の面白いところ。

逃げ率は概ね7%前後とそれほど高くはありませんが、勝率は微減ながら単勝回収率は252%↓419%↓304%と破壊力は十分です。先行でも同102%↓74%↓172%となっており、その勝率は8・3%↓8・9%↓11・0%と、平均人気が下がっているにもかかわらず向上中。前に行ける馬に乗ったときとそうでないときは別人と考えるべきでしょう。

このタイプの騎手は馬を動かせないため、大型馬が苦手。23年小沢騎手は500キロ超で馬券絡みがありませんし、デビュー以来、520キロ以上で0勝です。

そして最大の懸念材料として、所属する松永昌厩舎の定年解散が24年2月に迫っています。乗り鞍も勝ち星も最大の供給源だけに、24年はいきなり崖っぷちからのスタートを余儀なくされます。結果や如何に⁉

■戦法マトリックス図

積極的 / 外に出す / 内突く / 消極的

■評価

戦法M	どちらでもない	どちらでもない

■キャラ別データ

USM単	USM連	USM複
92.0%	90.5%	75.0%

57 荻野 極 騎手

2、3着付け

GⅠ制覇もフェードアウトの危機

22年のスプリンターズSでジャンダルムを勝利に導き、JRA・GⅠ初制覇を遂げた荻野騎手。同期で大の仲良しである坂井瑠星騎手に先んじた格好ですが、現在の置かれた状況は正反対といっていいでしょう。

荻野騎手から遅れること2週間後の秋華賞をスタニングローズで制した坂井騎手は、年間98勝をマーク。23年にはフェブラリーSをレモンポップで制すなど、大きな飛躍を遂げています。

ところが、荻野騎手はスプリンターズS以降の展望が何もありません。その状況を憂慮した筆者は、23年2月発売の『競馬の天才！』に寄稿した「2023年に飛躍する騎手」という記事の中で、GⅠを手にしたものの不安が募る、と指摘していました。

その結果が馬力SMにも如実に表れており、単91・8％はまだいいほうで、連と複は80％を割っているのが現状です。

■戦法マトリックス図

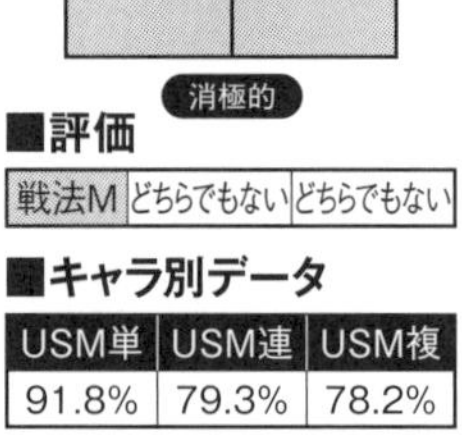

	積極的	
外に出す		内突く
	消極的	

■評価

戦法M	どちらでもない	どちらでもない

■キャラ別データ

USM単	USM連	USM複
91.8%	79.3%	78.2%

21年の16勝から22年に24勝へと勝ち星を増やした際には、逃げ切りが0勝→7勝と、先行策に活路を見出した感がありました。しかし、皮肉にも親友の坂井騎手を筆頭に徹底先行型が台頭した結果、乗り馬の質もあってか23年は逃げの企図数も減少、勝率も前年の24・1％から12・5％へと半減しています。

頼みの綱は重賞で2着1回、3着2回のヴァンヤール。オープンクラスでほぼ唯一のお手馬だけに、この馬で目立てないようだとフェードアウトの危機です。

58 秋山真一郎 騎手

強心臓

ムーアも認めた腕は健在！

21年にキャリアワーストとなる14勝に終わるも、22年は「逃げ」に活路を見出し20勝のラインに返り咲きました。しかし、もともと差し脚を伸ばす競馬に一家言あり、R・ムーア騎手をして「日本人でうまいと思うジョッキー」は、これを良しとしなかったのでしょうか。23年の逃げ率は21年以前の水準まで下がってしまいました。

意図的かどうかは定かではありませんが、筆者の目には騎乗数をセーブしているように映りますし、若手ジョッキーへの助言も行っているという話も漏れ伝わってきています。24年2月には45歳を迎えるベテランですから、次なる展開、転身を考えていても何ら不思議はないでしょう。

それでも腕は錆びついていないと強く感じるのは、1番人気での強さ。21年以降で勝率50・0％、複勝率76・9％、単勝回収率136％、複勝回収率103％とさすがの数字。面白いのは今年の4勝すべてが逃げという点で、ルクスフロンティアとのコンビに興味津々です。

一方、穴馬では息を潜めて展開待ち。小倉・釜山Sで単勝万馬券を叩き出したアッティーヴォや、同じく小倉で1勝クラスを10番人気ながら差し切ったフォーチュンコードによる追い込みは実に鮮やかでした。馬上で忙しなくダンスする騎手が増えたなか、ブレない姿勢での追いっぷりは一見の価値アリです。

■戦法マトリックス図

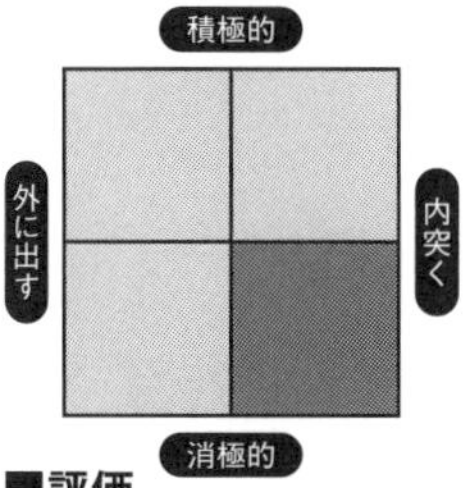

積極的
外に出す　内突く
消極的

■評価

戦法M	消極的	内突く

■キャラ別データ

USM単	USM連	USM複
117.6%	134.0%	115.6%

59 亀田温心騎手 中穴狙い

痛恨の空港誤認事件が尾を引く

2022年の本書の執筆時点でわずか4勝にとどまっており、「もしもしカメよ、目を覚ませ」と心温まる叱咤激励をしました。すると、10〜12月の3か月で5勝を稼ぎ出し、年間の勝利数を9まで伸ばします。これには23年の反転攻勢を期待したほどです。

結果、最新の馬力SMは単119・6%、連120・6%、複109・1%まで急上昇、騎乗馬の能力をフルに絞り出している様子が見て取れます。しかも、23年1月中に100勝を達成、減量特典がなくなったにもかかわらず好走率はデビュー以来、最高レベルの水準まで上がっており、卯年の23年、カメはウサギに追いつき、追い越すところまで来ました。

ですが、厩舎関係者の評価は芳しくないようです。前年に指摘した乗り鞍の減少に歯止めが効かなくなっています。

■戦法マトリックス図

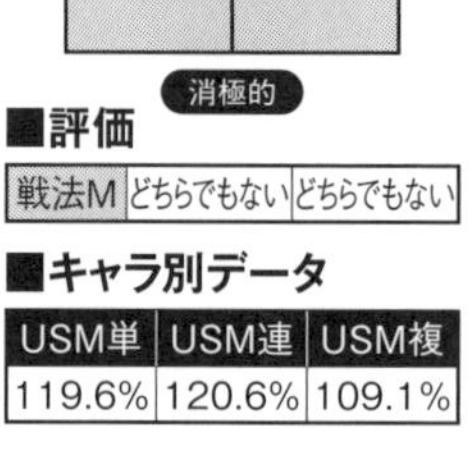

積極的 / 外に出す / 内突く / 消極的

■評価

戦法M	どちらでもない	どちらでもない

■キャラ別データ

USM単	USM連	USM複
119.6%	120.6%	109.1%

22年は前年から200鞍以上減の366鞍。今年は10月9日時点で186鞍と、さらに減りました。

やはり、空港誤認事件が痛恨でした。6月3日の東京遠征の際、大雨の影響で新幹線が使えず。当日の飛行機移動に切り替えるも、関空からの便を予約したのに伊丹に行ってしまい間に合わなかったのです。

騎乗予定だったディパッセを管理する高柳大厩舎へは、その後も騎乗があります。恩義に報いるため、今は心を込めて乗るしかありません。単勝10〜50倍がホットスポットで、財布を温めてくれるはずです。

60 菊沢一樹騎手

中穴狙い

馬質が伴えば成績は確実に上がる

２０２２年は21勝を挙げ、デビュー2年目の17年に記録した20勝を上回るキャリアハイを達成。23年の活躍を予感させましたが……。10月9日時点でわずかに10勝、あわやデビュー年に次ぐワースト記録か、という事態に陥ってしまいます。

さすがにこれはマズい、と心を入れ替えたくらいで成績が向上すれば苦労はしませんが、集計後の秋の新潟開催で大爆発。３週間で5勝を上積みしました。

しかも、勝ち馬の人気は7→10→12→5→13と穴馬だらけ。13番人気のカイザーメランジェで制したルミエールＡＤの３連単は２０８万馬券の好配当で、前年に「これからもっと大きな仕事をする可能性も秘めていそう」と期待した筆者も留飲を下げたほどです。

まるで集計の前後で別人のようですが、前述の通り、気持ちの持ちようだけで結果が出るほど甘い世界ではありません。変わったのは騎乗馬の質だと睨んでいます。

というのも、平均人気は集計期間＝１１２・３倍、集計後の３週＝54・1倍と、大きな差があります。また、５勝の内訳は人気順だけ見ると大穴も含まれていそうですが、実はすべて単勝50倍以内。このくらいの馬質であれば勝負できることを示したといえます。

逃げ率は６％前後と積極性は低いため、差せる馬場は歓迎。秋の新潟がマッチしたのは納得です。あとは昨年の指摘通り、関西馬の依頼がカギでしょう。

■戦法マトリックス図

積極的
外に出す
内突く
消極的

■評価

戦法M	消極的	内突く

■キャラ別データ

USM単	USM連	USM複
65.7%	87.8%	95.9%

61 藤田菜七子騎手

中穴狙い

相次ぐ女性騎手のデビューで需要減

デビュー4年目の2019年に43勝を挙げ、コパノキッキングとのコンビで重賞初制覇を遂げたのも今や昔。そこをピークとして、20年35勝→21年14勝→22年8勝と勝ち星は転げ落ちていきます。

この間、21年には永島まなみ騎手と古川奈穂騎手、さらには22年に今村聖奈騎手と、女性ジョッキーが続々とデビュー。藤田騎手が持つ記録は次々と塗り替えられ、話題も需要も一気に攫われてしまいました。

意を決した22年の栗東留学も、こちらから見える範囲では不発に終わり、残ったのは文春砲を喰らったという黒歴史。その際の「事務所に聞いてください」という受け答えを目にし、複数の有力馬主筋から「とてもガッカリした」というお話を伺いました。

もはや、ここからの返り咲きは難しいのではないか――これが大方の見方でしょう。

ただし、筆者を除いては。

またヒノのヤツがヘンなことを言い出した、とお思いの方もいるかもしれません（汗）。天邪鬼な性格を否定するつもりはないですが、根拠もなく人と違うことを主張しようなどという気持ちは毛頭ありません。

というのも、筆者は騎手の実力を客観的に測る強力な武器を持っています。無論、馬力SMのことですが、この優秀な計器を藤田騎手に向けたところ、デビュー以来、初めて異質な触れ方をしているのです。

■戦法マトリックス図

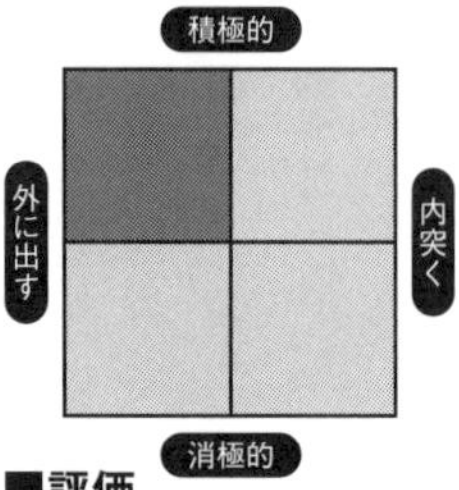

積極的 / 消極的 / 外に出す / 内突く

■評価

戦法M	積極的	外出す

■キャラ別データ

USM単	USM連	USM複
113.8%	113.7%	116.0%

低空飛行の馬力SMに変化の兆し

デビューから一貫してアイドル的に扱われることを嫌がり、カメラマンに言わせると「笑顔にカメラを向けると顔を背けてしまう。いい写真を撮りにくい騎手」という藤田騎手。しかし、競馬ファンはどうしてもアイドルに向けるような視線を送っており、騎乗馬の単勝が過剰に売れる現象が続いていました。JRAの単勝馬券には騎手の名前が入らないのに、です。

それゆえ、単勝オッズを基に「本来残すべき成績」と「実際の成績」の比較から算出する馬力SMでは、値が出にくいジョッキーの代表格といえるでしょう。21年の4月に一度だけ単の馬力SMが100%を超えた以外は低空飛行が続いていましたが、過剰人気だから仕方ない――藤田騎手の最大の理解者を自認する筆者は、事あるごとに心の中でフォローしてきたつもりでした。しかし……。

22年に今村聖奈騎手が登場し、アイドル的な需要を全部引き受けてくれました。これにより、藤田騎手の騎乗馬の平均オッズも下降を辿ります。キャリアハイの19年からの推移は実に雄弁です。

●騎乗馬の平均オッズ

・19年：33・0倍（43勝）
・20年：37・6倍（35勝）
・21年：62・6倍（14勝）※永島&古川奈騎手デビュー
・22年：89・6倍（8勝）※今村騎手デビュー

熱心な菜七子ウォッチャーであるヒノは思いました。「これでようやく菜七子の真の実力が馬力SMに反映されるはずだ」と。

ところが、22年も馬力SMが劇的に向上することはありませんでした。騎乗馬の平均人気が下がったなりに成績を落とす様を見るに、「これまでも馬力SMは正確だった!?」疑惑が持ち上がってしまいます。

スマホ事件を契機に乗り鞍増

23年5月、若手騎手によるスマホ不正使用が発覚、藤田騎手を除く女性騎手の全員がアウトとなり、1か月の騎乗停止処分が下されました。この事態に、SNSお得意のテノヒラクルー、すなわち手のひら返しが起こります。「菜七子騎手はプロ意識が高い⁉」という趣旨のつぶやきを目にされた方も多いはずです。

この事件を蒸し返すつもりはありません。毎週毎週、予想と真摯に向き合う筆者が思ったのは、「これで減量需要を独り占めできるのでは⁉」ということです。

結果からいえば、騎乗馬が劇的に増えることはありませんでした。しかし、騎乗馬の平均人気を見ると、4月の68・7倍に対して5月は38・5倍なので、チャンスが転がってきたのは間違いないかと思われます。2勝止まりだったのは残念でしたが、これを境に、前年より騎乗馬が集まるようになったのです。

●月別騎乗数22年→23年

・6月：16鞍（0勝）→29鞍（0勝）
・7月：18鞍（0勝）→37鞍（1勝）
・8月：28鞍（1勝）→38鞍（1勝）
・9月：24鞍（0勝）→25鞍（3勝）

この流れで迎えた10月の東京開幕週。2場開催だったこともあり、3日間で6鞍の騎乗にとどまりますが、3日目に気を吐きます。2Rの2歳未勝利戦で8番人気コスモカノアを5着に持ってくると、8Rの1勝クラスでは6番人気エリーズダイヤで勝利、9R・昇仙峡特別でも7番人気の寄りサファイヤで3着と、3頭すべてで掲示板を確保してみせたのです。

コスモカノアは出遅れて外からの追い込み。エリーズダイヤは逃げ切り。ヨリノサイファヤはスタートで躓き落馬寸前のところから立て直し、馬群を割っての追い込みと、多彩な騎乗に戦略力を感じさせました。

逃げの意識と精度が高まっている

それを受けて、話はようやく馬力SMに戻ります。

最新の値はP212の表にもある通り、単113・8%、連113・7%、複116・0%と、100%のラインを大幅に突破し、舞い上がっている真っ最中。藤田騎手の騎乗は今が爛漫、まるでブギウギのようなノリの良さ、いや、良い乗りを見せているのです。

しかも、先ほど22年までの乗り馬の平均人気をご覧いただきましたが、23年は88・7倍と、22年からほぼ横這いで推移しています。にもかかわらず馬力SMが上昇しているのですから、騎乗の質が上がったのは誰の目にも明白でしょう。

では、23年の藤田騎手は前年までと何が違うのか。どこが変わったのか。ズバリ、それは逃げ率の高さと精度です。

●逃げ率と勝率の推移

・21年：9・1%→勝率13・9%（5勝）
・22年：9・1%→勝率10・0%（3勝）
・23年：12・0%→勝率21・9%（7勝）

前述の通り、22年の栗東留学は不発に終わりましたが、先行意識の高い若手騎手の台頭を肌で感じ、改めて逃げへの意識が高まったのかもしれません。それが着拾いに徹する騎手が多い関東でマッチした可能性はありそうです。10月の東京で逃げ切りに導いたエリーズダイヤも、これまで逃げた経験のない馬でした。隙あらば行く、という気持ちがなければ、安全策で番手の競馬を選択していたのではないでしょうか。

適性オッズに下がり、なおかつ乗れている23年は、単勝オッズ20倍未満なら勝率16・9%、複勝率42・4%で回収率は単勝135%、複勝107%を記録。芝・ダートは問わず、馬質が伴えば妙味大です。

62 丸田恭介騎手 中穴&大穴

ジョッキー界随一の戦略力を誇る

2022年の高松宮記念でナランフレグに騎乗、乾坤一擲のイン突きで悲願のGI制覇を遂げました。勝利騎手インタビューでの男泣きには、多くの競馬ファンが心を打たれたのではないでしょうか。長年にわたって丸田騎手を応援してきた筆者も万感の思いで、馬券の当たり外れを度外視して、これほど嬉しいレースというのは記憶にないほど。といいつつ、ちゃっかり馬券も獲ったので、何重もの喜びとなりました。

ナランフレグで勝つならこれしかないだろうという渾身の騎乗には、筆者が現役随一と考える丸田騎手の「戦略力」の高さが凝縮されています。昨年の本書で詳しく解説したので割愛しますが、丸田騎手の騎乗を具に見ていくと、こうした好騎乗が散見されます。

筆者の影響から丸田騎手応援隊になったと公言するひとりが、月刊誌『競馬の天才!』の連載『政治騎手NEXT』の担当編集です。22年の東京開催で、この担当氏と固い握手を交わしたレースがありました。

1月29日の東京3R3歳未勝利戦。丸田騎手は単勝190・7倍のグローリーという馬に騎乗します。多くのファンからいらない馬と切り捨てらたことがうかがえるオッズですが、我々は期待を持って同馬の単勝まで握っていました。結果からいってしまうと、4角12番手からゴール前でキッチリ差し切り、3連単247万馬券が炸裂したのです。

■戦法マトリックス図

積極的 / 消極的 / 外に出す / 内突く

■評価

戦法M	消極的	内突く

■キャラ別データ

USM単	USM連	USM複
95.7%	109.6%	104.2%

綿密に練られたレースプランを遂行

前走の新馬戦でも丸田騎手が跨り、14頭立ての12番人気、単勝オッズは131・5倍でした。3角最後方からの競馬で、勝ち馬とは2・4秒差の9着。この字面だけで判断するなら、次走でさらに単勝オッズが上がるのもやむなしの結果といえるでしょう。

しかし、よくよくレースを見返すと、まずはスタートで大きく立ち遅れます。芝スタートの中山ダート1200m戦でしたが、引き込み線の芝部分からダートに切り替わる時点ですでに5馬身以上の差。しかも、先頭からではなく、後方2番手の馬からの5馬身差ですから、程度の大きさが伝わると思います。

ラスト600mの地点を通過した時点で先頭との差は3・8秒もあり、例えリバティアイランドでも、イクイノックスであっても届かない絶望的なビハインドを喫していました。

そのため、直線で中継カメラに入ったのはゴールの瞬間だけ。ただ、上がり3ハロンは37秒4で、何とメンバー中1位。しかも、次点の2頭が38秒7ですから、次元の違う末脚を使っていたのです。もしスタートで行き脚がつき、馬群に取りつく形で最後方追走であれば、短い中山の直線でも悠々差し切れたはず。

筆者と担当氏はこれを見逃さず、次戦、直線の長い東京替わりで狙い撃ったわけです。無論、これほどの人気薄を買ううえで、丸田騎手の継続騎乗が大きな決め手になったのは言うまでもありません。

レースは案の定、あまりいいスタートではありませんでしたが、気合いをつけて馬群に取りつきながら11、12番手を追走するかたち。この時点でこちらはもう胸アツです。道中で内が空くも、ラチから3頭目のコース取りを徹底、この時点で「直線は外」という明確な戦略が見て取れます。

4角出口で左鞭を2発入れて直線へ向くと、迷わず同馬を外へと誘導。それも、まるで反復横跳びをするかのように、真横へステップ。ただ、大外に出し切る直前から追い出しを始め、スピードに乗せながら前に馬がいない状況を作り出しました。

あとは、初戦で見せた鬼脚を引き出すだけ。またしても上がり最速の37秒4を繰り出し、最後は悠々1馬身の差をつけての差し切り勝ち。とても単勝万馬券ホースの走りとは思えず、対戦相手や騎乗馬の特徴、レースの流れなど、綿密に練られた騎乗だったことがうかがえます。改めて「戦略力」の高さを認識する一戦となりました。

「ホウオウ」小笹芳央オーナーとの関係

未勝利戦の話など需要がなさそうですが、あえてこのレースをチョイスしたのは、最下級のレースでもここまで考えて騎乗していることを知ってほしいから。

もちろん、こうした丸田騎手の特長を理解してくれている馬主さんもいます。その代表格が「ホウオウ」の冠名で知られる小笹芳央オーナーでしょう。

近年のセレクトセールで高額馬を多数落札する同オーナーにとって、記念すべき重賞初制覇は21年フラワーC、丸田騎手が跨るホウオウイクセルによるものでした。デビューからの3戦で控える競馬を続けていた同馬を先行させ、絶好位から危なげなく抜け出す頭脳プレー。レース後に「あれを狙っていた」とコメントしたように、緻密に立てていたレースプランを遂行、小笹オーナーも管理する高柳瑞樹師も「ジョッキーがうまく乗ってくれた」と声を揃えたほどです。

このホウオウイクセルはデビュー戦から手綱を取っており、引退レースとなった23年の新潟牝馬Sまでの全13戦中12戦に騎乗。唯一の乗り替わりも負傷による離脱中で、オーナーからの信頼がうかがえます。

そして23年の日本ダービー。小笹オーナーは、自身初のダービー出走となったホウオウビスケッツの鞍上にも丸田騎手を指名します。デビューから手綱を取ってきた横山和生騎手がベラジオオペラに騎乗するための代打騎乗でしたが、オーナーだけでなく、管理する奥村武調教師も、そして丸田騎手もダービーは初めてという異例の初物尽くし。しかし、当日のセレモニーで武豊騎手からいじられ緊張が解けたという丸田騎手は、ここでも渾身の騎乗を披露してくれました。

大きく離れた2番手という難しい競馬でしたが、残り200mを過ぎた地点でタスティエーラとともに先頭に躍り出ようかという競馬で僅差の6着。単勝287・2倍の大穴で、馬券を握っていた筆者はもちろん、多くのファンも納得の騎乗だったはずです。レース後、丸田騎手に「馬主をやっていて良かった」と伝えたという小笹オーナーの言葉がすべてでしょう。

課題はやはり「政治力」の低さ

このように大オーナーの支持は嬉しい限りですが、やはり「戦略力」の高さに反して「政治力」の低さが大きな課題。ナランフレグを管理した宗像義忠厩舎が乗り馬と勝ち鞍の最大の供給源になっているものの、師匠でもある宗像調教師は25年の2月に引退が迫っています。これまた戦略力の光る騎乗を見せるトップスティールの深山雅史厩舎には期待したいところです。

前年に「数は少ないが破壊力は絶大」と紹介した関西馬では少ないチャンスながら確実に見せ場を作り、飯盛山特別で9番人気2着のグランドゴールド、立夏Sで10番人気のサトノアポロンなど、23年も複勝回収率226%。馬券妙味は言わずもがなです。

あとは戦略力が生きる継続騎乗で特注。ホウオウの両馬やグローリーが2枠だったように、ロスの少ない1&2枠は何かが起こる期待感が増します。

63 杉原誠人 騎手

中穴狙い

藤沢和雄厩舎で名馬の背中を知る

日本を代表する名ステーブル・藤沢和雄厩舎の所属として2011年にデビューを果たしますが、乗り馬に恵まれたとは言い難く……。もちろん、綺羅星のごとく居並ぶオープン馬にアンチャンがいきなり乗れるほど甘い世界ではありません。デビュー年から3年目の終了時点までを切り取っても、自厩舎の馬でオープン以上の競走へ出走したのはわずかに6回のみ。それもフライングアップルが4回で、あとは2回（2頭）のみ。いずれも二ケタ人気という評価で、ハナから勝負になる馬ではありませんでした。

それでも、日常的にオープン馬の背中を体感できるのはトップステーブルだからこそ。師の引退まで所属を続け、馬乗りの腕は確実に向上していきました。

それを裏付けるように、杉原騎手が調教をつけた馬にレースで騎乗した一流ジョッキーが、その仕事を絶賛しています。

例えば13年の皐月賞で3着に入ったコディーノの主戦・横山典弘騎手もそのひとり。また、20年の安田記念でグランアレグリアを勝利に導いた池添謙一騎手も、その仕上げに感謝の言葉を述べています。

走る馬の御し方は、走る馬からしか学べないはず。デビュー当初から数多のGI馬の背中を味わってきた経験値の高さは、全騎手の中でもトップレベルにあるでしょう。レースでは不遇でも、藤沢和厩舎で積み上げた日々は、決して無駄ではなかったのです。

■戦法マトリックス図

■評価

戦法M	積極的	内突く

■キャラ別データ

USM単	USM連	USM複
102.0%	102.0%	101.7%

コミュ力⇒政治力でミルFの主戦に

屈託のない笑顔で取り上げられることが多い杉原騎手ですが、現場の関係者に性格を尋ねると、見た目のまんまのナイスガイ、という答えが返ってきます。

その昔、北海道遠征中に羽目をはずして酔っぱらい「女子寮」に乱入、藤沢和師から強制送還を命じられたという報道があったのをご存知でしょうか。何を隠そう、今はなき「競馬最強の法則」の名物コーナー・地獄の早耳がすっぱ抜いたのですが、その年の同誌のクリスマスプレゼントに杉原騎手のサイン入りゴーグルが並んでいたのには、心底驚かされました。

何でも「最強の法則には例の件を書かれちゃったからなぁ……（苦笑）」と言いながら、サインをくれたそうです。なんという度量の大きさだろうかと、ヘンに感心したのをよく覚えています。

杉原騎手の名誉のためにあえて触れます。

実はこれ、「女子寮」ではなく「助手寮」だったそう。後継誌である『競馬の天才！』のインタビュー取材に出演した際、杉原騎手本人があの屈託のない笑顔で訂正していたとのこと。このエピソードだけでも性格の良さ、コミュ力の高さが伝わってきます。

こうしたコミュ力の高さは「政治力」に生きてくるケースが多い。藤沢和厩舎に所属中だった17年の夏に、ミルファームの主戦ジョッキーの座を射止めます。

●ミルファームへの騎乗数

・17年：66鞍
・18年：135鞍
・19年：114鞍
・20年：136鞍
・21年：237鞍
・22年：173鞍
・23年：131鞍　※10月9日時点

蜜月コンビでお互い初重賞制覇！

杉原騎手の全騎乗に対するミルファームの割合と、ミルファームの全出走回数における杉原騎手起用の割合を見ると、両者の蜜月ぶりが浮かび上がります。

●杉原騎手のミルＦ率とミルＦの杉原騎手率

・17年ミルＦ率：27・3％　杉原率：11・6％
・18年ミルＦ率：50・9％　杉原率：26・5％
・19年ミルＦ率：56・4％　杉原率：22・8％
・20年ミルＦ率：47・9％　杉原率：26・8％
・21年ミルＦ率：68・1％　杉原率：41・9％
・22年ミルＦ率：50・3％　杉原率：30・7％
・23年ミルＦ率：36・4％　杉原率：24・3％

ジョッキーと馬主あるいは牧場の蜜月ぶりで真っ先に思い浮かぶのが、ルメール騎手とノーザンファームの関係です。ほとんどノーザンファームの生産馬にしか騎乗がないようにも思えますが、ルメール騎手の全騎乗に対するノーザン生産馬の割合を見ても、22年までに5割を超えた年はありません。この事実を知ると21年の全騎乗に対するミルファーム率68・1％という数字が、いかに偏ったものかがわかると思います。

このコンビで1着を量産となればよかったのでしょうが、残念ながら17～23年の間、両者の勝ち星に大きな増減は見られません。

それでも、22年のアイビスＳＤをビリーバーで制し、杉原騎手にとってもミルファームにとっても初の重賞タイトルを手に入れます。23年のフェアリーＳを勝ったキタウイングもこのタッグによるもので、ますます杉原騎手＝ミルファーム、ミルファーム＝杉原騎手のイメージが定着したのではないでしょうか。

ところが、です。こうしたイメージとは裏腹に、先の数字をよくよく見ると、21年をピークに互いの占有率が下がり始めています。何があったのでしょうか。

格上騎手の強奪が悩みのタネ

ミルファームの所有馬に年間20鞍以上跨る騎手の顔ぶれをチェックすると、その理由が見えてきます。

●ミルF所有馬に年間20回以上騎乗の騎手

・21年：杉原→嶋田→城戸→岩部→黛→菅原隆
・22年：杉原→嶋田→黛→岩部→松岡→M・デムーロ
・23年：杉原→黛→嶋田→内田→岩部→松岡

21年の顔ぶれに杉原騎手より格上と呼べるジョッキーはいませんが、22年は松岡&M・デムーロ騎手、23年は内田&松岡騎手と、実績やリーディングから明らかに格上のジョッキーが乗り鞍を増やしています。

この3年間におけるミルファーム所有馬への騎乗数は3年連続で杉原騎手がトップで、21年と22年は勝ち星も7勝をマークした杉原騎手が1位でした。ところが、23年は10月9日時点で3勝にとどまり、6勝の黛騎手、4勝の内田騎手に次ぐ第3位です。

ミルファームが考える序列では杉原→黛のはず。というのも、杉原騎手は関東主場の主戦を任されており、黛騎手は第三場の主戦という扱いだからです。

ただ、これも痛し痒し。23年のミルファームの平均人気は中央場で132・7倍、ローカルで92・7倍と中央場よりレベルの落ちるローカル場のほうが序列は上がります。つまり、ローカル担当の黛騎手のほうが相対的な馬質が高く勝ちやすいねじれ現象なのです。しかも、中央場では上位ジョッキーと馬の取り合いが始まったため、勝てる馬が回りにくくなっています。

ならば、馬券ではいっそのことミルファームを切る手もあるのでは。23年はミルファーム以外の騎乗馬で単勝20倍未満なら単勝回収率はプラスです。また、藤沢和厩舎の流れを汲む蛯名正厩舎では、エッセレンチとホウオウムサシの2頭で【2・1・1・1】。新たな勝負コンビ誕生の気配が漂っています。

64 西塚洸二 騎手

中穴狙い

所属厩舎を飛び出しフリーに

6名のジョッキーによる不正スマホ使用事件を筆頭に、近年のJRAでは若手騎手の素行問題が度々取り沙汰されます。西塚洸二騎手も所属していた鹿戸雄一厩舎への不義理のほか、日常の生活態度への指摘など、トレセンからの評判は芳しくありません。

一方で栗東留学の際に受け入れ先となった藤原英昭調教師は、早くからその騎乗技術を評価していたひとりです。同期には今村聖奈騎手や佐々木大輔騎手、角田大河騎手などがおり、昨年は今村騎手が勝ちまくりました。しかし、その当時から「この世代で一番馬乗りがうまいのは西塚」と評していたとのことで、面倒を見たことも納得がいきます。ニュージーランド育ちで物心がつく頃にはもう馬に跨っていたサラブレッドですから、馬乗りにかけては一歩も二歩もアドバンテージがあるのかもしれません。

ただし、馬乗りの巧さとジョッキーとしての活躍がイコールにはならないのが競馬です。また、どれだけ素行が悪かろうがオッズに減点はありません。印象にとらわれることなく、馬券を買ううえでのストロング&ウィークポイントを見極めていきましょう。

ルーキーイヤーの22年に10勝をマークしましたが、今年は10月9日の時点でこれをクリア。前年が3月デビューであることを考えると、ほぼ同じくらいのペースでといえます。

■戦法マトリックス図

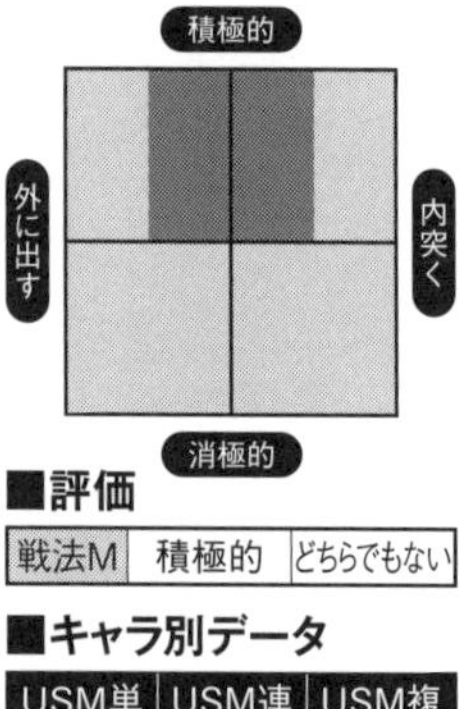

積極的 / 外に出す / 内突く / 消極的

■評価

戦法M	積極的	どちらでもない

■キャラ別データ

USM単	USM連	USM複
114.5%	107.0%	84.3%

騎乗数は22年の197鞍に対し、23年は271鞍。乗り鞍を増やしながら勝利数は据え置きなので好走率を下げている点には注意すべきでしょう。誤差の範囲かもしれませんが、若干、騎乗馬の平均人気が下がっているのが原因と思われ、乗り鞍を手放しでは喜べません。減量のあるうちは騎乗馬も集まるでしょうが、素行については厩舎スタッフからの苦言も多いそう。現在の▲（3キロ減）から特典が減るにつれ、チャンスも減っていくことが危惧されます。

早々に勝負を投げるタイプか

面白いのは最新の馬力SMで、単の114・5%、連の107・0%は健闘が光るものの、複は84・3%と低迷中。これだけを見ると、勝負にならないと見るや早々に諦めてしまうのではないかと勘繰りたくなるほどです。その裏返しで、勝てそうになると気持ちが逸り、馬券圏内を逃す騎乗も見られます。

23年のマーメイドSもそのひとつ。5番人気のゴールドエクリプスに騎乗しますが、1000m通過が57秒3の激流ということもあり、向こう正面では最後方までポジションを下げます。

勝負どころでも手応えは抜群で、勝ちを意識したのか大外でマクリ気味に進出を開始。結果、先行勢がバテて下がり、それをパスするように他馬も外を回したため、致命的な距離ロスが生じます。馬場の真ん中を抜けたビッグリボンが勝ち、4角最後方ながらビッグリボンの後ろを突いて抜けてきたホウオウエミーズが3着という結果に、ゴールドエクリプスから買ったファンは大いに不満の残る騎乗でした。

逃げ率が22年11・7%↓23年5・2%と下がったのは、行く騎手が多い関西へのシフトと、逃げを嫌う藤原英調教師の意向がありそう。ただ、逃げの確度は高いので、前に行ける馬への乗り替わりは特注です。

65 小林勝太騎手

大穴&中穴

デビュー戦で見せた積極性

ＪＲＡ最大派閥の小林姓ですが、全員が関東の若手ということもあり、女性の美駒騎手以外の区別がついていないファンも多いのではないでしょうか。

小林勝太騎手は23年デビューの小野次郎厩舎所属。名は体を表すのか、３月12日の中山12Ｒで１着となり、同期の中で一番乗りとなるＪＲＡ勝利を飾ります。単勝31・８倍のアメトリーチェで逃げ切り、３連単は１２９万馬券の大波乱。デビュー２週目にして穴ジョッキーの資質を垣間見せましたが、実はデビュー週にこれを予見させる出来事がありました。

というのも、初陣となった３月４日の中山２Ｒでシークレットトークに騎乗し、激しい先行争いの後、逃げ馬に追突して馬が躓くシーンがあったからです。

一歩間違えば大惨事につながりかねないポカですが、筆者はこうした積極性は買いだと考えています。騎乗馬の平均オッズが１２５・６倍もある馬質を考えれば逃げ率の９・７％は低くないですし、逃げた場合の勝率13・３％、複勝率33・３％という数字も、やはり馬質を踏まえれば大健闘の部類。単勝回収率３９２％、複勝回収率３０４％という大きなリターンも納得です。

こうした積極性は大きな舞台でも変わらず、５月28日の東京・薫風Ｓでも発揮されます。ダービーデーの東京の特別戦にルーキーが跨るというのも異例ですが、単勝１９６・９倍でブービー15番人気のライラボ

■戦法マトリックス図

積極的 / 消極的 / 外に出す / 内突く

■評価

戦法M	積極的	どちらでもない

■キャラ別データ

USM単	USM連	USM複
121.9%	78.8%	87.5%

ンドに跨り3着に激走、3連単40万馬券の土犯となったのです。この際のコメントが秀逸なので紹介します。

「スタートがいつも悪い馬ですが、ゲートを出た時のパターンとして、砂を被らず進める事を考えていました。速い馬が多く、4列目の外で強気の競馬になってしまいましたが、踏ん張ってくれましたし、変わり身を見せられて良かったと思います」（※ラジオＮＩＫＫＥＩＨＰより引用）

とても2か月半前にデビューした新人とは思えない発言で、最後の「変わり身を～」の部分など、ここまで考えていたのかと感心したほどです。

馬の特性を理解し、具体的なプランを練ってキッチリ遂行する――これは「戦略力」にほかなりません。

それは脚質別の勝利数にも表れています。10勝の内訳を見ていくと、逃げ4勝、先行2勝、差し4勝と、控える競馬でも結果を出せているのです。

ルーキーらしからぬ戦略力

このライラボンドとのコンビで挑んだ8月12日の札幌11Ｒ報知杯大雪Ｈでは、特別戦＆メイン初勝利もマークします。スタートひと息で行き脚がつかず後方からの競馬を余儀なくされますが、4角でタイトに回ることよりスピードを殺さず回ることを優先（したように映る）、直線に向いた時点で先頭を射程圏に捕らえ、豪快に差し切ってみせました。

薫風Ｓと大雪Ｈがともに乗り替わりだったように、継続騎乗と乗り替わりの単勝オッズに差はないものの、好走率とリターンの差は歴然。10月9日時点で全10勝を乗り替わりでマークし、継続騎乗では連対すらありません。〝区別がつかない小林問題〟で不当に人気を落としている疑惑も……。集計期間後も初勝利のアメトリーチェへの乗り替わりで単勝万馬券を叩き出しているように、世間の関心が薄い今が買い時です。

66 古川吉洋騎手

2、3着付け

乗り馬集めが最大のネック

競馬学校・花の12期生として福永祐一現調教師や和田竜二騎手らとともにデビューを果たした古川吉洋騎手も46歳。19年の29勝を最後に20勝のラインを割っており、23年も10月9日時点で11勝と、前年の17勝を下回る可能性も出てきました。

20〜22年の3年間の厩舎別騎乗数を見ると、4位の南井克巳厩舎が23年2月末をもって定年解散、2位の木原一良厩舎も25年2月末で定年解散と、乗り馬集めという大きな課題に直面しています。

20年以降の厩舎別勝利で最多の14勝をマークする昆厩舎が、20年から24→22→15勝と勝ち星を減らしており、23年は10月9日時点で9勝と、前年比割れの可能性すらあります。

さらに、この昆厩舎には、横山典弘騎手という強力なライバルも登場。両者と昆厩舎のタッグにおける勝利数は20年から順に横山典騎手の4→9→6→3に対し、古川吉騎手は7→4→3→0と、確実に割を食っています。

逃げ率は7・3%と積極的ではないものの、近年は毎年5勝前後をマークしていました。ところが今年は0勝と、関西の積極性の高まりの餌食になってしまったかのよう。それを如実に表すのがUSMで、単の最新値は66・3%と撃沈。辛うじて複だけ116・7%なので2、3着付けが吉です。ダートは大凶、芝は道悪が大吉というポイントと覚えておきましょう。

■戦法マトリックス図

■評価

戦法M	消極的	内突く

■キャラ別データ

USM単	USM連	USM複
66.3%	89.9%	116.7%

67 鷲頭虎太騎手

強心臓

自厩舎のアシストが皆無も善戦中

今村聖奈騎手や佐々木大輔騎手と22年にデビューを果たし、ルーキーイヤーは7勝。23年は10月9日までに10勝をマークして勝ち星を伸ばしてはいますが、乗り馬に恵まれているとは言い難い状況です。

22年は5月末までに1勝止まり、6～8月の3か月で5勝を加算しましたが、23年も5月末までは2勝、6～8月の3か月で6勝を加算と、まったく同じバイオリズムを見せています。というのも、通算16勝のうち11勝を北海道開催で挙げているからで、夏が終われば需要も終わるようで……。

所属する千田輝彦厩舎は22年11勝→23年20勝と勝利数が倍増したにもかかわらず、自厩舎での勝利は22年2勝、23年0勝と、アシストは皆無です。

本人の問題なのか、千田調教師の方針なのかは定かではありませんが、これはあまりにも酷ではないでしょうか⁉

馬力SMの値は単こそ99・4%ですが、連と複は100%のラインを悠々突破しており、馬質が伴えば勝てる見込みはあります。騎乗自体は少ないものの人気馬をキッチリ持ってくる強心臓の持ち主で、デビュー週に見せたヴィアルークスでの超強気でド派手な騎乗ぶりから受けた印象通りです。

単勝30倍以内なら芝もダートも遜色なし。減量特典のない騎手からの乗り替わりは複勝回収率115%と絶好の狙い目に。障害挑戦も見守りましょう。

■戦法マトリックス図

積極的
外に出す
内突く
消極的

■評価

戦法M	どちらでもない	どちらでもない

■キャラ別データ

USM単	USM連	USM複
99.4%	135.6%	111.6%

68 河原田菜々騎手

強心臓

ほかの女性騎手とは一線を画す!?

23年デビューのルーキーで、スマホ不正事件による騎乗停止で1か月を無駄にするも、10月9日の時点で9勝を挙げています。22年の今村聖奈騎手が空前の記録を作ってしまったため触れられることはほとんどないかもしれませんが、その今村騎手を除くと女性騎手のデビューイヤーの9勝は最多タイ。これは藤田菜七子騎手や、現在、勝ち星を量産する永島まなみ騎手をも上回る記録です。

筆者にとってはこの健闘ぶりは驚きではありません。というのも、河原田騎手には女性ジョッキーの先輩たちのデビュー時に感じていた技術的な課題が感じられないからです。意地悪な言い方をすると「悪目立ちをしない」ということで、「普通に」乗れています。

これは、女性騎手の増加により、受け入れるJRAサイドの環境や育成手法が確立されてきた、という側面もあるでしょう。というのも、同期で美浦所属の小林美駒騎手も同期間に7勝を挙げ、既に藤田騎手の初年度を上回っていることからも明らかです。また、これまた意地悪を言うなら、女性ジョッキー特有の拙い騎乗技術に目が慣れてしまった側面も否定できません。

ただ、騎乗論に造詣が深く、現役ジョッキーからも一目置かれる某競馬マスコミも、河原田騎手や小林美駒騎手に同じようなことを言っていたそう。乗れる若手騎手と考えてもいいのではないでしょうか。

■戦法マトリックス図

積極的
外に出す
内突く
消極的

■評価

戦法M	どちらでもない	どちらでもない

■キャラ別データ

USM単	USM連	USM複
105.8%	91.8%	100.7%

継続騎乗×4～8枠は激アツ

馬力ＳＭの数値もその可能性を示唆しており、連そ100％を割り込んでいますが、単は105・8％、複は100・7％と、乗り馬の実力を理論値以上に絞り出せています。1～5番人気で複勝率50・0％、単勝回収率120％、複勝回収率106％と、馬質の上昇が即、結果につながる点も、その証左です。

一般的に、若手騎手は減量需要で乗り替わり時が狙い目となりますが、河原田騎手は見事に真逆の傾向を見せています。

●継続騎乗と乗替騎乗の成績

・継続：勝率6・6％、複勝率23・0％
・乗替：勝率1・9％、複勝率9・7％

圧倒的に継続騎乗のほうが馬券に絡んでおり、複勝回収率も継続の99％に対し、乗り替わりは33％止まり。続けて乗ることで馬の持ち味を引き出しています。

枠別の成績に大きな偏りがある点もポイント。

●枠別成績

・1～3枠：0勝（複勝率6・0％　複回率26％）
・4～8枠：9勝（複勝率16・5％　複回率65％）

継続騎乗で4～8枠なら複勝率27・3％、複勝回収率128％と、現状はここが最大の狙い目です。内枠を克服しだしたら、積極買いのサインと見ています。

問題は、やはり乗り馬集め。上位厩舎からの依頼が少なく、開拓の余地を残します。逆に自厩舎である渡辺薫彦厩舎が全騎乗の5分の1以上を占めており、師弟関係は良好。初勝利を中京で挙げた際も他厩舎の馬ながら渡辺調教師が現地で見守っており、阪神1Rで自厩舎の馬に臨場後、わざわざ中京まで移動してきたとのこと。騎手デビューから一貫して沖芳夫厩舎に所属し続けた渡辺調教師らしいエピソードで、河原田騎手にとってのナリタトップロードの出現が待たれます。

69 長岡禎仁騎手 中穴狙い

W杉山＋自厩舎で立ち位置が安定した

デビュー6年目の2017年4月、落馬事故により腎臓破裂の重傷を負うも、わずか5か月後の同年9月に戦列復帰。ただ、さすがにトップフォームには程遠く、翌18年は初年度以来の1勝止まりで崖っぷちに立たされます。しかし、これも不屈の闘志で耐えると、低空飛行ながら19年から3→4→6→6と勝ち星を増やし、今年は10月9日時点で9勝と、16年以来の二ケタ勝利も視野に入ってきました。

デビュー時に在籍していた小島茂之厩舎の調教助手の紹介で杉山晴紀調教師を紹介され、栗東に転籍した18年から同厩舎の調教に参加。ここでケイティブレイブを任されたことが、20年フェブラリーSでのGI初騎乗につながります。

20年の小倉記念では、この杉山晴紀厩舎のアールスターを駆り重賞初制覇。19年には高橋亮厩舎の所属となり、21年開業の杉山佳明厩舎からも乗り馬が回るようになるなど、ようやく立ち位置が安定しました。

というのも、21年以降で546回の騎乗があり、そのうち約半数の249鞍がこの3厩舎の管理馬です。栗東のトップステーブルとなった杉山晴厩舎はもちろん、杉山佳厩舎も高橋亮厩舎も年間20勝前後の安定株だけに、援軍としては申し分ないからです。この3厩舎の馬で単勝30倍未満なら勝率26・7％、単勝回収率219％と激アツなので、逃さず狙いましょう。

■戦法マトリックス図

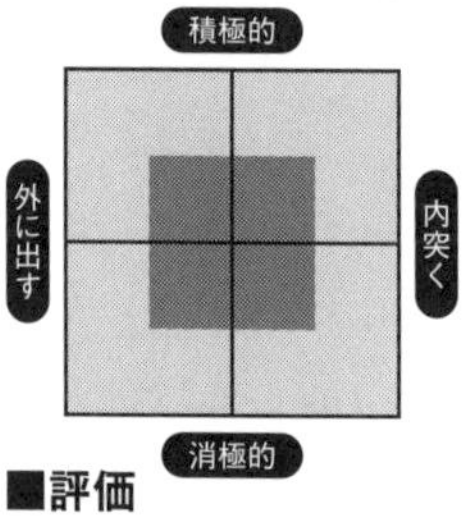

積極的 / 消極的 / 外に出す / 内突く

■評価

戦法M	どちらでもない	どちらでもない

■キャラ別データ

USM単	USM連	USM複
172.9%	112.3%	113.8%

70 太宰啓介 騎手

強心臓

小倉&逃げでどれだけ稼げるか

2021年にキャリア初の年間ひとケタ勝利=8勝まで落ち込んでしまいますが、ここは底にあらず。翌22年には年間4勝と、さらなる後退が待っていました。勝率1・8%で、単勝回収率11%の惨状から、引退の二文字さえチラついたのではないでしょうか。

ところが、23年は10月9日時点で8勝と、小さいながらもV字回復を果たしています。馬力SMの数値も単で130・7%を記録しており、乗り鞍が少ないというエクスキューズはつくものの、勝率5・1%はコンスタントに30勝以上をマークしていた頃と遜色ないレベルです。乗り馬が集まれば、さらに勝ち星を増やせそうな騎乗を見せているといっても過言ではないでしょう。前年との違いを探ってみます。

データを調べたところ、あっさり解決してしまいました。23年の8勝のうち、5勝が小倉でのものでした。22年が0勝なので、その上積みが成績に表れている格好です。

■戦法マトリックス図

■評価

戦法M	どちらでもない	どちらでもない

■キャラ別データ

USM単	USM連	USM複
130.7%	82.5%	114.9%

●23年小倉競馬場と他場の成績

・小倉:勝率13・9% 複勝率22・2%
・他場:勝率2・5% 複勝率11・7%

まるで小倉だけ別人のよう。馬質の影響もあり、逃げ率は8・3%とそれほど高くはありませんが、そもそもデビュー4年目の01年、菊花賞のマイネルデスポットの大逃げで名を上げただけに、逃げは巧み。まずは年明けの小倉開催が書き入れ時になりそうです。

71 黛 弘人 騎手

強心臓

ミルFのローカル担当でガッチリ

２０２２年の年末をもって中野栄治厩舎で助手・厩務員を務めた父が定年で引退。さらには23年の２月末で中野栄治厩舎も定年解散と、23年は乗り馬集めが課題になると思われていました。というのも、中野栄治厩舎はデビュー時の所属であり、フリーとなった現在も、最大の乗り馬供給源となっていたからです。

しかし、現状を見ると、その心配は杞憂だったようです。むしろ、中野厩舎の縛りがなくなったことで、これまで以上に関係が強化されたラインもあります。

●ミルF所有馬での騎乗成績

・21年：26鞍（２勝）
・22年：56鞍（１勝）
・23年：82鞍（６勝）

この通り、ミルファームの所有馬への騎乗数が年々増えており、23年は６勝を挙げ、ミルファームの勝ち頭になっています。ミルファーム＝杉原騎手のイメージが強い方も多いと思いますが、杉原騎手は主場担当、黛騎手はローカル担当と住み分けもバッチリ。単勝20倍未満なら勝率27・３％、複勝率45・５％、単勝回収率２９３％、複勝回収率１１５％と圧巻の数字を残しています。

カヨウネンカで福島・桑折特別、函館・かもめ島特別と特別２勝を挙げていますが、いずれも菅原明騎手からの乗り替わり。内田博騎手も含め、軍団上位の騎手からの乗り替わりでローカル出走は激アツです。

■戦法マトリックス図

積極的 / 消極的 / 外に出す / 内突く

■評価

戦法M	積極的	どちらでもない

■キャラ別データ

USM単	USM連	USM複
87.8%	80.2%	100.5%

72

小林美駒 騎手

2、3着付け

兄弟子のバーターで手厚いフォロー

2023年3月のデビューから7か月余り。途中でスマホ不正事件による1か月の騎乗停止処分を受けながら、10月9日までに7勝を挙げており、まずまずの成績といってもいいでしょう。というのも、藤田菜七子騎手もデビューイヤーは6勝に終わっており、やはり女性騎手の受け入れが進んでいる印象です。

そのスマホ事件の際には師匠の鈴木伸尋調教師から突き放され、「もうプロなんだから本人の口から説明させる」の一点張り。責任逃れでは……などと陰口をいうトラックマンもいたそうです（苦笑）。本人はどうしていいのかわからず途方に暮れ、「今にも泣きそう、というより、ほぼ泣いていた」「死んじゃうんじゃないかと思った」という声も聞かれました。

とはいえ、騎乗馬に関しては十分にフォローがなされていることが強く感じられます。厩舎の兄弟子・横山武史騎手と同じく馬三郎・常木翔太氏がエージェントを務めており、前々で勝負すれば減量特典を生かして勝ち負けの馬を揃えてもらっている感があるからです。

この常木氏は非常に人当たりが良く、美浦の上位厩舎との関係も良好とのこと。「武史のバーターでお願いしやすいし、お願いされやすい」という証言もあるように、美浦の若手が直面する乗り馬集めという大きな課題を最初からクリアできています。騎乗に専念できるため、実に恵まれた環境といえるでしょう。

■戦法マトリックス図

■評価

戦法M	どちらでもない	どちらでもない

■キャラ別データ

USM単	USM連	USM複
83.8%	81.9%	113.8%

課題は山積みも3着粘り込みに注意

また、美駒騎手自身の人柄を褒める関係者も非常に多くいます。実は同期に女性騎手がもうひとりいたものの、騎手試験で落ちてしまったそうです。24年のデビューを目指しているとのことで、調教を一緒に回ったり、体重管理の運動に付き合ったりと、常にその子を気にかけているとか。オジサンたちはそんな健気さにコロっとやられてしまうのでしょう（苦笑）。

あとは騎乗を頑張るだけですが、こちらはさすがに課題が山積しています。

先ほど前に行ける馬を揃えてもらっていると指摘しましたが、その弊害か現状は一本槍のまま。行けなかった時のリカバーは期待薄というのが見て取れます。

●脚質別成績

・逃げ&先行：勝率11・5％　複勝率46・2％
・差し&追込：勝率０・７％　複勝率６・２％

また、馬力ＳＭの値を見ても、単と連が80％台にとどまっており、厳しい言い方になりますが、まだまだ乗り馬の能力を引き出せていません。

ただし、複は１１３・８％と高く、減量を生かしての３着粘り込みが多い点は要注意。それは３着が異様に多い成績にも表れており、馬券での完消しは危険といえ、３着欄には常に考慮したいところです。

８月13日の未勝利戦では単勝18番人気、３３４・１倍という大穴のサンドロップに騎乗。スタートから出していき、道中は2、3番手を確保。前残りの展開に乗じて3着に粘り込み、３連単ミリオン馬券を演出しています。

この馬は2走前に自身が跨っており、今回が2回目のタッグでした。このように、騎乗経験のある馬に乗り替わりで跨ってきたら穴のサイン。スタート五分なら直線まで大いに楽しめるはずです。

73 勝浦正樹 騎手

大穴警報

1000勝に黄色信号も……

デビュー2年目の1998年に50勝を挙げ、「最終の勝浦」の異名を取るなど早い時期から活躍してきた勝浦正樹騎手も早や45歳。その2年目から、20年連続で30～50勝をキープし続け、JRA通算勝利数も950勝を突破。いよいよ大台が近づいてきました。

ただ、ここに来て黄色信号が灯り始めています。18年は27勝に終わり、デビューイヤー以来となる30勝割れ。すると、19年には20勝も下回って16勝にとどまると、以後、20年17勝↓21年19勝↓22年16勝ときて、23年は10月9日時点で7勝。自身初のひとケタ勝利の可能性まで出てきてしまいました。

美浦の中堅・ベテランらしく積極性は皆無で、23年の逃げは3回のみ。逃げ率は1・5％しかありません。

これでは勝ち星を伸ばしようがないと思うのですが、この成績の割に乗り馬に苦労している感じはありません。

西山茂行オーナーのSNSによく登場するように、明るい性格で社交的。乗り馬集めの政治力の高さが伺えます。同時に、馬力SMも3部門で100％を悠々クリアしており、騎乗技術にも大きな衰えが見られない点は1000勝に向けて好材料といえるでしょう。

馬主も厩舎も大きな偏りはありませんが、注目しているのは新進気鋭の鈴木慎太郎厩舎。2勝を挙げたデルマオシダシなど社台ファーム生産馬ばかりに騎乗しており、大舞台に返り咲く可能性を秘めています。

■戦法マトリックス図

積極的 / 消極的 / 外に出す / 内突く

■評価

戦法M	消極的	外出す

■キャラ別データ

USM単	USM連	USM複
143.8%	115.4%	109.4%

74 小林凌大騎手

強心臓

減量消滅のカウントダウンが始まった

美浦の小林4人衆の最年長にして、最も多くの勝ち星を積み上げているのが小林凌大騎手です。元ＪＲＡジョッキーにして現・競馬学校教官の小林淳一氏の息子、といったほうがわかりやすいでしょうか。

２０２２年は中央と地方の若手が競うヤングジョッキーズシリーズのファイナルラウンドまで進出、３勝を挙げる大活躍で91ポイントを稼ぎ出し、ＪＲＡ所属騎手として初の優勝者となりました。このファイナルでの3勝と91ポイント、さらには2位との42ポイント差は同シリーズの最高記録で、馬運の良さはあったにせよ、確実に上達していることがわかります。

ただし、23年が5年目ということは、24年3月からは減量特典が消失、大きな転機が迫っているのです。

年々上達しながら、減量特典がなくなった途端に乗り鞍が減り、消えてゆく若手を何人も見てきました。騎乗数が少ないので参考値ですが、減量のない特別戦でも好走率に大きな差はないので、乗り馬さえ確保できれば同程度の成績は残せるとは思いますが……。

23年は所属の小西厩舎で0勝とアシストがなく、４勝の伊藤圭厩舎と3勝の石栗厩舎が頼みの綱です。関西からは武英・西園・四位・藤岡厩舎ら、比較的上位からも依頼はあるものの、勝ち星がないのはネック。1、2番人気で7戦4勝と勝負強いので、やはり乗り馬集めが喫緊の課題といえるでしょう。

■戦法マトリックス図

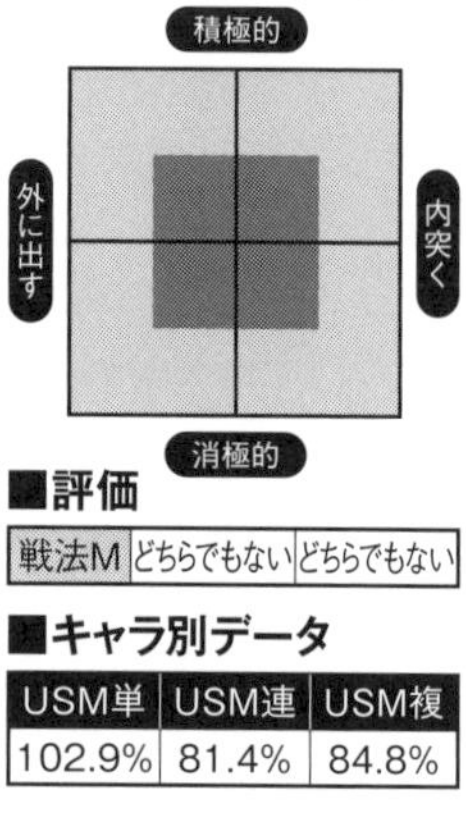

積極的
外に出す
内突く
消極的

■評価

戦法M	どちらでもない	どちらでもない

■キャラ別データ

USM単	USM連	USM複
102.9%	81.4%	84.8%

75 水沼元輝騎手

強心臓

冬の小倉で昼も夜も大ハッスル！

ルーキーイヤーの2022年は、JRAでわずかに1勝も、その際のインタビューが振るっていて、プロ向きのメンタルを感じました。筆者の感じた大物感は別の方向に発揮され、23年の年明けの小倉遠征では当地の歓楽街デビュー。純正培養の競馬学校卒業生らしく、どハマりしてしまったようです（苦笑）。

ただ、夜遊びをするためには先立つものが必要です。それが原動力になったのかどうかは定かではありませんが、冬の小倉で3勝を挙げる大活躍を見せます。しかも、7→5→13番人気と、人気薄ばかりをアタマまで持ってくる大ハッスルで、13番人気のウインステイトリーに至っては単勝215・0倍、3連単33万馬券を演出するオマケ付きでした。

この3勝も含めて、23年は10月9日の時点で7勝を挙げており、騎乗馬の平均単勝オッズが191・1倍もあることを考えれば、健闘しているといっていいでしょう。

例えば、勝負圏内と思しき単勝20倍未満の成績を見てみると、該当馬に20鞍以上の騎乗があるジョッキーの中で第18位の勝率17・4%をマーク。これは戸崎騎手や坂井騎手と同レベルで、21位の岩田望来騎手や24位の武豊騎手を上回るもの。騎乗数が少ないので同列に比べるのは危険だというのは重々承知のうえで、騎乗馬に恵まれればもっとやれる可能性を秘めているのは間違いなさそうです。

■戦法マトリックス図

積極的
外に出す
内突く
消極的

■評価

戦法M	積極的	どちらでもない

■キャラ別データ

USM単	USM連	USM複
175.3%	91.7%	81.4%

馬力ＳＭも単が１７５・３％もあり、その可能性を示唆しています。反面、連が91・7％、複だと81・４％まで下げているので、現状ではアタマ狙いがベター。よく言えば大物感があり、悪く言えばお調子者のキャラクター的にもピンパータイプというのは納得です。

乗り馬の質が伴えば大仕事も……！

こうした性格は功罪あり、愛されキャラクターである反面、おっちょこちょいな面も。一時、自ら乗り馬を管理しようとしてダブルブッキングを連発していたという話もあり、そこはエージェントである馬三郎の玉川祝氏に任せたほうが安心でしょう。

その玉川氏は杉原騎手も担当しており、ラインを生かしてミルファームの所有馬も回ってきます。昨年の初勝利時に騎乗したネバレチュゴーもその１頭ですが、23年は3着1回で連対ナシ。ローカルが主戦場のため、黛騎手とのバッティングが大きな障壁です。

また、昨年から騎乗数を倍増させているとはいえ、小倉で名前を売った割には関西厩舎から騎乗馬の依頼が極端に少ないのも大いに不満が残ります。22年は１回、23年は3回しかなく、西高東低の現状を思えば、関西とのラインの開通は急務。ただ、ポジティブな水沼節を借りれば、伸びしろしかない、でしょうか。

騎乗馬の質から逃げられないことも多いのでしょう、逃げ率は６・３％と高くはありません。ただ、単勝万馬券を叩き出した前述のウインステイトリーは、初角12番手からマクリを打ち、３角では早や先頭。鞭を連打しながら4角を回り、直線での叩き合いを制したように、積極性は随所に感じられます。

芝もダートも、継続騎乗も乗り替わりでも単勝回収率が２００％を超えており、同じように勝ち星の少ない若手の中でも珍しいタイプ。歓楽街での豪遊を目指し、大仕事を期待しています。

76 柴田善臣騎手

大穴警報

現役最年長の生けるレジェンド

現役最年長の57歳、２０２４年にはデビュー40周年を迎える大ベテラン。22年11月5日の福島1Rでビルカールを勝利に導き、岡部幸雄氏の持つJRA騎手史上最年長勝利記録を塗り替えました。当然ながら、以後は勝つたびに新記録を更新するわけで、まさに生けるレジェンドと呼ぶに相応しい活躍を見せています。

22年はヘルニアの治療やケガの影響もあり、わずか91回の騎乗で3勝にとどまりましたが、今年は乗り鞍を増やして勝ち星も倍増の6勝をマーク。しかも騎乗馬の平均オッズがやや下がったにもかかわらず好走率は上昇と、錆びついた様子は見られません。なにせ、あの横山典騎手をして「ヨシトミさんは凄い！」と言わしめるのですから。

逃げ率は4・6％で以前と同様に積極的に行くタイプではないものの、必要とあらばハナも辞さないことも。

例えば、23年1月21日の中山・新馬戦で騎乗したシンコッチョウは、フルゲートの3番枠と、行かなければまず砂を被るシチュエーションでした。好スタートではなかったものの、促してハナを奪うと、13番人気ながら2着に残しています。

また、23年4月2日の中山・1勝クラスでは、結果的に14着に惨敗してしまったものの、地方からの出戻り2戦目を迎えたマイネルヘリテージで押して押してハナを主張、内からの抵抗に遭いますが、突っぱねる

■戦法マトリックス図

積極的
外に出す
内突く
消極的

■評価

戦法M	消極的	外出す

■キャラ別データ

USM単	USM連	USM複
115.0%	120.4%	113.1%

強気の騎乗を見せます。前走も自身が跨って中団からの競馬をしており、2戦目のここは確固たる戦略をもって挑んできたことがわかる騎乗でした。しかも、戦前に本間調教師は「距離が長いかも」とコメントしており、ジョッキー自身の判断で逃げの手に出たのは明白です。前走の手綱を通して何か感じる部分があったのではないかと想像します。

ほかにも9月2日の新潟古町Sでは13番人気のラブリークイーンで行く気を見せ、まんまと押し切る大仕事。単勝132・7倍の一撃で、3連単181万馬券の大波乱を演出しています。

関東ジョッキーに着拾い騎乗が蔓延していることも手伝って、逃げた際のリターンは絶大です。シンコッチョウの2着はお約束通りルメール騎手に差されてしまいましたが、柴田善騎手に逃げという選択肢があることは覚えておいてもいいでしょう。

元騎手からのリスペクト依頼

馬券的に気をつけたいのは、現役時代に鎬を削った元ジョッキーの調教師からの依頼です。

特に関東遠征で優位に立つ関西馬は警戒が必要で、福島テレビOP勝ちのスマートリアンが騎手同期生の石橋守調教師の管理馬。グリーンチャンネルCで12番人気2着のベルダーイメルは本田優調教師の管理馬で、ふたりは06年のオークスで1、3着、秋華賞で1、2着のある仲です（カワカミプリンセスとアサヒライジング）。ほかにもひとつ年下の松永幹夫調教師からの依頼もあり、リスペクト依頼と名付けたいほど。

関東でも水野・嘉藤・大江原・村田・小野・蛯名・根本師といったジョッキー上がりの調教師の管理馬で馬券に絡んでいます。

戦略力が高いため、継続騎乗が吉。馬質の関係か、芝よりダートのほうが断然、狙えます。

77 柴田大知騎手

プレッシャー弱

軍団内の立ち位置はさらに低下

昨年の本書で「いよいよ苦しくなった」と指摘しましたが、その予想を覆す活躍は見せられず。勝ち星は2020年の26勝から21年17勝→22年12勝と転げ落ち、23年は10月9日時点で6勝と、前年よりさらに半減してしまいました。勝率も1％台に突入し、複勝率が10％を切るのも時間の問題かもしれません。

というのも、乗り馬の平均オッズも116・9倍とついに100倍を超えてしまい、年間の騎乗数も前年までの500鞍オーバーから100鞍ほど減るのが確実な情勢です。全騎乗の5～6割をTCラフィアンとビッグレッドファームが占めていたものの、こちらも5割を下回るところまで来ており、すべてが悪い方向に向かってしまっているのが見て取れます。

また、23年に柴田大騎手が跨り、次走で勝利というケースが8回ありますが、このうち継続騎乗は2回のみ。あとの6回は乗り替わられており、勝てそうになったら別の勝負ジョッキーで、という構図が丸見えです。

2歳未勝利戦を制したフィリップとコガネノソラは、いずれもデビューから3戦連続で柴田大騎手が騎乗。すべて掲示板内でしたが、4戦目に横山武騎手に乗り替わって勝ち上がりを決めました。

関東リーディングへのスイッチながら1番人気にはならず、馬券的な妙味は十分。残念ながら、この乗り替わりが最大の狙い目といえそうです。

■戦法マトリックス図

積極的 / 消極的 / 外に出す / 内突く

■評価

戦法M	積極的	外出す

■キャラ別データ

USM単	USM連	USM複
52.6%	74.7%	90.8%

78 松本大輝騎手

プレッシャー弱

ネクストブレイクから崖っぷちに！

ルーキーイヤーの２０２１年に３８６回騎乗して18勝、２年目の22年は５７５回と乗り鞍を増やして32勝。そして３年目の23年はというと、10月９日時点で２０６回と大幅に騎乗数が減り、勝利数はそれ以上の下げ幅で６勝止まり……。ネクストブレイク候補から一転、崖っぷちのほうが近くなっていました。

昨年の終盤に減量が△２キロ減から☆１キロ減となったことが原因かと思いきや、どうやらそうではない様子。ご覧の通り、大きな落ち込みはありません。

●22年の減量特典別成績

・△２キロ減：勝率５・０％　複勝率16・９％

・☆１キロ減：勝率５・０％　複勝率15・０％

デビュー時の身長が１７６センチもあり、減量特典が減ることで体重管理は多少なりとも楽になるはず。低迷の原因はほかに求めたいところです。

所属の森秀行厩舎のサポートは当初から万全とは言い難く、21年が75戦３勝、22年が54戦５勝、そして23年は14戦０勝と減る一方。勝ち星の差は最大で５つなので、ここも主原因と呼ぶには弱い気がします。

女性騎手や、美浦所属ながら東西の枠を超えた活躍でブレイクした佐々木騎手、軸足を栗東に置いた西塚騎手らに追われた結果と考えるのが自然でしょう。

こうなると、年明けに始まる得意の小倉が生命線。芝１２００ｍ、芝１８００ｍ以外はマストバイです。

■戦法マトリックス図

積極的 / 外に出す / 内突く / 消極的

■評価

戦法M	どちらでもない	どちらでもない

■キャラ別データ

USM単	USM連	USM複
79.8%	83.4%	85.1%

79 水口優也 騎手

中穴狙い

明るく強気な性格が政治力に

美浦・加藤征弘から2010年にデビューするも、翌年4月には早くも師匠の下を離れてフリーに転身。同年秋には栗東に軸足を置き、12年7月には正式に関西へと移籍します。以後、フリーを挟みながら小原伊佐美厩舎→石橋守厩舎と所属を変更、現在は池江泰寿厩舎の所属となって騎手生活を送る毎日です。

　美浦から栗東への移籍について本人の話を要約すると「美浦ではフランクな性格が災いした。関西は相手からフランクに来るから、こちらもフランクに返して成り立った」とのことで、師匠を含めた周囲との関係がうまくいかなかったことがうかがえます。

　また、若気の至りで棘々していた時期もあったのでしょう。筆者の知るエピソードを紹介すると……。

とある月刊誌のクリスマスプレゼント企画の一環で、ジョッキーのサイン入りゴーグルが盛大に誌面に並んだことがありました。その中に栗東に移籍して活躍し出した水口騎手のものもあったのですが、自身のサイン入りのゴーグルを持ちながらにこやかな表情で写真に納まる騎手が多くいる中で、水口騎手は本人の写真とゴーグルの写真が別々に用意されていたのです。

　不思議に思って担当編集にあとから経緯を聞いたところ、サインには快く応じてくれたものの、カメラを向けようとしたところ、「僕はジョッキーですから。写真は競馬場で撮ってください」と断られたそうです。

■戦法マトリックス図

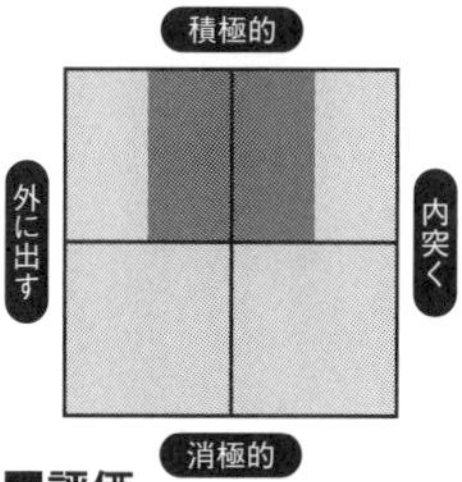

積極的
外に出す
内突く
消極的

■評価

戦法M	積極的	どちらでもない

■キャラ別データ

USM単	USM連	USM複
98.4%	77.6%	120.6%

この向こう気の強さは加藤征調教師や周囲と軋轢も生むだろう、と妙に納得したのを覚えています。

ただ、フランクで物怖じしない性格は「政治力」として発揮されました。現在は京都サラブレッドクラブの代表を務める山上和良氏との関係を築き、乗り馬集めに成功。16年の鞍馬Sに勝ち、17年のCBC賞で2着に入るセカンドテーブルを筆頭として、山上氏の個人名義の馬には片っ端から乗っていたほどです。

愛馬法人の代表と個人馬主は兼任できないため、現在はグリーンスウォードと名義を変更。京都ホースレーシング（馬主名）とあわせて水口騎手の乗り馬の供給源となっています。

特定馬主の割合が減りつつ騎乗数UP

栗東に移籍した12年の11勝がキャリアハイとなっており、デビュー以来の勝利数は2～11勝の間を行ったり来たりです。崖っぷちに見えるものの、騎乗馬は安定供給されているため、低値でも悲壮感は感じられません。また、プラス材料も見えてきています。

というのも、全騎乗における山上和良・京都ホースレーシング・グリーンスウォードの3名義の割合に変化が見られるのです。

●全騎乗数と3名義の占有率

・21年：85鞍中50鞍→占有率58・8％
・22年：110鞍中65鞍→占有率59・1％
・23年：138鞍中48鞍→占有率34・8％

このように、23年は占有率が減りながら騎乗数を増やしており、新たなパイプの存在を匂わせます。

調教から携わって馬を作っていくため、継続騎乗の場合は前走2～9着で着差1秒未満が狙い目。前走で浮上のサインが出ているといえ、BSイレブン賞のフルムなど、6勝中4勝がこのパターンです。単複とも回収率115％超と激アツなので見逃し厳禁です。

80 武藤 雅 騎手

プレッシャー弱

モリアーナの失敗が尾を引く

　デビュー7年目の2023年は武藤雅騎手にとって厳しい現実を突きつけられる一年となってしまいました。前年6月のデビューから新馬戦、コスモス賞を連勝し牝馬クラシックの有力候補と目されてきたモリアーナで結果を出せず、鞍上の座を奪われてしまった。

　前年の阪神JFの12着大敗は初の長距離輸送や休み明けなどエクスキューズのつく敗戦でしたが、年明け初戦のクイーンCは踏み遅れてクビ+ハナ差の3着に敗退。桜花賞を断念して向かったニュージーランドTでは、速い流れのなかを早仕掛け&ロスの大きな競馬で4着に敗れ、賞金加算に失敗してしまいます。

　いずれも「戦略力」のなさがモロに出てしまった格好で、失格の烙印も致し方なしの騎乗でした。

　横山典騎手に乗り替わった同馬は、次戦のNHKマイルCこそ6着に敗れるも、紫苑Sで重賞制覇、秋華賞で5着に好走と、武藤騎手の無策が余計浮き彫りになりました。

　2月のクイーンCの敗戦がショックだったのか、3月以降、10月9日までの勝利数はわずかに2鞍のみ。デビューから24→37→39→36→20→14と積み上げてきた勝ち星は5勝まで落ち込んいます。ただ、減量特典がなくなったあたりから緩やかに下降しており、23年に問題が露呈したかたち。ここが底と切り替え、やり直すしかありません。23年に3勝をマークした2月の東京ダートからの出直し騎乗を期待します。

■戦法マトリックス図

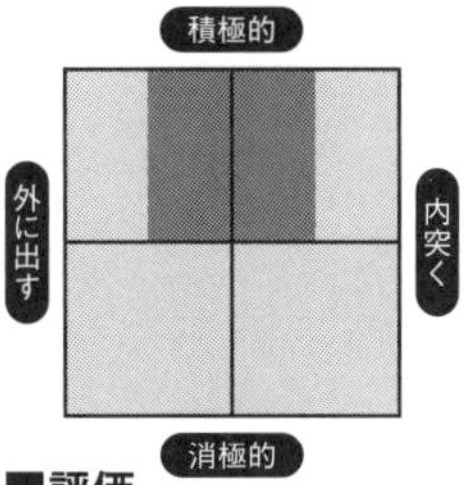

積極的
外に出す
内突く
消極的

■評価

戦法M	積極的	どちらでもない

■キャラ別データ

USM単	USM連	USM複
60.4%	70.5%	76.4%

81 松田大作騎手

2、3着付け

207連敗から立ち直れない

　前年の本書で不名誉な連敗中であることに触れましたが、2022年中のストップは叶いませんでした。それればかりか、23年4月15日の阪神7Rをフランコイメルで勝利するまで207連敗を喫してしまいます。

　しかも、23年も7月29日の札幌4R・3歳未勝利戦のヒルノピレネーの勝利を最後に、本稿執筆の時点まで53連敗中。前年の不調を引きずったまま過ごしている印象で、長期のスランプからの浮上の兆しはまったく見えてきません。

　筆者の中では非常に「戦略力」の高いジョッキーという位置づけであり、もっと乗れるはず、という評価は変わりません。このまま終わってほしくはないのですが……。

　23年は騎乗馬の平均オッズが格段に下がっており、馬質が整えばあるいは、とも思いましたが、馬力SMも厳しい現実を示しています。単の46・4％を筆頭に、連50・7％、複76・6％と大幅に100％を下回っており、下がった馬質を補う騎乗をするどころか、著しく精彩を欠いていることが浮き彫りになっただけでした。

　盟友・武英智調教師とのラインは23年も騎乗数は保っているものの、やはり馬質は急落。また、数年前から関係が取りざたされる桑田牧場も返り咲きの足掛かりにはなっていません。阪神芝が現状唯一の狙いですが、24年は改修工事を控え、流れは悪いままです。

■戦法マトリックス図

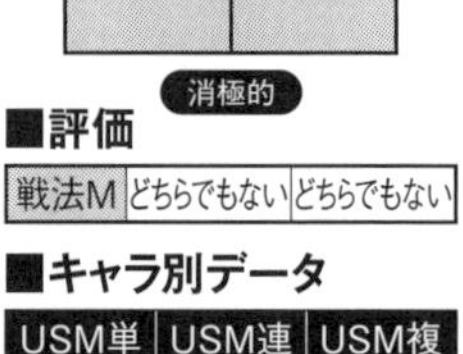

積極的 / 外に出す / 内突く / 消極的

■評価

戦法M	どちらでもない	どちらでもない

■キャラ別データ

USM単	USM連	USM複
46.4%	50.7%	76.6%

82 野中悠太郎騎手

中穴&大穴

上位人気でボロボロの穴太郎

根本3きょうだいは長男・丸山騎手、末っ子・藤田騎手が波に乗れておらず、次男坊だけは……と言いたいところですが、こちらも不振に喘いでいます。

2018年に7か月のアイルランド遠征を敢行。ひと皮むけた感があり、翌19年はキャリアハイの724鞍に騎乗、やはり自身最多の25勝をマークしました。

ところが20年は、550戦12勝、21年は401戦11勝、22年は404戦12勝と燻ったまま着火せず。23年は10月9日段階で220戦5勝と、風前の灯火の一歩手前まで来てしまいました。

穴太郎の異名を取り、単勝万馬券ホースでの馬券絡みはトップクラスです。しかし、単万リーディング上位でブレイクしたのは菅原明騎手くらいなもの。

あとは似たような境遇のジョッキーばかりで、いかに穴を連発しようとも、不遇をぶっ飛ばす起爆剤には成り得ない。やはり大きな舞台で人気馬をしっかり勝たせることが周囲へのアピールに繋がるのでしょう。

その点で野中騎手の成績は大いに不満が残ります。というのも、例年1～4番人気の成績がイマイチで、その下の5～7番人気に良績が多いからです。23年も1～4番人気で勝率5・6％、単勝回収率45％に対し、5～7番人気で勝率16・0％、単勝回収率441％とアベコベな数字になってしまいました。

穴党の筆者的にはそれでもいいですけどね!?

■戦法マトリックス図

積極的 / 消極的 / 外に出す / 内突く

■評価

戦法M	どちらでもない	どちらでもない

■キャラ別データ

USM単	USM連	USM複
79.7%	83.4%	91.4%

83 荻野琢真 騎手

中穴狙い

独自の生存戦略で生き残る

　動物は進化の過程で僻地を住処にしたり変わったエサを主食にしたりと、生存競争を勝ち抜くために独自の発展を遂げてきました。例えば他種と競合しないよう栄養のない笹を主食にしたパンダは、1日中食べ続けなければなりません。

　なんのこっちゃですが、オギトンこと荻野琢真騎手の生存戦略も極めて変わっています。デビュー8年目の2014年に自身初のひとケタ勝利に終わると、そこから年間150鞍前後で5勝程度という低空飛行を続けながらも引退することなくここまで来ました。危険水域に見えますが、安心してください、浮いてますよ。23年も10月9日時点で82戦5勝。10年間この調子なのですから、新種のジョッキーに認定です。

　最新の馬力SMも3部門とも125%以上を記録し、単と連に至っては140%に迫ろうかという数字。騎乗数が少ないため1鞍の格差は大きいのですが、それは下ブレにも同じことが言えます。上ブレしている次点で荻野騎手の生存戦略が正しいのでしょう。

　滞在競馬で調教を手伝いつつパイプを作り、乗り馬も確保するスタイルで、現在の三大供給源は梅田・今野・大久保厩舎。20年以降の18勝中12勝をこの3厩舎で挙げ、騎乗数の占有率も毎年4割前後で安定。単勝15倍未満で勝率21・7%、複勝率52・2%、単複ともプラスですから、戦略に乗るしかありません。

■戦法マトリックス図

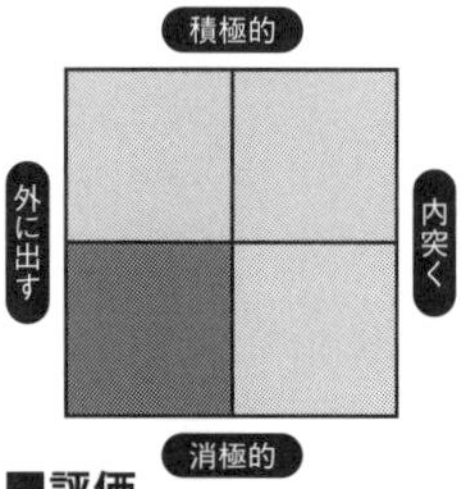

積極的
外に出す
内突く
消極的

■評価

戦法M	消極的	外出す

■キャラ別データ

USM単	USM連	USM複
137.2%	138.9%	127.7%

84 木幡初也 騎手

中穴狙い

竹内厩舎に所属して息を吹き返す

誰が誰だかわからなくなりがちな木幡三兄弟の長男坊が反転攻勢のときをうかがっています。

２０１４年に鹿戸雄一厩舎からデビューを果たし、4年目の17年にキャリアハイの22勝。これは16年度から減量特典が3年から5年に延長されたため、新制度の恩恵に与ったかたちです。しかし翌18年は4月29日の新潟2Rで年間5勝目をマークするも、以降はまさかの年内未勝利に終わります。それればかりか翌19年7月7日の函館4Rで勝利するまで、２９９連敗というＪＲＡ記録を樹立してしまいました。

この間、鹿戸厩舎を離れてフリーに転身するも、19年は4勝止まり。20年は3勝とさらに落ち込み、21年も6月20日終了時点で63戦1勝の惨状でした。

しかし、ここで転機が。15年開業で勝ち星を伸ばしつつあった竹内正洋厩舎の所属になったことで、事態は好転します。

21年は4勝、22年も4勝、23年も10月9日時点で5勝にとどまりますが、好走率は上昇の兆しを見せています。最新の馬力ＳＭは単で１３５・３％を記録しており、技術的には不調期とは雲泥の差。しかも、代打とはいえ22年の阪神ＪＦで12番人気のシンリョクカに騎乗、自身2度目のＧＩ挑戦で2着に導きました。

スタートに難を残すも、道中のコース取りは巧みで、ジャクソンの未勝利勝ちなどは鞍上が勝たせたレースのひとつ。単勝50倍以内なら買いの一手です。

■戦法マトリックス図

積極的
外に出す
内突く
消極的

■評価

戦法M	どちらでもない	どちらでもない

■キャラ別データ

USM単	USM連	USM複
135.3%	78.4%	106.0%

85 高倉 稜 騎手

中穴・大穴

杉山晴&田中克厩舎だけで生きる

デビュー2年目の40勝をピークに勝ち星は伸び悩んでおり、2019年にはひとケタ台まで転落してしまいます。21年に13勝まで盛り返すも、22年は6勝、23年は10月9日時点で5勝にとどまっていて、今年も10勝割れが濃厚です。

それでも、馬力SMの単は127・0%を示しているように、馬の能力を発揮させる腕はある様子。そもそもデビューイヤーの10年にJRA賞最多勝利新人騎手とフェアプレー賞の同時受賞という離れ業をやってのけたように、馬乗りの技術は確かなのでしょう。

ただ、現状はそれを発揮するシーンがあまり見られません。筆者の目に飛び込んでくるのは、関西特有の〝逃げ馬絶対潰すマン〟になるときだけです。

例えば、ニホンピロスクーロで挑んだ23年の大阪城Sや三宮Sでは、積極策から逃げ切りは許すまじと4角で先頭に並びかける競馬。結果、双方とも差し&差し決着を誘発しています。同馬を管理していた服部利之調教師の逝去で厩舎は解散も、近年はこの服部厩舎に加え、杉山晴紀厩舎と田中克典厩舎が乗り馬の供給元。特に22年と23年は全騎乗の5割近くを占めています。

21年からの2厩舎での勝ち星は6→4→5と、23年は他所の馬では勝利していません。ベタ買いの単勝回収率も280%→109%→172%と3年連続でプラスを叩き出しており、黙って買いが正解です。

■戦法マトリックス図

積極的 / 消極的 / 外に出す / 内突く

■評価

戦法M	消極的	外出す

■キャラ別データ

USM単	USM連	USM複
127.0%	54.5%	74.5%

86 川須栄彦騎手

2、3着付け

生命線の3厩舎で望みを繋ぐ

デビュー2年目の2011年に91勝を積みあげ、ワールドスーパージョッキーズSの補欠にまで食い込んだのも今や昔。当時は若手騎手に鉄拳制裁も辞さないと言われていた某騎手に堂々と反論して周囲を驚かせるなど、イキのいい若手が現れたと歓迎したのですが……。そこから右肩下がりに勝利数は落ち、16年には14勝まで低下。その後も微減を繰り返し、22年は自身初のひとケタ＝9勝までダウンしてしまいます。

23年が正念場だと思っていましたが、回復の兆しを見せず10月9日時点で4勝と、前年に次ぐワースト記録の更新がチラついてきました。騎乗馬の平均オッズも初めて100倍を超え、勝率1・7％ですから、浮上のしようがないというのが現状です。

強気な性格は周囲との軋轢を生みやすいですが、流れがいいときは顕在化しないもの。成績の悪化に加え、強引な騎乗でよく先輩から名指しで批判されたことも、乗り馬集めに影響したことは想像に難くありません。

ただ強気な騎乗は相変わらず。この平均オッズで逃げ率は7・0％と平均値に近いことから、積極性は失われていません。前に行って懸命に追う姿が目立ち、馬券ファンとしては好感が持てますが、関係者へのアピールにはつながっていない様子。20年以降は中尾・松下・梅田の3厩舎が勝ち星の半数以上を稼ぐ生命線といえ、小倉・新潟で狙うのが唯一の馬券作戦です。

■戦法マトリックス図

積極的 / 消極的 / 外に出す / 内突く

■評価

戦法M	積極的	外出す

■キャラ別データ

USM単	USM連	USM複
59.2%	86.9%	78.4%

87 江田照男騎手

中穴&大穴

唯一無二のキャラで有無を言わせず！

美浦の元気印が苦しんでいます。50歳を迎えた2022年に自身初となるひとケタ勝利（8勝）に終わり、逆襲を期した23年も4月の落馬事故で鎖骨を骨折。2か月弱を棒に振ってしまいました。その影響もあって10月9日時点の勝ち鞍は4勝止まり。騎乗数も22年は1年間で418鞍ありましたが、今年は210鞍まで落ちて、2年連続の自己ワースト待ったなしです。

しかし、真冬でも半袖で調教に跨り、豪快でざっくばらんな性格は昔と変わらず。競馬界屈指のクセモノで知られる某老舗大牧場の社長ともタメ口で話せるうえ、軽口までぶっ放せるジョッキーを筆者はほかに知りません。このコミュ力の高さは乗り馬集めでも発揮されており、騎乗ぶりにもアレコレ言わせません。

こうしたオンリーワンの強さが遺憾なく発揮されていると思うのが、牝馬限定の交流重賞で活躍するテリオスベルとのコンビです。ゲートが速くないくせに4角先頭が好走条件という同馬は、スタート直後から出鞭を連打し、押して押して強引にハナを奪うパターンが定着しています。不発に終わると100％ジョッキーのせいにされてしまう競馬なので、誰もができるわけではありません。江田照男騎手だからこそできるのです。

自己最低の23年でさえダートはベタ買いの複勝回収率が133％を示しており、穴のエダテルは健在。テリオスベルのように継続騎乗が狙い目です。

■戦法マトリックス図

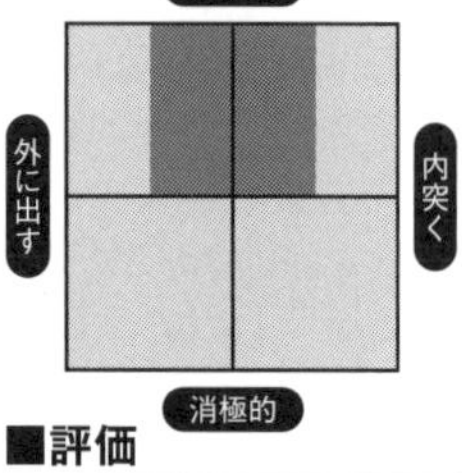

積極的 / 消極的 / 外に出す / 内突く

■評価

戦法M	積極的	どちらでもない

■キャラ別データ

USM単	USM連	USM複
57.2%	97.4%	82.3%

88 中井裕二騎手

中穴狙い

若手の台頭で立場が危うい

年間の勝ち星に占める割合は少ないものの、川田騎手、藤岡佑騎手に次ぐ中内田厩舎の第三の主戦としての地位を確立したかに見えましたが、勝負の世界に安定はありません。西村淳騎手の台頭により、その地位も覚束なくなってきた感があります。

●中内田厩舎の依頼数

・20年：中井26鞍、西村0鞍
・21年：中井19鞍、西村4鞍
・22年：中井13鞍、西村17鞍
・23年：中井8鞍、西村40鞍

西村淳騎手がこのまま順調に成績を伸ばせばローカル回りをしなくなるでしょうから、中内田厩舎のローカル担当のポジションは空くかもしれません。ただ、果たしてその時に元のポジションに収まることができるかどうかについては、何の確約もありません。

2022年はデビュー以来最低の年間3勝に終わり、23年も10月9日時点で4勝とふたケタ勝利が遠い現状から脱することはできず。また、近年最も多くの騎乗依頼のあった某厩舎に解散のウワサもちらついており、ますます状況が悪化する恐れが出てきました。

乗り替わりで回ってきた馬は平均オッズが175・6倍もあり、継続騎乗なら60・9倍ですから、現有戦力を大事にするしかありません。積極性を秘めており、先行できるといい仕事をすると覚えておきましょう。

■戦法マトリックス図

積極的
外に出す
内突く
消極的

■評価

戦法M	積極的	外出す

■キャラ別データ

USM単	USM連	USM複
77.9%	93.9%	77.8%

89 秋山稔樹騎手

中穴狙い

乗り馬集めの栗東滞在も不発

デビュー2年目の21年に42勝を挙げると同時に、「戦略力」の高さが随所に感じられ、筆者の推しメンに仲間入り。さらなる飛躍に期待しましたが……。

前年の本書で指摘した通り、乗り馬集めに陰りが見られ、評価の根幹である馬力SMの値も低下。「何かを変えなければ、ズルズルと落ちていきかねません」と叱咤激励したつもりでした。

しかし、小手先のエージェント変更だけではどうにもならず、22年の22勝からさらに勝ち星を落とし、23年10月9日時点で4勝の窮地に追い込まれています。乗り鞍も、前年は1年間で484鞍だったものが23年は248鞍と、400鞍割れは間違いない情勢。乗り馬の平均オッズも186・2倍とズタボロです。

23年は栗東滞在も行い、乗り馬集めの基盤を作ろうと策を練りましたが、うまくいったとは言い難いところ。

■戦法マトリックス図

積極的 / 外に出す / 内突く / 消極的

■評価

戦法M	積極的	外出す

■キャラ別データ

USM単	USM連	USM複
77.4%	84.2%	96.9%

●関西馬の騎乗数

・20年：37鞍2勝（勝率5・4%、複勝率10・8%）
・21年：91鞍7勝（勝率6・3%、複勝率24・2%）
・22年：64鞍4勝（勝率6・3%、複勝率20・3%）
・23年：70鞍2勝（勝率2・9%、複勝率8・6%）

ここでもデビュー以来最低の数字となっているように、栗東で便利屋的に使われてしまった感は拭えません。これまで60～80倍台だった関西馬の平均オッズが149・9倍に落ちている点からも明らかです。

皮肉にも減量が残る年明けが正念場

この栗東滞在は新聞各紙でもインタビュー記事が組まれていました。その際に秋山稔騎手を評す言葉として「論理的」というキーワードが使われており、筆者が感じている「戦略力」もそうしたヘッドワークによるものなのでしょう。ただ、そうしたタイプが陥りやすい「考え過ぎ」のきらいも。岩田康騎手が「考えて悩むくらいなら馬に乗れ!」とアドバイスしたのは正鵠を射た指摘かもしれません。

自身の不調の原因も把握できているので、「政治力」を磨くべく栗東滞在をチョイスしたのも理に適っていますが、そちらで悩み過ぎて騎乗に影響しているようだと本末転倒です。皮肉にも、勝ち鞍が減ったことで100勝に届かず、5年目の24年も☆1キロ減のある状態でスタートします。3月に新人が入ってくるまでの2か月が本当の正念場です。

年明けは今の流れだと小倉遠征になるでしょうか。23年は47戦して未勝利、3着1回のみに終わりましたが、その3着馬=雲仙特別のスカーレットジンク、宮崎S5着のカシノブレンドなど、隠れた好騎乗が見られます。前者が7番人気、後者が15番人気と、ファンの評価を覆す結果は鞍上のアシストがあればこそ。いずれも後方から末脚を引き出す騎乗で、何といっても4コーナーのコース取りが見事でした。

タイトな小倉は大きく膨れがちですが、ロスを最小限にとどめるだけでなく、内の馬とも接触することなくスムースなコーナリング。スピードを殺さずに回れたことが最後の伸び脚につながったのは明白です。

また、初ダートのチョッピーでは道中で砂を被らせないように注意し、4コーナーはブレーキングしつつ内を選択。前残りの展開ながら4着と健闘しました。

巡り合わせひとつで勝てると信じて応援します!

90 川島信二騎手

中穴狙い

騎乗レベルは往年の水準にあるが

２０２２年はデビュー以来、初めて騎乗数が１００回を下回り、85戦２勝という障害ジョッキーのような成績にまで落ち込んでしまいます。ひとケタ勝利は４度目ですが、いよいよ瀬戸際まで追い詰められた感があり、23年の厳しい戦いを予感させるには十分でした。

10月９日までの騎乗数は54回と、前年をさらに下回るペースで推移しており、乗り馬集めの課題は深刻です。ただし、４勝をマークしており、複勝率は18・５％まで回復を見せています。乗り鞍の少なさで１回の好走が数字を押し上げるため一緒くたにはできないものの、最後に20勝のラインを超えた14年を上回る水準にあるのも事実。数字の落ち込みほど騎乗技術は錆びついていないのかもしれません。

この推測を肯定するのが馬力ＳＭの値で、３部門のいずれもが１２０％超えを果たしています。それどころか、単に至っては１９１・７％、連でも１７６・２％と高く、少なくなった量を質で補っているようです。

とはいえ、量を食べなければお腹は膨れません。20年以降で自身2番目の乗り馬供給源となっていた新谷功一厩舎からの依頼が減り、現在は荒川義之厩舎がメインステーブル。22年の2勝のうち1勝、23年の4勝中3勝を同厩舎で掴み取っているように、最後の命綱をまずは大切に。3勝とも継続騎乗なので、お手馬であっと言わせてアピールにつなげたいところです。

■戦法マトリックス図

積極的

外に出す　内突く

消極的

■評価

戦法M	消極的	外出す

■キャラ別データ

USM単	USM連	USM複
191.7%	176.2%	120.9%

91 国分優作 騎手

本命サイド

マイネル軍団・関西支部長を更迭!?

美浦・国枝栄厩舎からデビューするも、乗り鞍に恵まれず。栗東留学を経て完全移籍を果たしたのはご存じの通りです。最初の2年で4勝→3勝という厳しいシーズンを過ごしたため、見ている側としては近年の成績に危機感を覚えることはありませんでした。

しかし、2023年は10月9日現在で4勝にとどまっており、さすがにこれは危険水域。しかも、22年の福島記念をユニコーンライオンで制してアピールしたにもかかわらず、です。義を重んじる矢作調教師からは、23年に入って騎乗依頼が多くなっていますが、人気馬はほぼ皆無で、コンビ結成とは言い難い状況です。

逆に、他所では自身が勝たせた馬に横槍が。未勝利から3勝クラスの伊賀Sまでコンビで4連勝を達成した牧浦厩舎のサンライズホークをM・デムーロ騎手に強奪されてしまったのです。OP2戦も騎乗しましたが勝たせることはできず。クラスターCから乗り替わり、次走のサマーチャンピオンで重賞制覇の憂き目に遭いました。

不調の大きな要因のひとつが、マイネル軍団の関西支部長（註：勝手に命名）を解任されたこと。20年の119鞍から22年は50鞍に、23年は14鞍まで減っています。また、南井厩舎の解散も痛手でした。

希望がないわけでもなく、少ないながらも新たな関係で期待したいは好調・畑端厩舎と辻野厩舎。何か1頭活躍馬が出れば、と手ぐすね引いて待っています。

■戦法マトリックス図

■評価

戦法M	どちらでもない	どちらでもない

■キャラ別データ

USM単	USM連	USM複
109.0%	68.6%	80.2%

92 嶋田純次騎手

中穴&大穴

手塚厩舎&ミルFで安泰

年間ひとケタ勝利に終わるジョッキーが延々と続く本書の後半戦。悲壮感漂う面々に悲しい気持ちになっている方もいるかもしれません。ですが、このページは大丈夫。ＪＲＡで最も安定感バツグンのひとケタ勝利ジョッキー・嶋田純次騎手の出番です。

デビュー4年目にまさかの1勝に終わり、そこから一度もふたケタ勝利がないにもかかわらず、なぜこれほど安定している（ように見える）のか。それは、2つの乗り馬供給源が強固だからにほかなりません。

●20年以降・嶋田純次騎手の二大供給源

・手塚厩舎：２０３鞍（占有率27・８％）

・ミルＦ：２５０鞍（占有率34・３％）

・合算成績：４１５鞍（占有率56・９％）

23年10月9日時点の集計になりますが、双方で被っているケースが38鞍しかないため、全騎乗の57％ほどを二大供給源から得ている計算になります。毎年１００～１１０鞍もあるため、安定のジョッキーライフなのです。

しかも、そもそも本人の技術力が高く、手塚厩舎でもミルファームでも、調教の場においてその能力を高く買われています。だからこそ、馬力ＳＭは連・複で１００％超と、高い数字が出せているのでしょう。

ジュニパーベリーの逃げ、プルスウルトラの追い込みなど実に鮮やか。二大供給源の馬であれば、単勝１００倍未満は常に注意が必要です。

■戦法マトリックス図

	積極的	
外に出す	■	□
	□	□ 内突く
	消極的	

■評価

戦法M	積極的	外出す

■キャラ別データ

USM単	USM連	USM複
87.2%	100.8%	112.2%

93 小林脩斗 騎手

本命サイド

逃げ以外の戦略が見出せない

小林凌大騎手が小林淳一元騎手のご子息なら、こちらの小林脩斗騎手は小林久元晃騎手のご子息です。ふたりとも01年生まれですが、デビューは早生まれの凌大騎手が19年、11月生まれの脩斗騎手は20年。共通点が多くて区別が難しいですが覚えておきましょう。

ルーキーイヤーは5勝に終わるも、21年に17勝を挙げると、22年は年明けからの3か月で7勝を荒稼ぎ。しかも、2月に東京では単勝549・4倍のヤマメを勝利に導き、3連単1460万馬券をぶっ放します。

ところが、好事魔多し。4月の落馬事故で鎖骨骨折を負ってしまい2か月の離脱を余儀なくされます。復帰後もコンスタントに勝って年間15勝。しかし、今思えばあの離脱が痛かったのではないでしょうか。

というのも、離脱期間の4～6月に美浦では横山琉騎手12勝、永野騎手9勝、秋山稔騎手9勝と、減量特典のあるジョッキーが勝ち星を重ねてしまったからです。

また、21年と22年は減量を生かした逃げに活路を見出し、21年6勝、22年5勝と勝ち星の3分の1を逃げ切りでマークしていました。ただ、このタイプが壁にぶち当たるのは毎年のことで、4年目、5年目の生き残りには次なる戦略が必要ですが、現状はそれがなかなか見い出せないでいるように映ります。

ヤマメの久保田貴士厩舎では父が助手を務めており、馬術の達人・久保田師に教えを請う手を提案します。

■戦法マトリックス図

■評価

戦法M	積極的	どちらでもない

■キャラ別データ

USM単	USM連	USM複
68.3%	65.0%	56.0%

94 武士沢友治騎手

大穴警報

冬のダートでどデカい穴を！

筆者は毎週日曜の14時過ぎくらいから、YouTubeチャンネル『政治騎手TV』で馬券を買いながら競馬について語るリアルタイム・ライブ配信を行っています。ご存じの方も多いかと思いますが、万馬券をバンバン当てて、WIN5も大的中……となるよう頑張っておりますので、ぜひお越しください。チャンネル登録といいねもよろしくお願い致します。

そのライブの相方がふたりおり、そのひとりが筆者の盟友にして謎の馬券オタク「猫の画像」さんです。この通称・猫さんが武士沢騎手の長年の大ファンであり、「ブッシーが勝ったらステーキを食べる」と決めているほど熱心に応援しているのですが……。最近とんとステーキを食べた話を聞きません。

それもそのはず、22年は年間の騎乗数と勝利数の双方でデビュー以来のワーストとなる249戦2勝に終わります。23年も10月9日時点で153戦2勝と、猫さんはこの2年で4回しかステーキにありつけていないのです。

21年10月から芝での勝ち星がなく、現状は馬券で買うならダートがベター。デビュー2戦目から手綱を取り続ける田中剛厩舎のピックアップラインは1勝クラスにも目処が立ちましたし、初戦からのタッグである水野厩舎のシグナルファイアーも足りるはず。あとは24年2月に定年解散が迫る高橋裕調教師からの依頼があれば……。分厚いステーキを期待しましょう。

■戦法マトリックス図

積極的 / 消極的 / 外に出す / 内突く

■評価

戦法M	消極的	外出す

■キャラ別データ

USM単	USM連	USM複
53.8%	103.9%	101.1%

95 川端海翼 騎手

強心臓&大穴

早くもフリー転身、2024年に光も

2022年3月の騎手デビューから8か月以上も勝ち星に恵まれなかったものの、11月13日の阪神2R・2歳未勝利戦でJRA初勝利を挙げます。デビューから78戦目と苦労したので、レース後のコメントでどんなことを語るのか楽しみにしていました。ところが、JRA公式発表のそれは、筆者の中で違和感として残ったのです。

近年の競馬学校ではマスコミ対応の講習も行われており、若手からは無難で判を捺したようなコメントばかりが出てくるようになりました。周囲への感謝、ファンへの感謝、今後の自身の努力、引き続きの応援のお願い、この4点セットと決まっていますが、川端騎手のコメントには師匠への言及がなかったのです。

23年6月1日、JRAは川端騎手が浜田多実雄厩舎を離れフリーになることを発表しました。あくまで筆者の妄想なのでこれ以上は触れませんが、なるほどな、と。

23年は1月29日に浜田厩舎のグレナデンシロップで1勝を挙げますが、10月9日時点の勝ち鞍は2勝。それでも、昨年98回だった乗り鞍は158回まで増えています。関西の減量騎手というだけで、一定の騎乗依頼があるし、依頼されただけで何かしらの意図があることがほとんど。馬券ファン的には覚えておきたい存在といえるでしょう。集計後の4週で3勝を加算しており、馬質的に全5勝のダートが狙い目です。

■戦法マトリックス図

積極的 / 消極的 / 外に出す / 内突く

■評価

戦法M	消極的	外出す

■キャラ別データ

USM単	USM連	USM複
91.7%	74.0%	77.6%

96 土田真翔騎手

中穴狙い

JRAの育成方針に物申す!

真翔です。真に翔けると書いて「まなと」です。まなとです……まなとです……まなとです……。

まるでホストのような名前で読み方がわからなかったという方も多いのではないでしょうか。これを機にキッチリ覚えていただければ幸いです。

22年3月のデビューも、初年度は84鞍しか乗り鞍が集まらず、2着2回が最高成績。待望の初勝利を23年に持ち越してしまいます。

そして迎えた4月16日、地元・福島の12Rでサトノヒーローに跨ると、スタートを決めてポジションを主張。逃げたダレモトメラレナイの直後を奪い切り、直線は逃げ込みを図る同馬を外から交わして1着入線。両親も見守るなか、嬉しい初白星をゲットしました。

これが通算111戦目と時間を要しましたが、筆者が憤っているのは初勝利までの時間でなく111戦目に騎乗するまでの時間です。23年デビューの新人で最多騎乗の田口騎手は、3月の初陣から年末までに500回以上の騎乗が確定的です。かたや前年デビューの土田騎手は、23年末でも通算200鞍には届きません。

プロの世界なので乗り馬集めまでがジョッキー本人の責任とも言えますが、乗らなければ腕は磨けず、腕を磨けないから乗り馬も集まらない悪循環。騎手を外部から入れない、身内を育てないでは、競馬の魅力は損なわれていく一方だと思うのですが……。

■戦法マトリックス図

積極的

外に出す　内突く

消極的

■評価

戦法M	消極的	どちらでもない

■キャラ別データ

USM単	USM連	USM複
101.7%	75.0%	39.3%

97

佐藤翔馬騎手

中穴狙い

本当の勝負は師匠の定年後か

前頁で真翔騎手を紹介したと思ったら、今度は翔ける馬と書いて「しょうま」です。そのままでした。

父の博紀氏は川崎の元ジョッキーにして現調教師であり、母の里美さんは元厩務員という競馬界のサラブレッドである翔馬騎手。師匠の小桧山悟調教師をして「天才少年」という大物ですが、23年3月のデビューから初勝利まで、かなりの時間を要してしまいます。4月4日の川崎競馬で勝利を挙げたものの、JRAにおける待望の瞬間は9月10日にやってきました。

中山1R・2歳未勝利戦でホーリーブライトに騎乗すると、大外枠から好スタートを決めます。押して押して先手を奪う構えでしたが、内から1番人気のカラフルメロディーが主張すると、同馬の外、半馬身差のポジションに位置して終始プレッシャーをかけ続けます。4コーナーで並びかけると、直線の叩き合いも制して1着入線、文句ナシの騎乗ぶりでした。この一戦だけを切り取ると、なるほど「天才少年」の片鱗が見え隠れしているのかもしれませんが、そのほかのレースを見ていくと、騎乗馬の質の問題もあるのでしょうが、なぜかビリ、最下位負けが多いように映ります。〝逆単勝〟的な勝負なら、現役ジョッキーでも屈指の存在なのでは!?

師匠の小桧山調教師は24年1月20日で70歳を迎えるため、定年まであとわずか。そこから先が本当の勝負ですし、本当の翔馬が見られることを期待します。

■戦法マトリックス図

積極的 / 消極的 / 外に出す / 内突く

■評価

戦法M	積極的	どちらでもない

■キャラ別データ

USM単	USM連	USM複
62.0%	23.4%	49.9%

98 石田拓郎騎手

判定不能

とにもかくにも1勝を目指そう！

2023年10月9日時点でJRA所属のジョッキーは149人を数えますが、そのなかで唯一、白星がないのが石田拓郎騎手です。

23年デビューのルーキーは美浦・新開幸一厩舎の所属。父の実さんは宗像義忠厩舎で助手を務めており、21年の目黒記念に勝利したウインキートスなどを担当してきたとのこと。

そうした縁もあってか、宗像厩舎からは自厩舎の36鞍に次ぐ11鞍の依頼があります。延べ11頭はすべて二ケタ人気で、そのうち8頭が単勝万馬券ホースという苦しいラインナップ。にもかかわらず、4回も6着に入っており、厩舎や馬主さんとしては納得の騎乗なのではないでしょうか。

これまで2着と3着が1度ずつあり、それはいずれも新開厩舎のブーバーという馬でした。5月21日の一戦では13番人気、単勝190・8倍の人気薄ながらハナを奪って2着に残し、馬連11万、馬単15万、3連複20万、3連単149万馬券を演出しています。

課題は山積していますが、とにもかくにもまずは初白星を目指しましょう。筆者が期待しているのはサルフトピッチで、新馬戦で2着があること、さらには未勝利戦で3～5着に負かした馬たちが1勝クラスを勝ち上がっており、条件次第で勝負になるはずです。

石田騎手、頑張れ！

■戦法マトリックス図

積極的
外に出す
内突く
消極的

■評価

戦法M	どちらでもない	どちらでもない

■キャラ別データ

USM単	USM連	USM複
0.0%	30.8%	35.6%

D・レーン騎手

アタマ狙い

23年のダービーをテン乗りで制覇！

2023年の日本ダービーでテン乗りのタスティエーラを勝利に導いたダミアン・レーン騎手。異国の地でダービージョッキーに名を連ねるという偉業を成し遂げたものの、大きな勲章とは引き換えに、失ったものもありました。

この23年春の短期免許期間中、斜行や直線コースにおける鞭の使用法などで所定の制裁点となる30点を超過してしまいます。結果、期間終了日である6月13日の翌日からの起算で1年間（23年6月14日〜24年6月13日）は短期免許が交付されない、という処分が下ったのです。同時に、24年6月14日以降に短期免許を取得する場合、通常は最大3か月が認められるところですが、2か月までに短縮されてしまいました。

これは、JRAが定める制裁点＝15点を超過しているため、とのことで、23年の秋のGⅠシリーズはもちろん、24年の春のクラシックシーズンへの騎乗も不可能になってしまったのです。ダメやん、レーン騎手！

ジョッキー36歳ピーク説を声高に唱えている筆者から言わせれば、24年の2月で30歳となるレーン騎手の最盛期はまだまだこれからです。今秋、そして来春の日本のGⅠに乗れなくとも、長いジョッキー人生、大した問題ではないでしょう。ただ、これで大幅に目算が狂ってしまったのがノーザン陣営で、23年秋のモレイラ騎手の来日はそういうことなのでは⁉

■戦法マトリックス図

積極的 / 消極的 / 外に出す / 内突く

■評価

戦法M	どちらでもない	どちらでもない

■キャラ別データ

USM単	USM連	USM複
114.4%	104.7%	107.7%

23年は初来日の輝きが戻った

レーン騎手の初来日は19年。以後、20年、22年、23年と豪州競馬で大レースのない時期を縫って来日しており、年間35勝前後を稼いで帰っていきます。

なかでも初年度はモチベーションも高かったこともあってスペシャルな騎乗を披露。ヴィクトリアマイルをノームコアで、宝塚記念をリスグラシューで制してGI2勝を挙げると、その後は南関東の短期免許も取得し、オメガパフュームで帝王賞まで掻っ攫います。

ただ、20年と22年の来日は勝ち鞍こそ稼いだものの大きく精彩を欠きました。

●レーン騎手の年度別成績

・19年：38勝（勝率30・4％、単回率130％）
・20年：41勝（勝率21・4％、単回率62％）
・22年：32勝（勝率19・4％、単回率69％）
・23年：35勝（勝率27・6％、単回率96％）

勝率や単勝回収率を見ても20年と22年は取りこぼしていた感しかありません。ただ、22年の秋、マイルCSでセリフォスを勝利に導いた騎乗に、新たな引き出しを得たような印象を受けたのです。

迎えた23年、レーン騎手はダービーを筆頭に神がかった騎乗を連発、下がっていた馬力SMも全部門で回復し、100％を突破します。筆者の見立てが正しかったことを証明してくれた格好です。

こうなると、馬券で無謀な喧嘩は禁物。身元引受調教師の堀厩舎を中心に、基本的にはノーザンファーム生産&所有馬に騎乗しますが、木村厩舎で取りこぼしが目立つ点は要注意。ルメール騎手とのバッティングもあるのでしょう。24年の期待はレーベンスティール、ローシャムパークを勝たせた田中博厩舎とのタッグ。ただ、関東馬より関西馬のほうが精度も妙味も高い点は、次の来日までぜひ覚えておきたいところです。

J・モレイラ騎手

アタマ狙い

マジックマンの日本公演は大成功

２０２２年の秋に翌年以降の引退も聞こえてきたジョアン・モレイラ騎手ですが、23年の春に同年夏〜秋の短期免許取得との報道が流れます。その際、自らの引退騒動について「そんな話はない」とキッパリ否定しました。結局、数年前から香港ジョッキークラブや香港メディアと関係がギクシャクしており、折り合いがつかなかったということなのでしょう。

23年は2月のフェブラリーSの騎乗（カナダから挑戦のシャールズスパイト）に合わせて来日すると、札幌記念の週から9月の3日間開催までの1か月間で短期免許を取得。一時の海外渡航を挟み、菊花賞週から二度目の短期免許を取得し、秋のGIシーズンにガッツリ参戦しました。

本稿執筆時点でJRAのGIは菊花賞のタスティエーラが2着、天皇賞（秋）のダノンベルーガが4着と勝てていません。それでも、11月3日のJBCデーに参戦、クラシックをキングズソードで制したほか、セントライト記念、富士S、アルゼンチン共和国杯をレーベンスティール、ナミュール、ゼッフィーロで勝利してGⅡを3勝と、日本公演が稼ぎの中心の海外アーティストのよう。

レーン騎手の項でも少し触れましたが、モレイラ騎手の来日報道があったのは5月18日。前週の競馬でレーン騎手の制裁点が10点を超えたタイミングで、ノーザンサイドの素早い動きと勘繰ってしまいます。

■戦法マトリックス図

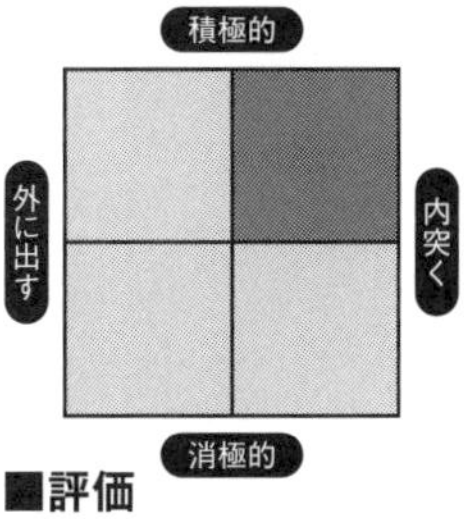

積極的
外に出す
内突く
消極的

■評価

戦法M	積極的	内突く

■キャラ別データ

USM単	USM連	USM複
111.3%	105.7%	100.8%

ワンパターンの騎乗から進化した

モレイラ騎手が初めて短期免許で来日したのは16年の夏。以後、17年、18年と夏の札幌開催で猛威を振るい、18年は短期免許の上限である3か月間をフル活用、秋のＧＩシーズンも日本で騎乗を続けました。結局、この18年は年間76勝を挙げ、リーディング11位に食い込みます。

その勝ちパターンは同じＶＴＲを見ているようで、4コーナー手前からトップスピードに乗せて直線に向くとセーフティリード、後続が迫るも遅きに失する、これの繰り返しです。もちろん、ラストまで持たせる技量があってこそですが、香港のメインコースであるシャティン競馬場の短い直線を押し切るのに適した競馬であり、日本にもそのまま持ち込んで勝ち星量産につなげたかたちです。

それゆえ、モレイラ騎手には弱点がありました。

●16～18年競馬場別成績

・札幌：勝率35・5％（単回率１１０％）
・東京：勝率21・7％（単回率53％）
・中山：勝率37・5％（単回率87％）
・京都：勝率38・1％（単回率１２３％）
・阪神：勝率44・4％（単回率95％）

札幌と中央4場の成績を比較すると、直線の長い東京だけ圧倒的に勝ち切れない様子が見て取れます。京都も芝内回りの勝率54・5％に対して外回りは37・5％、阪神の勝ち鞍はダートと芝内回りのみと、ワンパターンの早仕掛け騎乗は直線の長いコースでは威力が半減していたのです。ところが……。

23年は東京で勝率34・7％、単勝回収率１１７％（11月5日時点）。あっさり克服……そりゃ辞めんわ！

24年5月26日。第91回日本ダービーを制すのは、Ｊ・モレイラ騎手かもしれません。

戦法マトリックス図
活用方法&
ヒノ式WIN5攻略術!

- 騎手と馬の脚質から展開が読める!
- 積極的な騎手に差し馬はミスマッチ!?
- WIN5で大的中を目指すためのヒットポイントに迫る

騎手の戦法マトリックスを馬券に生かす！

騎手の騎乗スタイルを分類 特徴を掴めば展開が見える！

名鑑部分では、1位～20位を16分割で21位以下は9分割で戦法マトリックス図を掲載しています。では、それを実際に、どのようにして馬券に生かしているのかを見ていきたいと思います。分類については1章のP31をご覧ください。

この手の騎手分類は似たようなものがたくさんあるし、誰かのパクリと指摘されるかもしれないので先に白状しておきます。競馬最強の法則2003年2月号で、「騎手キャラ」という企画をやっていて、ジョッキーの特徴を積極的か消極的か内と突くか外に出すかによって分類し活用する馬券術を再利用したのです。

言ってみればセルフカバーのようなものです。

2023年のオールカマーで筆者が本命にしたのはルメール騎手が騎乗したローシャムパークでした。理由は応援しているタナパク厩舎の管理馬で、やっと軌道に乗ってきた印象があったのと、ルメール騎手の戦法にマッチする流れになる可能性が高かったからです。

このレースの1番人気はタイトルホルダー。天皇賞（春）は完走することが出来なかったのですが、ここは立て直し復活を期しての一戦。幸い逃げ先行馬が手薄な組み合わせで、単騎逃げ濃厚。展開も味方しそうでした。横山和騎手の戦法評価は「消極的」ですが、**さすがにタイトルホルダーに乗って消極的な騎乗はしないはず**。どのジョッキーも常に自分のスタイルを貫くわけではありません。それよりも騎乗馬の持ち味を最大限に引き出すことを考えるので、馬の脚質やタイプのほうが重要です。タイトルホルダーの能力を一番よく知っている騎手だけに中途半端な競馬はしないはずです。ということは戦法評価はあまり意味がないと思われてしまうかもしれませんが、そうではありません。ここは少し我慢して付き合ってください。

レースは大方の予想通りタイトルホルダーが先手を奪いすんなりと隊列が決まりました。前半は大きな動きはなく1000m通過は61秒1という通過タイムでした。タイトルホルダーにとってみればマイペースよりも遅い楽なペースといっていいでしょう。

このままの流れだとタイトルホルダーがバテることは考えにくい。そうなると、後方からの競馬を余儀なくされた馬たちはまったく出番なくレースを終えることになるでしょう。そのような中、「積極的」な浜中騎手が騎乗したハヤヤッコが向こう正面でマクって、一気にタイトルホルダーに並びかけていきました。この流れを後方でジッとしていても何も起こらない。座して死を待つくらいなら一か八かで勝負に出たほうがいいと思ったのではないでしょうか。

タイトルホルダーは早めのペースアップを余儀なくされたのですが、現役トップクラスの実力馬なので、この程度の揺さぶりで崩れるようなことはありません。ハヤヤッコは早仕掛けがたたり残り600mあたりで手応えが怪しくなってしまったのですが、ハヤヤッコを振り切ったタイトルホルダーに次に襲い掛かったのは「超積極的」な西村淳騎手が騎乗したガイアフォースでした。いくらタイトルホルダーとはいえ早めのスパートを余儀なくされて余力は残っていないはずと考えたのではないでしょうか。直線に向いて後退していくハヤヤッコと入れ替わるようタイトルホルダーに並びかけたのです。

それでもタイトルホルダーはさすがの粘り腰でガイアフォースも振り切ったのですが、その攻防を好位で虎視眈々を見ていたルメール騎手のローシャムパークが直線で勢いよく伸びて来たときには、もうタイトルホルダーに余力は残っていなかった。どうにか2着を死守するのが精一杯になってしまいました。

こんな感じで、「積極的」なジョッキーのアグレッシブな仕掛けが勝負の行方を左右したのではないでしょうか。馬の脚質や馬場や風といったレース展開を決定するファクターのひとつに騎手の戦法マトリックスも加えるとよりきめ細やかな展開推理が出来ると思うのです。

戦法マトリックス図だけでも
レース展開が手に取るように浮かぶ

ジョッキーの戦法マトリックスだけで展開を完全に読み切ることは難しいのですが、ハイペースになることがわかりやすかった例として今年の紫苑Sを挙げてみたい。

まずは出走馬と騎手を確認してみます。

●2023年9月9日中山11R紫苑S

1 ミタマ　松若風**「積極的」**
2 モリアーナ　横山典「消極的」
3 ヒップホップソウル　横山武**「超積極的」**
4 ワイズゴールド　笹川翼（地方騎手）**前走4角2番手**
5 キミノナハマリア　ルメール「消極的」**前走4角2番手**
6 フィールザオーラ　三浦皇「消極的」**前走4角1番手**
7 ミシシッピテソーロ　石川裕**「積極的」**
8 ニシノコウフク　永野猛**「積極的」前走4角2番手**
9 フルール　石橋脩**「積極的」**
10 ソレイユヴィータ　西村淳**「超積極的」前走4角2番手**

11マーゴットミニモ　吉田豊「消極的」**前走4角2番手**
12アマイ　佐々木**「超積極的」前走4角1番手**
13シランケド　国分恭「どちらでもない」
14グランベルナデット　松山弘**「超積極的」前走4角2番手**
15エミュー　Mデム**「積極的」**
16アップトゥミー　田辺裕「超消極的」
17ダルエスサラーム　坂井瑠**「超積極的」**

そもそも前走4角1、2番手で競馬している馬が8頭もいてそれだけでハイペースになりそうですが、**「超積極的」と評価している騎手が全員揃っている**だけでなく、西村淳、佐々木、松山の3人は前走前々で競馬していた馬に騎乗している。この時点でハイペースになる匂いがプンプンします。

もっといえばこの日は秋の中山開幕週で馬場状態も絶好。ジョッキーの意識的にも先行有利とインプットされているはず。さらにいうなら、この日の中山は直線追い風なので、スタートから1コーナーまでの先行争いが激しくなると風に押されてペースアップしやすい。そういう条件からも流れが遅くなる要素は見当たりません。逃げ先行馬が多い組み合わせのレースになるとジョッキーが自分で展開予想をして相手の出方を意識し思ったよりも流れが落ち着くということもよくあるのですが、ここはさすがにそういう可能性も低いと見ました。

というわけで、ここでの筆者の本命はモリアーナです。2歳時から期待していてNHKマイルCでも本命にしたほど能力を評価している馬。ここは差し脚をいかんなく発揮できるだろうし、鞍上の横山典騎手は**「消極的」で周りのジョッキーの動きに惑わされる心配はない**と思っていたからです。

レースは三浦騎手のフィールザオーラの逃げ。消極的な三浦騎手の先手というのは意外に思われるのかもしれませんが、逃げ率だけで見ると坂井瑠星騎手とならんで現役屈指の高さを誇っているので、そこまで予想外のことではありません。

2番手には西村淳騎手、3番手の佐々木騎手、4番手に横山武騎手、5番手に松山騎手と「超積極的」なジョッキーたちが先団を固めます。ペースや展開を作るのは逃げ馬よりも番手につけた馬をよく言われます。というのも逃げ馬がハナに立って誰も競ってこなければペースを落として逃げることも可能だからです。だから、番手につけた馬のプレッシャーによってペースが決まるといってもいい。ここは「超積極的」な騎手に包囲された状態なので、ペースを落とすことは不可能に近い。

なので、2ハロン目から11秒台のラップが並び、1000m通過は58秒1の予想通りのハイペースになりました。向こう正面は向かい風なので本来はラップが落ちるはずなのですが、まったくペースは緩まなかった。

一方、本命にしたモリアーナは後方2番手からの競馬。ただ、このレースに関してはそれで正解。直線に向くときには先団を形成した5頭は手応えが怪しく、一旦抜け出した横山武騎手のヒップホップソウルを直線縫って差して来たモリアーナが並ぶ間もなく差し切ったのです。

万馬券的中証明書

2023年09月09日
JRA日本中央競馬会

あなたは下記の万馬券を的中させましたので
ここに証明いたします。

記

2023年　4回中山1日　11R
3連複 02－03－13　400円購入
払戻金単価　@20,410円
払戻金合計　81,640円

積極的騎手が揃っている際は「消極的」「超消極的」「どちらでもない」が狙える!

★2023年9月9日中山11R紫苑S

1、②モリアーナ(4番人気、単勝6.6倍)
2、③ヒップホップソウル(2番人気、単勝3.7倍)
3、⑬シランケド(9番人気・単勝45.2倍)
単勝②660円
複勝②230円　③180円　⑬800円
枠連1-2　1090円
馬連②③1190円　馬単②→③2780円
3連複②③⑬　2万410円
3連単②→③→⑬8万7550円

出馬表を見ると、先行脚質でもなく積極的なジョッキーが乗っておらずでハイペースに付き合う可能性が低いのは、モリアーナ、シランケド、アップトゥミーの3頭だけ。前走小倉で鋭い追い込みを見せて3着に好走していたシランケドを穴候補と見て、3連複の2万馬券を的中させることが出来ました。

馬だけではなく騎手の脚質も併せて考えれば予想力がアップする!!

2023年8月5日札幌12R（芝1500m）直感的に前残りになると感じて、前走同条件で逃げてコンマ1秒差の4着に粘ったオックスリップと、前走はシンガリ負けもハナ争いで「超積極的」な松山騎手にガリガリ競りかけられたもので「距離短縮+▲（3キロ減）騎手起用」で巻き返しに期待できるディヴァージオンに期待しました。あとは「超イン突き」評価の丹内騎手のキョウエイブリッサを3番手にしました。

なぜ前残りになるかと感じたかを説明すると、1番人気のヴァンガーズハートに騎乗する横山武騎手と2番人気のマイネルフォルツァに騎乗する佐々木騎手は**ともに「超積極的」なのですが、どちらも差し追い込みタイプなので、積極性を生かす場面がないのではない**かと感じたからです。流れが遅いからと言って途中から動くのは外々回らされて自殺行為になるかもしれない。ローカルの札幌でインからスルスルポジションを上げることも難しいし、そもそも外枠で内に潜り込むのも難しそう。そう考えると、それ以外に積極的に前に行きそうな馬も騎手も見当たらなかったからです。

レースは読み通りディヴァージオンが逃げて番手にオックスリップという展開。直線ディヴァージオンが減量生かして粘る。オックスリップは止まってしまっ

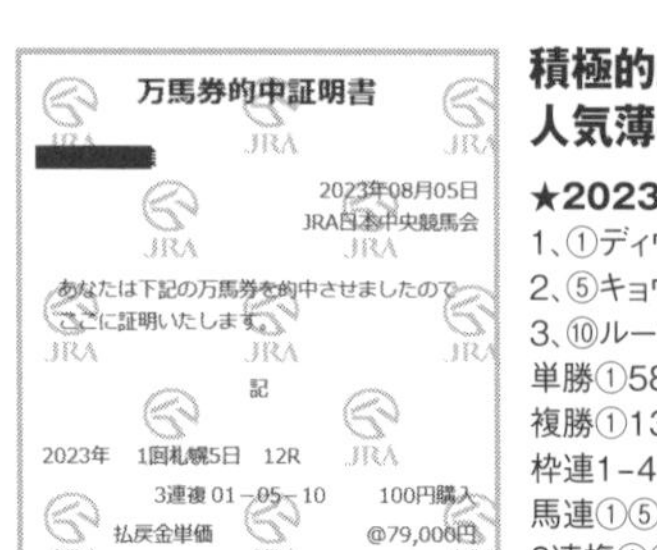
万馬券的中証明書

2023年08月05日
JRA日本中央競馬会

あなたは下記の万馬券を的中させましたので
ここに証明いたします。

記

2023年　1回札幌5日　12R
3連複 01－05－10　100円購入
払戻金単価　@79,000円
払戻金合計　79,000円

積極的騎手な騎手が人気の差し馬騎乗なら人気薄の前残りが多発する!!

★2023年8月5日札幌12R
1、①ディヴァージオン(11番人気、単勝58.0倍)
2、⑤キョウエイブリッサ(3番人気、単勝5.0倍)
3、⑩ルージュイストリア(8番人気・単勝16.2倍)
単勝①5800円
複勝①1370円　⑤230円　⑩520円
枠連1-4　1万5550円
馬連①⑤1万8280円　馬単①→⑤4万9240円
3連複①⑤⑩　7万9000円
3連単①→⑤→⑩76万3700円

たのですが、その代わりにインから差して来たのが丹内騎手のキョウエイブリッサ。人気馬の不安を見抜いて3連複の7万馬券を的中させることができました。

このように、騎手の戦法マトリックスを馬券ファクターに加えることで予想の解像度がアップすると思います。

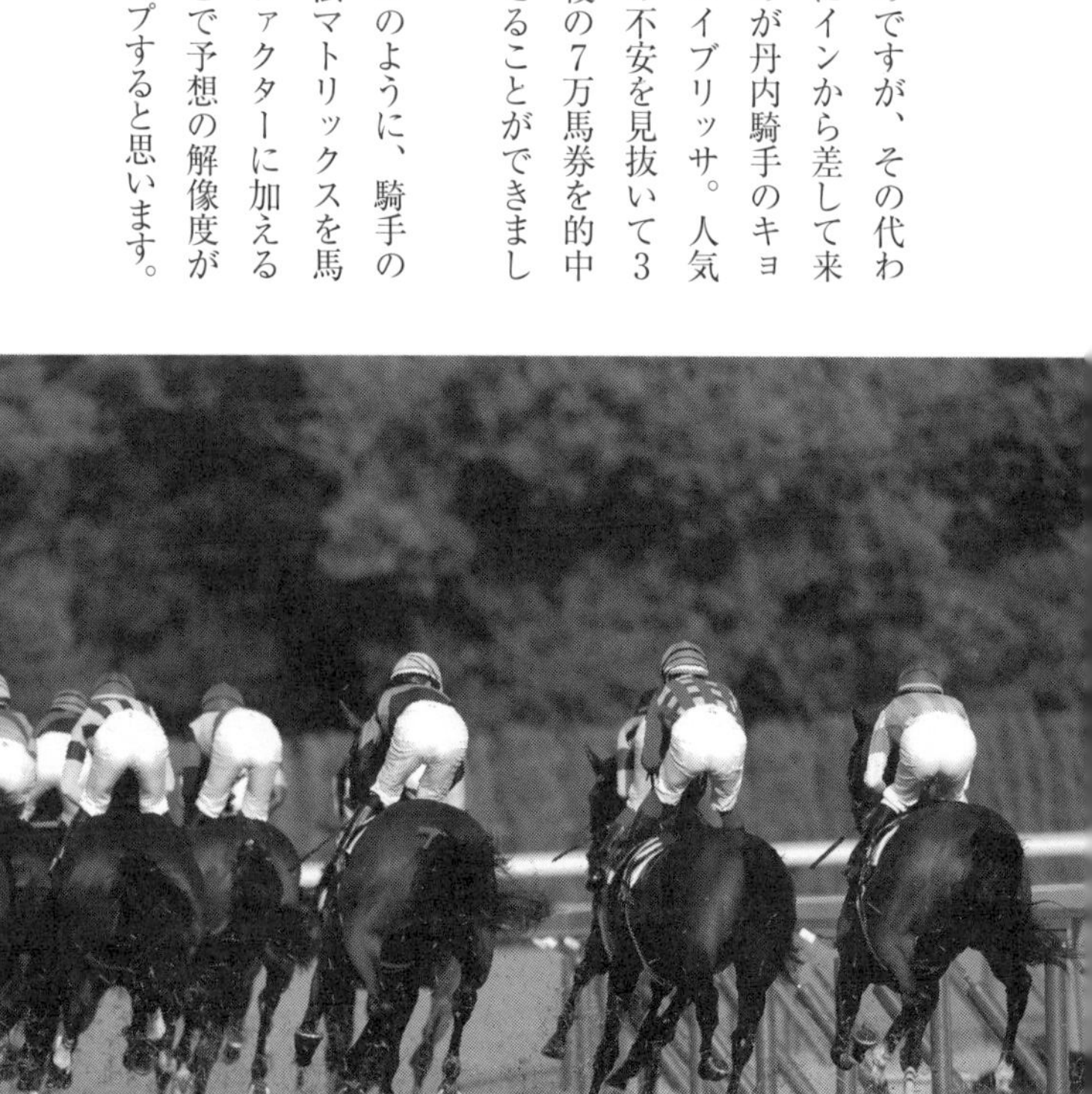

2023年に億超えが連発したＷＩＮ５の破壊力に迫る！

ＷＩＮ５の研究も止められない億を狙って捕まえにいく！

最初に宣伝になってしまいますが、縁あってこの本と同じ双葉社さんからＷＩＮ５の攻略法を詳しくまとめた「競馬初心者でも安心！　ＷＩＮ５の教科書」を23年の9月に発売させていただいています。現在、好評発売中！　売り切れる前に早めにご購入ください。という本の宣伝でした。

ただ、宣伝だけで終わってしまっては申し訳ないので、ここでちょっとだけ本の中身も紹介させていただくとともに、発売後の変化なども少しお話させてください。

まずは「競馬初心者でも安心！　ＷＩＮ５の教科書　第4章ＷＩＮ５データ編」の内容をかいつまんでまとめています。この章のデータはＷＩＮ５発売開始から23年7月2日までの６７３回を対象に出したものです。

まず、「人気和」とは何かについて説明します。**人気和とは買い目1点に含まれる5頭の人気の総和のこと**で、5レースすべてで1番人気を選んだ時の人気和は5となります。23年のオークスの日の結果を見てみましょう。

●２０２３年5月21日オークスデーＷＩＮ５結果

・１レース目：エクロジャイト（4番人気）

・2レース目：ペイシャフェスタ（15番人気）
・3レース目：メディーヴァル（6番人気）
・4レース目：サトノテンペスト（3番人気）
・5レース目：リバティアイランド（1番人気）

という結果で、人気和は4＋15＋6＋3＋1＝「29」となります。

見慣れない指標で戸惑われるかもしれないですが、競馬データベースソフトなどですぐに調べられるというファクターということで選びました。人気和という項目が無い場合は平均人気で判断することができる。平均人気は人気和を5で割って出したものなので、どちらも同じものと考えていいからです。

人気和やオッズ和を足したり掛けたりすることで、もっと精度の高い分析ができることはわかっていいます。しかし､計算が大変になるし､購入時には最終オッズがわからないので、多少のアバウトさを許容しなければならず、精度を求めすぎると実戦的ではなくなります。「TARGET frontier JV」などの競馬データベースソフトを使えば簡単に判断できて、最も実戦的と思う指標が「人気和」だったので、これを使うことにしました。

人気和は最低が5（1番人気が5勝）、最高が90（18番人気が5勝）で平均は47・5になるのですが、**これまでの最高値が49で30を超えることはほとんどありません**。というのも、1番人気が勝つ確率が30％近くあり、18番人気が勝つことはほとんどないからです。**結果から推測できる人気和の平均は約18と**なっています。

これで何がわかるかというと、670回以上も対象回があって1度も出現していないパターンの目が多数あり、そういう目を知らず知らずのうちにたくさん買っているということです。また、先ほどのオークスデータを例にしてみましょう。リバティアイランドを1頭に絞って、残りを全通り買うと5万688通りになりました。点数を減らすために人気和が31以上の目を削るとすると、買い目は1万8931通りに減り、投資を300万円以上節約できます。結果は29なので、これだけ絞っても的中できたことになります。

この考え方を応用して、人気和の大きい買い目を削るという方法は有効なのではないでしょうか。また、人気和の平均付近の15~22の出現割合は48・1%もあり、2回に1回はこのゾーンでの決着になる。なので、広めのフォーメーションを組んだうえで、人気和が15~22までの買い目だけに絞って買うという作戦もありかもしれません。人気和の小さい買い目で的中しても配当は安いので、そういう目は切り捨てて、妙味のあるゾーンだけ狙うという方法も有効かもしれません。

ちなみに、人気和18で決着したときの最低配当は63万5910円で最高配当は1597万7850円なので、億までは行かなくても、8桁配当を手にすることも夢ではない。

ここまで、WIN5攻略の足掛かりとして、各レースの1着馬の人気を足した「人気和」というファクターに注目し、出現率の高いゾーンをあぶりだすことに成功しました。ここではそれをもう一歩だけ先に進めたい。というのは出現率が高くても配当がそれに見合うものなのか？ 期待値的にどうなのか？ という検証がまだできていないからです。

WIN5の人気和「15」~「22」これがゴールドラッシュゾーンだ!

本当に目を付けたゾーンの回収率が高いのか、それをここでハッキリさせたいのです。ただ、これを計算するのはなかなか大変。というのも5レースすべて16

頭立ての場合、WIN5の買い目は104万8576通りとなる。これまで行われたWIN5の平均でも59万4726通りもあり、これを「人気和」ごとに何通りあるのかを数えて、購入点数をはじき出なさいことには回収率を出せないからです。

苦労して計算した結果は想像以上のものでした。これは世紀の大発見の可能性もあるのではないかと思っていいます。本当は、これを自分だけの秘密しようかと散々悩みました。しかし、読者のためになる情報を惜しみなく公開するをモットーに20年以上ライターをやってきたので、今回も惜しみなく公開することにしました。

期待値的に見ても、前回で出現率が高いホットゾーンと見ていたところにお宝が眠っているということが判明しました。全買い目の2・3％しかない、「人気和15～22」のゾーンを狙い打てば、当たる割合が48・1％と約2回に1回当たるうえに、回収率は109・5％もある。発売開始前からこうなると読み切って買い続けていれば、利益は1億を超えます。とはいえ、網羅的に購入するとなると毎週約243万円の投資が必要になるし、購入時に厳密な人気は分からないので、これはさすがに絵にかいた餅なのかもしれません。とはいえ、これからWIN5で勝負するときにどういう買い目を組めばいいのか大きな後押しになることは間違いないでしょう。

一方で、「人気和14以下」の人気馬同士の組み合わせゾーンを見ると、このゾーンで的中する割合は29・9％と3回に1回程度あるのですが、みんなフォーメーションで人気馬をおさえるので、当たっても配当が跳ねることがなく、回収率は62・0％しかない。当てたいならおさえたほうがいいのでしょうが、期待値的にはおいしくないといいえます。

多くの方が体感的に感じていたＷＩＮ５の傾向を、初めてハッキリと数字で示すことができたといっても過言ではないのではないでしょうか。この期待値プラスのゾーンを筆者は**「ゴールドラッシュゾーン」と呼んでいます。そのゾーンとは、5レースの勝ち馬の人気を足し合わせた「人気和」が15～22となる組み合わせ**のこと。

■（参照）直近のWIN5の結果（2023年）

8月6日	レパードG3	202万9470円（208票）人気和22★
8月13日	関屋記念G3	1314万1500円（33票）人気和19★
8月20日	札幌記念G2	312万9930円（138票）人気和18★
8月27日	新潟2歳G3	45万1740円（1,064票）人気和12
9月3日	新潟記念HG3	6491万6140円（7票）人気和28
9月10日	オータムHG3	4億2318万0030円（1票）人気和37
9月17日	ラジオ日	2666万0220円（14票）人気和19★
9月18日	セントラG2	1万5380円（32,947票）人気和7★
9月24日	オールカG2	4億2878万3320円（1票）人気和40
10月1日	スプリンG1	263万8040円（150票）人気和21★
10月8日	毎日王冠G2	23万3070円（1,794票）人気和9
10月9日	グリーン(L)	173万2470円（221票）人気和14
10月15日	秋華賞G1	6万0930円（9,212票）人気和11
10月22日	菊花賞G1	275万4690円（166票）人気和17★
10月29日	天皇賞秋G1	356万5380円（148票）人気和24
11月5日	みやこSG3	60万6950円（700票）人気和15★
11月12日	エリザベG1	1646万8660円（27票）人気和26

ちょうど本の執筆中の7、8月頃はゴールドラッシュゾーンに該当する人気和15～22の決着が続出し、獲り頃の配当が多く、本が完成したらＷＩＮ５でひと財産築けるのではないかとほくそ笑んでいました。しかし、本の発売が近づくにつれ、ゾーン外の堅い決着や億を超えるような大波乱の決着が増えてきました。本の内容に瑕疵があるように錯覚させるためにＪＲＡに嫌がらせをされているのではないかと逆恨みしています（笑）。とはいえ、物事を確率通りに収束させるためにはそれなりの試行回数が必要で、短期の結果に一喜一憂するのは得策ではありません。そのうちみなさんにいい報告ができるようにＷＩＮ５とも向き合っていきたい。新たな発見や気づきがあればどこかで紹介させていただきたいと思います。

鉄板級の馬が1頭いたらWIN5は買いやすい！

本の発売以降は残念ながらＷＩＮ５での的中がない

ので、それ以前になりますが一例を最後に紹介したいと思います。

2023年2月26日のWIN5は対象1レース目のマーガレットSで単勝1・3倍の圧倒的な支持を集めているビッグシーザーはさすがに筆者も負けようがないと感じたので、この馬の単勝勝負をしたつもりで、1×4×4×4×5の組み合わせで総額3万2000円の勝負をしました。

●対象1レース目：阪神10Rマーガレットフ

④ビッグシーザー（1番人気）

ここはビッグシーザーが人気に応え無事に通過。あとは、押さえている馬の中でできるだけ人気のない馬が勝ってくれることを祈るだけです。

●対象2レース目：中山10Rブラッドストーンフ

④スズカコテキタイ（1番人気）
⑥クロデメニル（9番人気）
⑦リンカーンテソーロ（2番人気）
⑭マイステージ（7番人気）

ここで期待していた1頭は7番人気のマイステージでした。ただ、それだけだと不安なのでスピード上位で逃げると読んだ9番人気のクロデメニルと「超積極的」な松山騎手が騎乗するリンカーンテソーロ。そして、1番人気のスズカコテキタイの4頭をチョイスしました。レースは読み通りクロデメニルの逃げとなったのですが、前半33秒0はさすがに速い。直線失速し勝ったのは1番人気のスズカコテキタイでした。

●対象3レース目：小倉11R下関S

①メイショウホシアイ（1番人気）
④クリノマジン（3番人気）
⑪エナジーグラン（2番人気）
⑬ブレスレスリー（4番人気）

ここはローカルの小倉芝1200mで波乱の要素も

大きかったのですが、予想して勝つ確率が高いと思った4頭は1~4番人気という何の変哲もないものになりました。ただ、人気で選んだわけではないので、そのまま4頭をチョイス。機械的に4番人気まで選んでも当たる確率は7割以上。2番人気のエナジーグランの勝利で、ここも通過。

●対象4レース目：阪神11R阪急杯

⑦グレナディアガーズ（1番人気）
⑪アグリ（2番人気）
⑮ホウオウアマゾン（6番人気）
⑯ルプリュフォール（4番人気）

　阪急杯は4頭チョイス。1・7倍の1番人気に支持されているグレナディアガーズは岩田望騎手とのコンビ。この当時の岩田望騎手はレベルの高いレースでの「戦略力」に不安があったので、取りこぼしもあると睨んでいました。勝ったのは2番人気のアグリで通過。

●対象5レース目：中山11R中山記念

①ダノンザキッド（2番人気）
⑤シュネルマイスター（4番人気）
⑥ソーヴァリアント（1番人気）
⑨ショウナンマグマ（10番人気）
⑪ヒシイグアス（5番人気）

　結果は、5番人気のヒシイグアスの勝利でどうにかWIN5的中。最後がちょっと人気のない馬が来てくれたのですが、それでも配当は7万560円と低額。配当にこそ恵まれませんでしたが、人気和にも注意しながら穴馬をれつつ買っています！

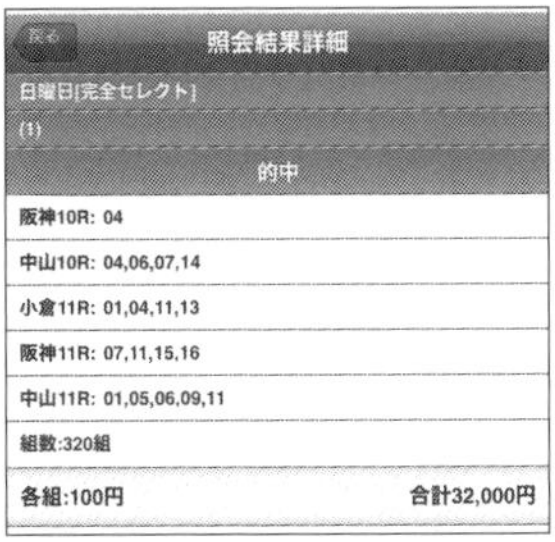

戻る　照会結果詳細
日曜日[完全セレクト]
(1)
的中
阪神10R: 04
中山10R: 04,06,07,14
小倉11R: 01,04,11,13
阪神11R: 07,11,15,16
中山11R: 01,05,06,09,11
組数:320組
各組:100円　合計32,000円

あとがき

今回は「ALL ROOKIE EVOLUTION !?」というテーマで、若手騎手たちの躍進にスポットライトを当てました。彼らの成長と活躍は、多くの注目を集めていますが、真価が問われるのはこれからだとみています。

11月4日と5日の2日間にわたり、ジョアン・モレイラ騎手が見せた11勝の圧巻のパフォーマンスは、依然として日本競馬が外国人トップジョッキーへの依存が高いことを示しています。短期免許で来日する彼らへの需要は、未だに高い水準を保っているのです。

というわけで、ここ最近の若手騎手たちの活躍は、コロナ禍による外国人騎手の来日制限が追い風となった面も否定できません。これまで外国人騎手に割り当てられていた馬が、日本人ジョッキーに回るようになったことが、彼らの台頭の大きなキッカケとなっています。

しかし、コロナが第5類に分類されると、外国人騎手の来日が再び増え始めました。これにより、日本の若手騎手たちは新たな課題に直面しています。彼らが外国人騎手と互角に渡り合い、その実力を証明することが、「ALL ROOKIE EVOLUTION」の真の意義を体現することになるでしょう。

日本競馬界にとって、ジョッキーの新陳代謝の促進は長年の大きな課題でした。外国人騎手に依存する風潮から脱却し、彼らが自らの力で成果を出すことが、日本競馬のさらなる進化への第一歩となります。台頭してきた若手騎手がどういう騎乗を見せてくれるのか、２０２４年は、その行方が注目されています。

この本は、競馬三昧の毎日を送っている私を支えていただいている多くの方々の協力があってできました。

今回、このような機会を与えていただいた双葉社の関根計介氏。現在「競馬の天才！」で「政治騎手NEXT」連載を担当していただいている鈴木敬弘氏に、総編集長の岩神光一氏。そして、この本の制作をサポートしていただいた武内一平氏。この本の編集を担当していただいた野中香良氏。この名鑑制作を手伝っていただいたすべての方々。そして、なによりこの本を最後まで読んでくださった皆さん。

この場を借りてお礼を申し上げます。本当にありがとうございました。

２０２３年11月　樋野　竜司

著者プロフィール
樋野 竜司

1973年生まれ。「競馬最強の法則」02年11月号巻頭特集「TVパドック馬券術」でデビュー。その後も“ヒノくん”の名で「騎手キャラ」「無印良駿」など斬新な馬券術を次々に発表し、04年8月号「政治騎手」連載を開始するとさらなる反響を呼んだ。現在は「競馬の天才!」(メディアボーイ)誌上で「樋野竜司の政治騎手NEXT」を連載中。

●「政治騎手レポート」の毎週好評配信中!
政治騎手WEB http://www.hinokun.com/
ヒノくんnote https://note.com/hinokun/

馬券術　政治騎手名鑑2024
「A.R.E!?～ALL ROOKIE EVOLUTION!?～」

2023年12月23日第1刷発行

著者	樋野竜司&政治騎手WEBスタッフチーム
発行者	島野浩二
発行所	株式会社双葉社
	〒162－8540東京都新宿区東五軒町3番28号
	TEL. 03－5261－4818[営業]
	03－5261－4829[編集]
	http://www.futabasha.co.jp/
	(双葉社の書籍・コミック・ムックが買えます)
印刷・製本	中央精版印刷株式会社

ISBN　978-4-575-31851-7　C 0076